高等职业教育城市轨道交通专业教材

城市轨道交通
消防与环控系统运行及维护

主　编◎张芳莉　杨靓雨　邓勇
副主编◎汤新强　蔡明扬　卢松

西南交通大学出版社
·成 都·

图书在版编目（CIP）数据

城市轨道交通消防与环控系统运行及维护 / 张芳莉，杨靓雨，邓勇主编. -- 成都：西南交通大学出版社，2024.7
ISBN 978-7-5643-9804-0

Ⅰ.①城… Ⅱ.①张… ②杨… ③邓… Ⅲ.①城市铁路 – 轨道交通 – 火灾监测 – 自动报警系统 – 运行②城市铁路 – 轨道交通 – 火灾监测 – 自动报警系统 – 维修③城市铁路 – 轨道交通 – 环境控制 – 控制系统 – 运行④城市铁路 – 轨道交通 – 环境控制 – 控制系统 – 维修 Ⅳ.①U239.5 ②X73

中国国家版本馆 CIP 数据核字（2024）第 093590 号

Chengshi Guidao Jiaotong Xiaofang yu Huankong Xitong Yunxing ji Weihu
城市轨道交通消防与环控系统运行及维护

主　编 / 张芳莉　杨靓雨　邓　勇	责任编辑 / 何明飞
	封面设计 / 吴　兵

西南交通大学出版社出版发行
（四川省成都市金牛区二环路北一段 111 号西南交通大学创新大厦 21 楼　610031）
营销部电话：028-87600564　028-87600533
网址：http://www.xnjdcbs.com
印刷：四川森林印务有限责任公司

成品尺寸　185 mm×260 mm
印张　14.25　　字数　358 千
版次　2024 年 7 月第 1 版　　印次　2024 年 7 月第 1 次

书号　ISBN 978-7-5643-9804-0
定价　45.00 元

课件咨询电话：028-81435775
图书如有印装质量问题　本社负责退换
版权所有　盗版必究　举报电话：028-87600562

PREFACE 前 言

城市轨道交通是当前城市居民出行的重要方式，由于其具有运量大、客流集中、运营环境较为封闭等特点，轨道交通站厅、站台、设备与管理用房的通风和空气处理显得十分重要；一旦出现火灾、爆炸等安全事故，极易造成严重后果和恶劣影响。因此，如何有效实现城市轨道交通内部的环境控制至关重要，城市轨道交通消防与环控系统的性能好坏将直接影响整个城市轨道交通的运营质量，间接关系到乘客对城市轨道交通系统的满意度评价。

本书结合城市轨道交通机电技术专业人才培养方案和城市轨道交通消防与环控系统设备现状进行编写，对城市轨道交通内部消防与环控系统进行了详细介绍。本书尽可能覆盖我国城市轨道交通消防与环控系统的各种设备，将理论与实践相结合，突出高等职业教育的特点。全书主要分为三个项目：城市轨道交通车站消防系统运行与维护、城市轨道交通车站环控系统运行与维护和城市轨道交通 BAS 系统运行与维护。

"城市轨道交通消防与环控系统运行及维护"是高职院校城市轨道机电技术相关专业的专业核心课程，也是一门实践性很强的课程，主要包括城市轨道交通车站火灾特点、消防设施设备、环境控制系统、环境与机电设备监控系统、防排烟系统等的组成、工作原理、操作、运行管理与维护等知识。

本书注重实用性与可操作性，内容编排重难点突出，每个项目配有知识目标、技能目标、思政目标、引导案例、任务分解、技能实训、练习与思考等环节，技能实训按照任务内容及要求、任务实施与考核内容及评价标准等流程编写，使得学生能够学以致用。本书不仅为机电技术专业学生提供基本的轨道交通消防与环控专业知识和技能，也可为其他专业的学生提供一些基本的消防环控相关常识和技能，为确保城市轨道交通运行的安全性和可靠性，对工作场地的人身及财产安全建立安全屏障。

本书具有以下特点：

1. 项目+任务式教材体系结构

以项目驱动，任务分解为主线讲解城市轨道交通消防与环控系统知识，紧扣核心内容，结构清晰、详略得当。在实践环节采用真实工作内容作为任务驱动，可以在真实场景模拟中将所学理论知识与实践相结合，更好地实现学生对情感价值观教育的体验共鸣。

2. 体现以学生为主体、突出知识技能培养，体现职教特色

坚持"以学生为主体，以教师为主导"的原则，根据学生的心理发展规律，采用行动导向教学模式，融"教、做、学"为一体。本课程主要采用讲授理论教学模式，在多媒体教室利用图片、视频、动画等多种手段为学生展示现场情景，同时配备相应的实训内容，上课场所转换到城市轨道交通机电设备实训室，教学过程中以操作实训设备为主，以职业能力培养

为目标，以工作过程为教学内容，充分发挥学生的主观能动性，充分结合实训设备进行角色扮演，提高学生对设备维修工作的认知，促进知识点的消化吸收。针对具体的教学内容和教学过程需要，采用项目教学法、任务驱动法、讲授法、引导式教学法、案例教学法、情境教学法、实训作业法等，引导学生结合所学知识对案例进行深入分析，进而提高学生的应变能力和综合素质。在教学中积极培养学生的学习兴趣，明确学习目的，在课堂上充分调动学生的学习积极性，激发来自学生的潜力。

3. 新形态一体化教材

党的二十大报告强调，要办好人民满意的教育，全面贯彻党的教育方针，落实立德树人的根本任务，培养德智体美劳全面发展的社会主义建设者和接班人。高职院校立身之本在于立德树人，而课堂教学正是立德树人的主要渠道。

在教材设置方面，本书不是简单地传授知识和机械地训练技能，而是安排"案例引入""课后思考""拓展反思"等环节，让学生学会举一反三，学会独立思考，培养学生的终身学习能力。职业院校的教学设计不能仅满足于企业生存的暂时需要，而是要让学习者有技能傍身，实现自我价值。本书运用现代信息技术，注重课程资源的开发，建设有动画、微课、教学课件、配套习题集及解题思路和答案等资源。

4. 校企合作双元开发，紧跟专业方向

课程思政是高职院校实现多元协同育人、形成教育合力的有效途径，本书由职业院校一线专任教师与重庆市铁路集团产业发展有限公司专业人员合作编写，无论是知识讲解、案例引入、拓展练习，还是任务实践，都有来自专业教师与企业大师的实践经验作为参考。

本书由重庆公共运输职业学院张芳莉、杨靓雨、邓勇担任主编，汤新强、蔡明扬、卢松担任副主编。具体编写分工如下：项目一由杨靓雨编写，项目二由张芳莉编写，项目三由张芳莉和邓勇共同编写，其中技能实训部分由汤新强、蔡明扬、卢松整理资料协同完成。全书由张芳莉统稿。

本书可作为高职院校城市轨道交通机电技术等专业的教学用书和实训指导书，也可作为从事轨道交通环控系统工作的工程技术人员的参考用书和城市轨道交通技术培训用书。

为了教学需要，本书引用了同行业的一些资源，在此向原作者表示感谢。由于编者水平有限，书中难免存在疏漏和不妥之处，恳请读者批评指正。

编　者

2023 年 10 月

CONTENTS 目 录

项目一　城市轨道交通消防系统 ……………………………………………… 001

任务一　城市轨道交通火灾简介 ……………………………………………… 005
　一、城市轨道交通火灾的原因和特点 ………………………………………… 005
　二、燃烧的基本条件与灭火方法 ……………………………………………… 007
　三、城市轨道交通消防系统分类和组成 ……………………………………… 009
　四、城市轨道交通消防系统基本要求 ………………………………………… 011
　练习与思考 ……………………………………………………………………… 011

任务二　城市轨道交通火灾自动报警系统 …………………………………… 012
　一、FAS 系统的设备组成 ……………………………………………………… 012
　二、FAS 系统的工作原理 ……………………………………………………… 019
　三、FAS 系统的网络结构 ……………………………………………………… 020
　四、FAS 系统的联动控制 ……………………………………………………… 021
　五、FAS 系统的运行管理 ……………………………………………………… 024
　练习与思考 ……………………………………………………………………… 027

任务三　城市轨道交通车站灭火系统 ………………………………………… 028
　一、城市轨道交通消火栓灭火系统 …………………………………………… 028
　二、城市轨道交通自动喷水灭火系统 ………………………………………… 039
　三、城市轨道交通气体灭火系统 ……………………………………………… 047
　四、城市轨道交通移动灭火系统 ……………………………………………… 055
　练习与思考 ……………………………………………………………………… 064

任务四　城市轨道交通防排烟系统 …………………………………………… 065
　一、防排烟系统的作用及分类 ………………………………………………… 065
　二、防排烟系统的设备组成 …………………………………………………… 066
　三、防排烟系统的运行模式 …………………………………………………… 072
　四、防排烟系统的运行管理 …………………………………………………… 076
　练习与思考 ……………………………………………………………………… 077

任务五　城市轨道交通消防系统设备调试安装及维护 ……………………… 078
　一、城市轨道交通消防系统的安装调试 ……………………………………… 078
　二、城市轨道交通消防系统的维护保养 ……………………………………… 080
　三、城市轨道交通消防系统的应急处理 ……………………………………… 087
　练习与思考 ……………………………………………………………………… 091

项目二　城市轨道交通车站通风空调系统 092

任务一　城市轨道交通车站环控系统概述 095
　　一、城市轨道交通环境特点 095
　　二、环控系统的发展及应用 097
　　三、环控系统的分类和组成 100
　　练习与思考 106

任务二　城市轨道交通车站环控风系统 107
　　一、环控通风系统概述 107
　　二、地下车站通风空调系统 109
　　三、高架车站通风空调系统 126
　　练习与思考 132

任务三　城市轨道交通车站环控水系统 133
　　一、环控水系统的组成 133
　　二、环控水系统的工作原理 133
　　三、环控冷水系统的供水方式 142
　　四、环控冷水系统日常检修及典型故障 143
　　练习与思考 145

任务四　车站通风空调系统检查与维护 146
　　一、车站环控系统的控制方式 146
　　二、车站环控系统的巡查与日常操作 148
　　三、车站环控系统的设备维护 155
　　练习与思考 158

项目三　车站环境与设备监控系统 159

任务一　车站环境与设备监控系统概述 161
　　一、车站环境与设备监控系统的组成及功能 161
　　二、车站环境与设备监控系统的监控范围 167
　　三、车站环境与设备监控系统的模式操作 172
　　练习与思考 184

任务二　车站环境与设备监控系统应急处理 185
　　一、BAS 与其他设备的接口关系 185
　　二、BAS-FAS 联动测试 187
　　三、BAS 系统故障应急处理 195
　　练习与思考 197

综合模拟测试题 198

参考文献 199

附　录　车站火灾模式查看和操作 200

项目一
城市轨道交通消防系统

随着城市的发展，相比传统的地面交通快速、便捷和安全的城市轨道交通越来越受到人们的重视，已成为人们出行的首选交通工具。但是城市轨道交通也面临着火灾、水淹、地震、雷击和停车事故等诸多灾害的影响。从世界城市轨道交通一百多年的历史教训来看，城市轨道交通灾害中发生频率最高、造成损失最大的是火灾事故，对地铁来说火灾可谓"第一天敌"，因此，对以地铁为主的城市轨道交通系统来说，消防安全非常重要。

保证消防系统功能完备、安全、可靠，预防火灾，及时有效地扑灭火灾，保证乘客的生命安全成为城市轨道交通运营安全管理最为重要的工作之一。消防是防火和灭火的总称。"防"可以减少火灾的发生，"消"可以减少损失和伤亡，两者相辅相成，融为一体。

城市轨道交通车站大多修建于高架上或者深埋在地下，建筑结构复杂、出入口少、疏散路线长、通风照明条件差、电气设备种类多、人员高度集中，因此一旦发生火灾，扑救任务将非常艰巨，往往会造成重大的人员伤亡和财产损失。所以掌握地铁火灾的特点对有效地预防和扑灭火灾有积极的指导作用。

城市轨道交通为了保障乘客和工作人员的生命安全，坚持"预防为主、防消结合"的消防安全管理方针，在轨道交通车站设置了以预防为主的"火灾自动报警系统"（简称 FAS 系统）和车站机电设备监控系统（简称 BAS 系统），防消结合的灭火系统，如室内消火栓系统、水喷淋系统、气体灭火系统、灭火器等，以及有利于人员疏散逃生的防排烟系统。发生火灾时，通过这些系统设置，共同完成从报警、控制、帮助乘客疏散到消灭火灾的消防过程，最大限度保障人员和设备的安全，防止灾情扩展和蔓延。

知识目标

（1）了解城市轨道交通车站的火灾特点。
（2）掌握城市轨道车站各类消防系统的主要设备组成和操作。
（3）掌握城市轨道车站各类消防系统的工作原理。
（4）掌握城市轨道车站消防系统日常巡检和维护保养的内容。
（5）掌握城市轨道车站消防系统常见的一般故障。
（6）了解城市轨道车站消防系统的运行方式。

技能目标

（1）能认识城市轨道车站消防系统的各类设备，并进行基础性操作。
（2）能够独立开展城市轨道车站消防系统日常巡检。
（3）能够配合城市轨道车站消防检修人员完成车站消防系统维护保养。
（4）能够对城市轨道车站消防系统常见的一般故障进行初步判断及简单的处理。
（5）培养学生学会信息查询、检索、收集与整理分析的能力，并能够有效使用有用信息；
（6）会收集资料，撰写一般技术文档材料，有一定的调研能力。
（7）具备创新意识、良好的学习能力和可持续发展的能力，能够根据技术的发展，不断学习和更新专业知识，具有自我发展能力。
（8）能够善于观察，勤于思考，具有一定的分析问题和解决问题的能力。

思政目标

（1）培养学生善于与人沟通，正确处理和协调人际关系的能力和方法。
（2）培养学生的团队协作精神和奉献精神。
（3）培养学生良好的职业道德和行为规范。
（4）培养学生较强的自我管理、自我约束能力。
（5）培养学生良好的环保意识、质量意识、安全意识和社会责任感。

引导案例

韩国第三大都市大邱地铁纵火惨案震惊世界

人民网汉城2003年2月18日电：位于韩国东南部的大邱市是韩国第三大都市。18日上午9时55分历史最大恶性地铁纵火案在此发生，人们称之为"黑色星期二"。据韩国媒体估计，目前死亡人数已达140人、99人失踪、136人受伤。韩国总统金大中已宣布大邱为"特别灾区"，并命令立即查明惨案真相。大邱地铁惨案发生后，韩国沉浸在一片哀悼之中。

8日上午9时，大邱地铁一号线刚刚结束上班乘地铁的高峰，但地铁的乘客仍络绎不绝。一名姓金的男子，身穿运动服，身背一个鼓囊囊的背包，登上了驶向市中心的一号线1079号地铁列车。9时55分许，当这列地铁行驶至市中心中央路车站时，这位姓金的男子在车门打开的瞬间，突然从背包中取出装满易燃液体的罐子，并用打火机点燃。随后企图夺门而逃，但此时车门已关，他的一只腿被夹住，大火瞬间蔓延。在1079号地铁列车发生纵火案，列车迅速燃烧时，正巧1085号地铁列车也抵达中央路车站。此时地铁已断电，1085号列车在无法开门的情形下也随即燃烧起来。据悉，在火灾发生时，出事两列地铁列车上总共约有800多名乘客。

2列地铁列车共挂有12节车厢。大火瞬间把所有车厢烧化，露出钢筋骨架。浓烟充满了整个车站，在漆黑的地下人们为找到出口而奔波，不少人窒息而倒下。MBC电视台的一名记者戴着防毒面具进入火灾现场，称在车厢内看到了数十具被烧焦了的尸体，有些遇难者被烧得只剩下身体的骨架，车厢内的座位已经被烧光，情形惨不忍睹。地铁站的月台上到处散落着逃生者的鞋子和物品。

地铁纵火案发生后，大邱市派出消防队员 3 000 人和 66 辆消防车。由于地铁车站现场浓烟笼罩和高温，使抢救工作遇到了极大困难。经过 6 个多小时的抢救，150 多人已被送往各家医院进行抢救。

纵火案发生 2 个小时后，纵火嫌疑人金某在庆北医院的抢救室内被警方查获。纵火嫌疑人金某今年 56 岁，2000 年前曾是货车司机，去年中风行动不便。金某经常到庆北医院闹事，声称其中风是医疗事故，并多次扬言要放火烧医院。由于纵火嫌疑人在纵火之时自己也被烧伤，因此在医院闭口不言。警方表示，纵火嫌疑人经治疗苏醒后，将被转移到警局接受审问。

目前，大邱市医院住满了烧伤人员。大批家属在痛苦地寻找自己的亲人。现场清理正在进行之中，此间媒体估计，死亡人数可能还会攀升。

大邱地铁自 1993 年动工兴建以来事故不断。1995 年地铁扩建施工时，因碰坏煤气管道而发生爆炸，造成 101 人死亡、101 人受伤。近几年来又曾发生 2 起地铁死亡事故。大邱地铁纵火案发生后，地铁已全面瘫痪。日客流量达 600 万人次的汉城地铁也进入了紧急戒备状态。

韩国总统金大中和当选总统卢武铉 18 日对大邱市地铁纵火事件的受害者及其家属表示了慰问。韩国人一致呼吁，地铁是大众交通工具，必须采取切实措施，加强管理和保安，以确保地铁和乘客安全，并严惩肇事者，绝不能让这类惨案重演。

（摘自 2003 年 02 月 18 日人民网 http://www.sina.com.cn）

大邱地铁大火敲响警钟　韩国专家媒体分析原因

NEWS.SOHU.COM　　2003 年 02 月 19 日 20:48　　新华网

据此间媒体报道，截至 19 日下午 2 时，韩国大邱市地铁 18 日发生的火灾事故已经造成至少 126 人死亡，146 人受伤，此外还有 318 名失踪者。目前，抢救工作已经基本结束，治疗伤员和做好善后工作，恢复正常的生活秩序正成为工作重点。

大邱市地铁的火灾虽然是有人故意纵火而造成的，但是出现如此大的伤亡却是人们所没有预料到的。

据韩国专家和媒体的分析，目前韩国地铁大致存在三个方面的问题：

首先是设备方面的隐患，车站和车厢内安全装置不足。韩国的地铁车站内虽然安装了火灾自动报警设备、自动淋水灭火装置、除烟设备和紧急照明灯，但是这些安全装置在对付严重火灾时仍明显不足，尤其是自动淋水灭火装置。由于车厢上方是高压线，为了防止触电，车厢内均没有安装这种装置。因此，此次大邱市地铁发生大火时，不可能尽早扑救。车站断电后，四周一片漆黑，紧急照明灯和出口引导灯均没有闪亮。

此外，车站内的通风设备容量不大，只能保障平时的空气流通，难以排除大量的浓烟。车厢内的座椅、地板等虽然采用耐燃材料，一旦燃烧起来仍会散发出大量有毒成分。韩国媒体报道说，火灾的死亡者中有许多是在跑出车厢后找不到出口而被含有有毒成分的浓烟窒息而死的。

其次是法律还不健全。韩国专家们特别指出，韩国现行的《消防法》只注重固定的建筑和设备，而飞机、船舶、火车等移动的大众交通工具在《消防法》中是个死角。韩国媒体报道说，大邱市地铁1997年开通时采用的有关防火安全的标准，还是上个世纪70年代韩国首次开通地铁时的标准，已经不适合当前的情况。

第三是安全教育流于形式。韩国每年都进行"民防训练"，学习在紧急情况下逃生和保障安全的知识。韩国媒体和专家指出，这些民防训练"大多流于形式"。人们在慌乱时全然不知使用现有的灭火器材进行灭火。

除了上述原因外，韩国专家们还认为，平时的麻痹大意，安全意识不强，安全保卫人员不足以及通信联络不完备等，也是造成此次地铁火灾大批人员伤亡的一些因素。

韩国现在有4个城市拥有地铁，地铁线路为12条，全长411.5 km，每天运送的旅客达658万人次。大邱市地铁火灾事故发生后，汉城、釜山、仁川等地均加强了安全检查，增加了安全保卫人员，以确保大邱市地铁惨剧不再重演。

韩国专家们认为，韩国地铁的设备与世界各国基本相同，大邱市地铁火灾惨剧也给其他国家的地铁安全敲响了警钟。

任务流程

（1）阅读本项目引导案例。

（2）从事故经过、事故损失、事故原因、事故应急救援、事故整改措施、事故教训等多个方面对该案例进行分析。

（3）收集相关地铁火灾事故案例，并进行分析。

任务分解

小倩是某职业院校的学生，以后想要成为地铁行业从业者的她，把"城市轨道交通消防与环控系统运行及维护"这门课程作为自己学习的重点内容，因为她深知消防与环控系统对城市轨道交通系统正常运营的重要性。阅读完上面的案例并进行了分析之后，小倩认识到城市轨道交通内部发生火灾的严重性，在与老师讨论时，老师向小倩提出了几个问题：城市轨道交通火灾发生的原因是什么？城市轨道交通内部发生火灾的特点有哪些？如何预防和消灭火灾？如何对消防设备进行维护保养？为了回答这些问题，小倩需要完成以下5个任务。

任务一：了解城市轨道交通火灾的原因和特点。

任务二：掌握城市轨道交通FAS系统。

任务三：掌握城市轨道交通车站灭火系统。

任务四：学习城市轨道交通防排烟系统。

任务五：学习城市轨道交通消防系统设备调试安装及维护。

任务一　城市轨道交通火灾简介

一、城市轨道交通火灾的原因和特点

1. 国内外城市轨道交通重大火灾情况

随着科技的不断发展，为缓解城市地上交通压力，降低污染排放，地铁已成为重要的公共交通设施。但由于地铁处于地下且密闭性强，导致其一旦发生火灾，救援将十分困难。近年来，地铁火灾事故屡有发生，表1-1-1列出了国内外城市轨道交通发生的一些重大火灾事故。

表 1-1-1　国内外城市轨道交通典型火灾

时间	地点	原因与后果
1971年12月	加拿大蒙特利尔	火车与隧道端头相撞引起电路短路，造成座椅起火，36辆车被毁，驾驶员死亡
1972年10月	德国东柏林	车站和4辆车被毁
1973年3月	法国巴黎	第7节车厢被人为纵火，车辆被毁，死亡2人
1974年1月	加拿大蒙特利尔	由车辆内的废轮胎引起短路，9辆车被毁
1975年7月	美国波士顿	隧道照明线路被拉断，造成起火
1976年10月	加拿大多伦多	纵火造成4辆车被毁
1979年1月	美国旧金山	电路短路引发大火，死亡1人，伤56人
1980—1981	美国波士顿	共发生火灾8次，重伤50人，死亡53人
1982年3月	美国纽约	传动装置故障引发火灾，伤86人，1辆车报废
1987年11月	英国伦敦	售票处大火，死亡31人
1995年10月	阿塞拜疆巴库	电动机车电路故障，死亡558人，伤269人
2003年2月	韩国大邱	人为纵火，死亡140人，伤289，失踪318
2010年6月	美国芝加哥	出轨事故引发火灾，致19人受伤
2013年1月	北京朝阳区	更换广告牌时续接电线发生短路导致，19人死亡，多人受伤
2014年5月	印度加尔各答	设施老化和维护不当所致，导致14人死亡，数十人受伤
2015年6月	德国法兰克福	列车接触线接触时产生电火花，引燃了车厢内的塑料/绝缘材料；导致7名乘客受伤，1名乘客不治身亡
2016年1月	日本东京	车站通气口的不明物质燃烧而引起，幸未造成人员伤亡
2017年7月	墨西哥	行驶中的地铁爆炸起火，安全出口设置不合理，乘客无法快速疏散；导致33人死亡，大量乘客受伤。

2. 城市轨道交通火灾发生的原因

1）人为因素

根据调查，人的不安全行为在城市轨道火灾事故诱因中占有较高的比例。

（1）系统内人员的不安全行为分析。首先是工作人员违章操作，行车隧道施工维修中进行焊接、切割作业，生产生活中用火用电不慎引燃可燃物；其次安检程序不够严格谨慎，允许乘客私自携带易燃易爆物品进站引发火灾；最后是地铁站作业的工作人员由于操作失误，如施工期间煤气泄漏、焊接等明火作业导致火灾。

（2）系统外（乘客等）的不安全行为分析。部分乘客缺乏安全意识，在地铁内吸烟用火或是携带易燃、易爆危险品进站；甚至部分恐怖分子和反社会人员出于报复心理在地铁站进行人为纵火，也是地铁火灾的一大原因。

2）设备故障

地铁长期运行若发生检修维护保养不及时，极有可能造成地铁的各项设备，尤其是电气元件老化、过载短路等，如供电设备中的牵引供电系统、电缆系统等设备发生故障，从而引发火灾。除电气设备以外，列车行车部件缺乏检修，发生老化、剧烈摩擦造成火灾。

3）环境因素

引发火灾的环境因素主要包括：城市轨道交通内部通风不畅、隧道散热不良等原因导致温度过高；隧道内漏水情况比较普遍，地下湿气不易排出，导致地下空间湿度大；老鼠等小动物啃咬电缆电线。上述环境因素可能造成电气设备、线路绝缘性能下降，导致电气设备因短路引起火灾。

4）管理因素

一般而言，管理水平在一定程度上影响着系统的安全水平。管理是对人、设备、环境的综合控制和协调。如果管理存在缺陷，同样会导致事故的发生。按照社会可接受的安全水平，可将系统分为正常状态、近事故状态和事故状态。系统无论处于哪种状态，都可将系统状态的数据反馈给管理系统，管理系统便可通过管理改变系统行为，并产生不同程度的安全接受水平和系统状态。系统状态数据还可用于改进系统安全管理方法，从而得到更为安全的系统。

3. 城市轨道交通火灾特点

1）客流量大，逃生条件差

地铁自身结构材料复杂，一旦发生火灾，会由于燃烧产生大量有毒有害气体，如一氧化碳、硫化物等，且火灾产生的烟雾也会极大程度地影响可见度，影响人员逃生。地铁交通一般位于地下 15 m 以下，甚至有些多层地铁位于地下 70 m 以下，且逃生路径一般较为复杂且途径较少，很难在短时间内保证所有乘客安全疏散。

2）灭火救援难度大

地铁自身的封闭结构，导致大型常用的灭火救援装备很难进入，如消防车等，狭小复杂的结构也会严重影响消防救援人员的救援工作效率。由于地铁材料包含大量金属，热传导性能极好，因此一旦发生火灾，会导致车厢温度急剧上升，有很大的概率发生结构破损坍塌，从而增加了地铁救援的难度。

3）允许逃生的时间短

针对地铁火灾事故，日本消防部门曾做过实验，日本地铁的车厢虽被确认具有不易燃烧性，但起火后，快则 1.5 min，慢则 8 min 之后就会出现对人体有害的气体。2~5 min，车厢内就烟雾弥漫无法看清楚逃生出口，相邻的车厢在 5~10 min 也会出现相同情形。实验证明，允许乘客逃生的时间只有 5 min 左右。另外，车内乘客的衣物一旦引燃，火势能在短时间内扩大，允许逃生的时间则更短。

4）乘客逃生意识差异大

地铁站台（厅）或列车内突发火灾事故后，险恶的灾害环境，使乘客容易产生恐慌及焦虑心理。逃生意识较强、通道较熟悉的乘客，还能冷静判断险情，相对准确地采取自救措施，安全逃生的可能性也就较大。但对于自救意识较差的乘客而言，从众是多数人的选择，争先恐后拥向出口处时，被踩、挤、压而倒地后，易导致群死群伤。另外，因恐惧迷失方向后，易导致被困直接致伤或致死。

二、燃烧的基本条件与灭火方法

1. 燃烧的基本条件

燃烧，俗称"着火"，是指可燃物与氧化剂作用发生的放热反应，通常伴有火焰、发光和（或）发烟现象。

燃烧必须具备三个基本条件：
（1）可燃物，如木材、天然气、石油等。
（2）助燃物质，如氧气、氯酸钾等氧化剂。
（3）一定温度，即能引起可燃物质燃烧的热能（点火源）。

可燃物、氧化剂和点火源，称为燃烧三要素，当这三个要素同时具备并相互作用时就会产生燃烧。

在燃烧过程中，燃料、氧气和燃烧产物三者之间进行着动量、热量和质量传递，形成火焰这种有多组分浓度梯度和不等温两相流动的复杂结构。火焰内部的这些传递借层流分子转移或湍流微团转移来实现，工业燃烧装置中则以湍流微团转移为主。探索燃烧室内的速度、浓度、温度分布的规律以及它们之间的相互影响是从流体力学角度研究燃烧过程的重要内容。

2. 燃烧的类型

1）闪　燃

在一定温度下，液体（固体）表面上能产生足够的可燃蒸气，遇火能产生一闪即灭的燃烧现象。

2）着　火

可燃物在氧气中受火源的作用表面发生持续燃烧的现象。

3）自　燃

可燃物在没有外部明火等火源作用下，因受热或自身发热并蓄热所产生的燃烧现象。

4）阴　燃

没有火焰的缓慢燃烧现象。

5）爆　燃

以亚音速传播的爆炸。

3．灭火方法

灭火的原理主要有四种，是针对燃烧四面体（可燃物、阻燃物、点火源、链式反应自由基）分别进行克制的方法。

1）冷　却

一般可燃物，它们之所以能够持续燃烧，条件之一就是在火焰或热的作用下达到了各自的着火温度。因此，对于一般可燃固体，将其冷却到燃点以下；对于可燃液体，将其冷却到闪点以下，燃烧就会中止。

2）隔　离

可燃物是燃烧条件中的主要因素，如果把可燃物与引火源以及助燃物隔离开来，那么燃烧反应就会自动中止。

3）窒　息

各种可燃物的燃烧都需要在其最低氧浓度以上进行，低于此浓度时，燃烧不能持续。一般的碳氢化合物的气体或蒸气通常在氧浓度低于15%时不能维持燃烧。

4）化学抑制

物质的有焰燃烧中的氧化反应，都是通过链式反应进行的。只要能够有效地抑制自由基的产生或者能够迅速降低火焰的氢离子、氢氧根离子等自由基的浓度，燃烧就会中止。

4．常见火灾处置

火灾是指在时间或空间上失去控制的燃烧所造成的灾害。火灾的发展变化一般经历初期、发展、下降三个阶段。初期阶段易于控制和消灭，是扑灭火灾的最佳时期。火灾发生后，除立即报警外，还应因地制宜采取多种方法进行扑救。

（1）移走可燃物。快速将燃烧处附近的可燃物移往安全地带，阻止火势蔓延。

（2）加强冷却。用水或灭火器进行灭火。

（3）窒息灭火。利用毯子、棉被、麻袋等浸湿后或用沙土覆盖燃烧物。

（4）切断电源。发生火灾后，火势将威胁到电器线路、电气设备的安全，在准备用灭火器灭火时，应先切断电源，然后再灭火。

三、城市轨道交通消防系统分类和组成

轨道交通消防系统按建筑形式和布置可分为地下车站消防系统、地下区间消防系统、地面和高架车站消防系统、地面和高架区间消防系统、停车场消防系统、主变电站消防系统和控制中心消防系统。消防系统包括火灾自动报警系统（Fire Alarm System，FAS）、机电设备监控系统（Building Automation System，BAS）、固定灭火系统（包括但不限于消火栓系统、水喷淋系统、气体灭火系统和细水雾灭火系统）和移动灭火系统（如手提式灭火器）、防排烟系统等。防灾灭火一般通过报警、改变通风环境、灭火等来完成。这些系统的组成、作用、工作原理、操作和维护以及使用管理等内容将在后面项目中一一进行详细介绍。

1. 地下车站消防系统的组成

（1）站厅和站台消防系统主要由车站火灾自动报警系统、车站机电设备监控系统、车站固定灭火系统（消火栓系统、水喷淋系统和细水雾灭火系统）、车站公共区域防排烟系统和移动灭火系统（如手提式灭火器）等组成。发生火灾时，通过这些系统，共同完成从报警、控制、帮助乘客疏散到消灭火灾的消防过程，以此保障乘客安全。

（2）一般设备用房和管理用房消防系统主要由车站火灾自动报警系统、车站机电设备监控系统、车站固定灭火系统（消火栓系统）、车站设备用房防排烟系统和移动灭火系统（如手提式灭火器）等组成。发生火灾时，通过这些系统，完成从报警、控制到消灭火灾的消防过程，最大限度地保障设备和人员安全，防止灾情扩展和蔓延。

（3）重要设备用房消防系统主要由车站固定灭火系统（气体灭火系统或细水雾灭火系统）、车站设备用房防排烟系统和移动灭火系统（如手提式灭火器）等组成。发生火灾时，通过这些系统，完成从报警、控制到消灭火灾的消防过程，最大限度地保障重要设备和人员安全，防止灾情扩展和蔓延。

2. 地下区间消防系统的组成

地下区间消防系统（含车站轨行区）主要由控制中心火灾自动报警系统和机电设备监控系统、车站火灾自动报警系统、车站机电设备监控系统、车站和区间水消防系统（消火栓系统）和车站区间防排烟系统等组成。发生火灾时，通过控制中心和车站两个区域的消防系统，完成从报警、控制到消灭火灾的消防过程，最大限度地保障人员疏散安全，以及防止灾情扩展和蔓延。

3. 地面和高架车站消防系统的组成

（1）站厅和站台消防系统主要由车站火灾自动报警系统、车站机电设备监控系统、车站固定消防系统（消火栓系统）组成和移动灭火系统（如手提式灭火器）等组成。站台、站厅不设防排烟系统和水喷淋系统。发生火灾时，通过这些系统，共同完成从报警、控制、帮助乘客疏散到消灭火灾的消防过程，以此保障乘客安全。

（2）一般设备用房和管理用房消防系统主要由车站火灾自动报警系统、车站机电设备监控系统、车站固定消防系统（消火栓系统）、车站设备用房防排烟系统和移动灭火系统（如手提式灭火器）等组成。发生火灾时，通过这些系统，完成从报警、控制到消灭火灾的消防过程，最大限度地保障设备和人员安全，防止灾情扩展和蔓延。

（3）重要设备用房消防系统组成与一般设备用房和管理用房相同，主要由车站固定灭火系统（气体灭火系统或细水雾灭火系统）、车站设备用房防排烟系统和移动灭火系统（如手提式灭火器）等组成。发生火灾时，通过这些系统，完成从报警、控制到消灭火灾的消防过程，最大限度地保障重要设备和人员安全，防止灾情扩展和蔓延。

4．地面和高架区间消防系统的组成

地面和高架区间消防系统（含车站轨行区）仅设置固定消防系统（消火栓系统），发生火灾时利用车站、区间消火栓系统灭火防灾的消防过程，最大限度地保障人员疏散安全，以及防止灾情扩展和蔓延。

5．停车场消防系统的组成

停车场有停车库、检修库、车辆段等设备和管理用房，停车场消防系统主要由停车场火灾自动报警系统、停车场固定消防系统（消火栓系统、水喷淋系统、细水雾灭火系统、气体灭火系统）、防排烟系统和移动灭火系统（如手提式灭火器）等组成。发生火灾时，通过这些系统，完成从报警、控制到消灭火灾的消防过程，最大限度地保障设备和人员安全，防止灾情扩展和蔓延。

6．主变电站消防系统的组成

主变电站消防系统主要由：主变电站火灾自动报警系统、相邻车站火灾自动报警系统、主变电站机电设备监控系统、主变电站相邻车站机电设备监控系统、气体灭火系统（细水雾灭火系统）、主变电站防排烟系统和移动灭火系统（如手提式灭火器）等组成。建设在地面的主变电站一般不设防排烟系统。发生火灾时，通过这些系统，完成从报警、控制到消灭火灾的消防过程，最大限度地保障设备和人员安全，防止灾情扩展和蔓延。

7．控制中心消防系统的组成

控制中心消防系统作为轨道交通线路消防系统网络中最为重要的一个节点，通常由两个部分组成。

（1）控制中心大楼消防系统主要由火灾自动报警系统、机电设备监控系统、固定消防系统（消火栓系统、水喷淋系统和气体灭火系统）、防排烟系统和移动灭火系统（如手提式灭火器）等组成。其中，通常停车场和控制中心建设在同一位置，因此大多和停车场火灾自动报警系统合设。

（2）各线路控制中央级消防系统主要由中央火灾自动报警系统和中央机电设备监控系统组成，线路各车站火灾自动报警系统通过网络与控制中心火灾自动报警系统主机和中央机电设备监控系统主机联网，形成 FAS 和 BAS 网络。通过线路控制中心（Operating Control Center，OCC）计算机终端，监控并指导车站值班人员的操作。区间发生火灾时，控制和指挥相关车站对应区间送风排烟操作，最大限度地保障人员疏散安全，以及防止灾情扩展和蔓延。

四、城市轨道交通消防系统基本要求

采用可靠、安全、功能完备和先进的消防系统,对于轨道交通安全、可靠、舒适地运行是十分关键的。目前,国内外轨道交通大多采用先进和成熟可靠的消防系统和设备。为了确保轨道交通消防安全,一旦发生火警,消防系统和设备必须做到可靠运行,万无一失。无论使用哪一种产品,都必须满足以下基本要求:

(1)火灾自动报警系统在有火情发生时,能及时、准确地探测和发出火警信号,并显示火情发生的地点、时间等内容。

(2)火灾自动报警系统能及时联动防排烟系统、固定灭火等系统,显示各系统的运行状态等。

(3)除报警功能外,火灾自动报警系统应具有自动检测、故障报警、监视和控制、事件记录等功能。

(4)机电设备监控系统、固定灭火系统(消火栓系统、水喷淋系统和细水雾灭火系统)、防排烟等系统在收到 FAS 报警信号后,应能正确按各系统运行状态和相应联动工况要求,控制和监测相应设备,显示各系统运行状态等。同时,应能将各系统运行状态或结果反馈给火灾自动报警系统。

(5)火灾自动报警系统和机电设备监控系统应具有中央监控级、车站监控级和现场控制级。

(6)消防设备必须具有备用电源,当主电源失电时,能及时启用备用电源,确保消防系统正常运行。

(7)消防控制室(或车站综合控制室)的消防控制设备除自动控制外,对重要的消防设备还应能手动直接控制。

练习与思考

项目一任务一练习与思考

任务二　城市轨道交通火灾自动报警系统

为了保障人们出行安全，城市轨道交通的消防问题显得越来越重要，人们希望有一种易于管理、能及早发现火灾并准确报警的火灾自动报警装置。综合运用计算机、控制、通信、图形显示等现代技术，通过准确报警和对其他消防设施的控制，具备自身防灾和控灾能力，能在现代建筑中起到重要的安全保障作用的火灾自动报警系统应运而生，并伴随着现代科技发展而不断进步和完善。

在城市轨道交通消防安全技术领域中，火灾自动报警系统是最为重要的一部分，与其相关的消防系统设备有固定灭火系统、防排烟系统等。火灾自动报警系统（Fire Alarm System），简称FAS系统。FAS系统的作用主要有防灾作用和救灾作用。防灾作用是指FAS系统设置的感烟、感温探测器，以及感温电缆、手报按钮等设备，能在火灾产生的初期阶段探测到火灾信号并发出警报，以便扑灭火灾，起到很好的防灾作用。救灾作用是指FAS系统检测到火灾信号后，经火灾确认，可联动警铃、防火阀、排烟风机、防火卷帘、挡烟垂壁、切断非消防电源等设备，参与火灾救灾工作，最大程度地减少火灾损失。

一、FAS系统的设备组成

城市轨道交通车站以及区间隧道、变电所、车场/车辆段、控制中心等区域设置火灾自动报警系统，对各地铁建筑物的公共区、设备用房、办公用房、电缆井和电缆夹层、隧道区间等进行火灾探测报警，并负责对防火阀、专用排烟风机、正压送风机、气体灭火、消火栓水泵、消防喷淋泵等相关系统设备进行联动控制或状态监视。

FAS系统由火灾自动报警控制器、火灾探测器、智能手动报警按钮、控制模块、监视模块、输入输出控制模块、消防电话、警铃等设备设施组成。

1．火灾报警控制器

火灾报警控制器是FAS系统中最重要、最关键的设备之一，也就是工作人员口中常说的"FAS主机"（见图1-2-1）。FAS主机通常放置在轨道交通车站控制室，用于处理外围设备的各类信息、报警功能实现，以及与外部接口的通信。

FAS主机是系统运行的指挥中心，相当于人类的"大脑"，主要担负整个系统监视、控制、显示、报警、信息记录和档案存储等功能。在正常运行时，监视探测器及系统自身工作状态；有火灾时，接收、转换、处理火灾探测器输出的报警信号，并将其转换成声光报警信号，进行声光报警，指示报警部位，记录报警信息，通过自动控制灭火装置启动自动灭火设备和消防联动控制设备。

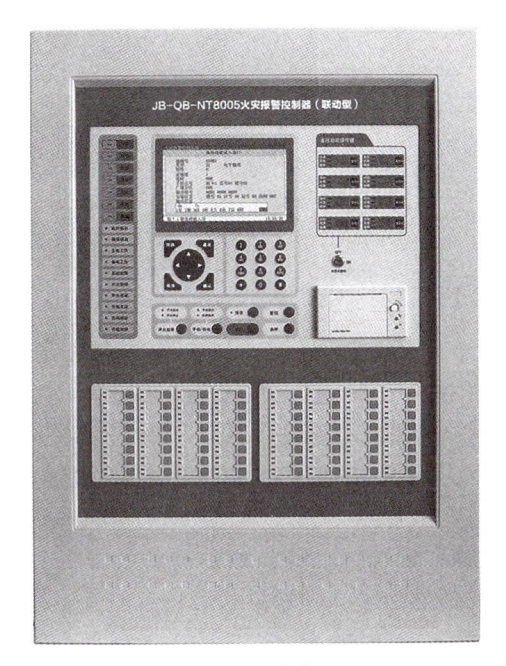

图 1-2-1　火灾报警控制器

重庆轨道交通 1 号、6 号线的车站以及区间隧道、变电所、车场/车辆段、控制中心等区域采用霍尼韦尔安舍公司 IQ8 型火灾自动报警系统。IQ8 型火灾报警控制器（见图 1-2-2）操作面板配置了各种功能操作按键、状态显示灯、蜂鸣器及显示液晶屏等，可以从蜂鸣器声或 LCD（Liquid Crystal Display，液晶显示屏）显示直观地判断信息类型。控制器同时具有自检功能键，方便对 LCD、蜂鸣器、液晶屏进行状态自检测试。

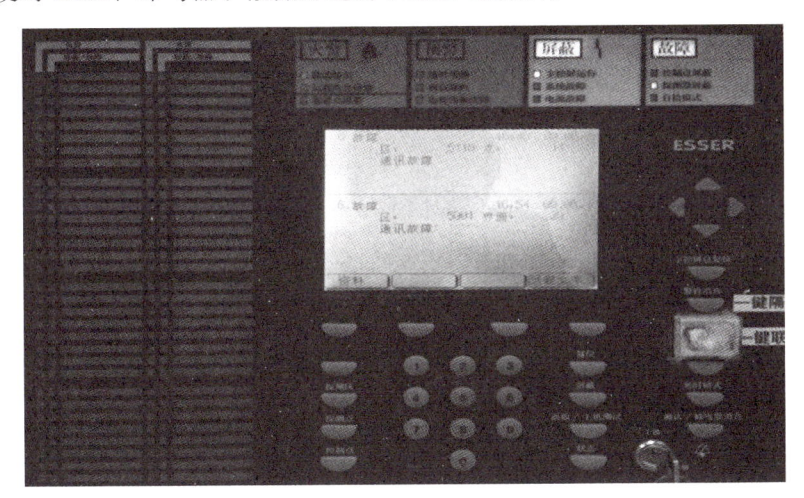

图 1-2-2　IQ8 型火灾报警控制器

FAS 主机接收到火警、预警、故障或隔离信号，都将在 LCD 以字符形式显示。

1）键　盘

键盘只有钥匙开关处于"开锁"位置时，才能有效操作。使用键盘上的各按钮可以执行控制器的各项功能，如开通或隔离探测区/探测器等。

2）功能键

LCD 屏下方的 4 个按钮为功能键，可以选择位于 LCD 中对应位置的菜单项，点按按钮则对应的信息将在 LCD 上显示。

3）指示灯

（1）"火警"指示灯。

当系统探测到一处或多处火警时，"火警"指示灯会点亮，探测到火灾的探测器或探测区显示在 LCD 上。

联动输出——火警解除设备已经启动。

远程信息传输——未启用。

监管点报警——未启用。

（2）"预警"指示灯。

当火灾探测器达到设定预警级别，"预警"指示灯会点亮，被启动的探测器或探测区显示在 LCD 上。若此后没有其他信号到来，则预警状态将自动复位，预警指示灯熄灭。

延时功能——未启用。

确认期内——未启用。

远程传输故障——未启用。

（3）"屏蔽"指示灯。

"屏蔽"指示灯用来指示 FAS 的一个或多个输出端、输入端或其他组件的隔离情况，隔离信息显示在 LCD 上。

主控屏运行——主控屏已连接电源，并处于运行状态。

系统故障——主控屏控制功能故障，如接地故障、控制屏通信故障等。

电源故障——主电或备电故障。

（4）"故障"指示灯。

如果系统检测到一个或多个故障（火灾报警控制器的某个组件或者某个受监控的继电器出现故障），"故障"指示灯会点亮，故障原因显示在 LCD 上。

控制点屏蔽——至少有一个继电器输出设备已经被隔离。

探测器屏蔽——至少有一个探测器已经被隔离。

自检模式——控制屏某一部分被设置到"测试模式"，以便于执行维护和维修工作。如某一回路正在更换探测器等。

4）其他功能键

（1）主控屏总复位按钮。

触按该按钮，将取消系统已探测到的所有火警信号，以及探测区、显示屏和技术方面的报警信号，并返回正常模式。

（2）一键隔离按钮。

一键打开或关闭所有 FAS 被控设备的控制功能。

（3）一键联动按钮。

一键启动所有 FAS 被控设备。

（4）确认/蜂鸣器消音按钮。

键盘上锁时，此按钮依然处于可操作状态。下一次火警或故障发生时，蜂鸣器将重新启动。

2．火灾探测器

火灾探测器是火灾自动报警系统重要的组成部分，是消防报警系统的"感觉器官"。它的作用是监视环境中有没有发生火灾。一旦发生了火情，它便将火灾发生后的物理量，如温度、烟雾浓度、气体和辐射光强等特征转换成电信号，向火灾报警控制器发送信号报警，由报警控制装置发出报警的声光信号，并同时显示火灾发生的部位，记录火灾发生的时间。

根据监测的火灾特性不同，火灾探测器可分为感温、感烟、感光、图像型等类型（见图 1-2-3）。城市轨道交通系统使用的主要是感烟类火灾探测器和感温类火灾探测器，下面主要对这两类探测器展开讲解。

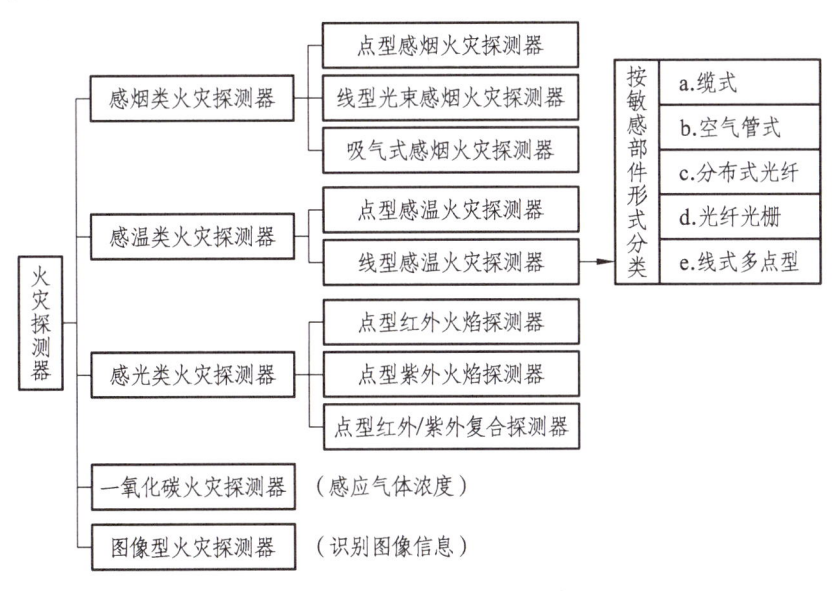

图 1-2-3　火灾探测器的分类

1）感烟类火灾探测器

烟雾是火灾的基本特征。感烟类火灾探测器是对火灾烟雾敏感的探测器，是对悬浮在大气中的燃烧或热解产生的固体或液体微粒敏感的火灾探测器。常见的有点型感烟火灾探测器、线型光束感烟火灾探测器和吸气式感烟火灾探测器。

（1）点型感烟火灾探测器。

点型感烟火灾探测器（见图 1-2-4）是对某一点周围烟雾浓度响应的火灾探测器，目前常用的是散射光工作原理的点型光电感烟火灾探测器。在探测器内，正常情况下，发光件发射的红外光线，不会进入受光件；当烟雾进入探测器时，经烟雾粒子散射的红外光线进入受光件，受光件的阻抗与接收的红外光线强度相关，烟雾浓度升高，散射红外光线增强，受光件阻抗降低，烟雾浓度达到设定值时，发生火灾报警信号。

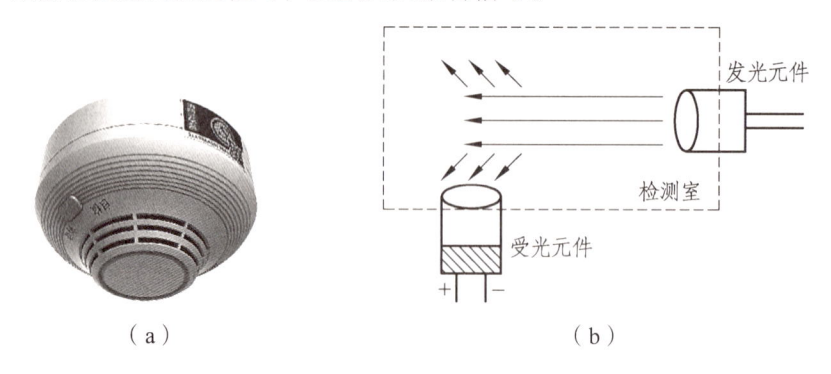

图 1-2-4 点型感烟火灾探测器实物和工作原理

点型感烟火灾探测器是最经济实用的感烟类火灾探测器，基本满足一般室内场所的火灾探测要求，是目前广泛使用的火灾探测器。

（2）线型光束感烟火灾探测器。

线型光束感烟火灾探测器，通常是指线型红外光束感烟火灾探测器，组成部分包括发射器和接收器（见图 1-2-5）。其工作原理是：在发射器和接收器之间构成不可见的红外探测光路，当火灾烟雾上升时，红外光束被阻挡，到达接收器的信号减弱，当减光率达到预设值时，探测器就会发出火灾报警信号。

相对于点型感烟火灾探测器，线型光束感烟火灾探测器适用于无遮挡的大空间或有特殊要求的房间。

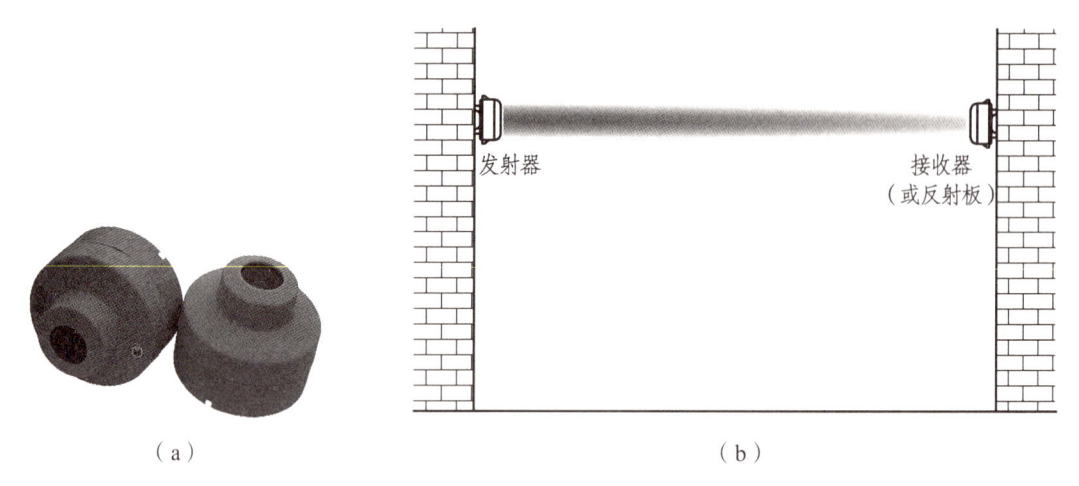

图 1-2-5 线性光束感烟火灾探测器实物和工作原理

（3）吸气式感烟火灾探测器。

吸气式感烟火灾探测器（见图 1-2-6），也称为空气采样烟雾探测器、及早期烟雾探测器，通过主动抽吸空气或烟雾样品，送到灵敏度非常高的探测腔内进行分析，可以探测微小的现场烟雾浓度变化，在发热或阴燃阶段发出火灾报警信号，具有早期火灾探测功能。

（a） （b）

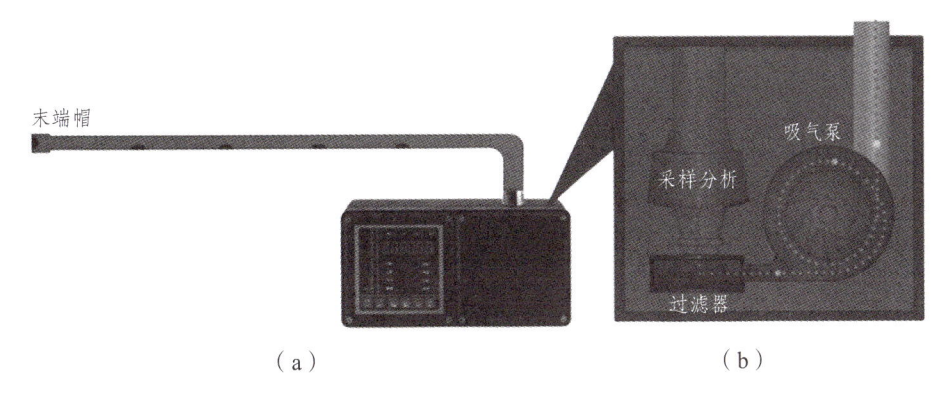

图 1-2-6　吸气式感烟火灾探测器实物和工作原理

2）感温类火灾探测器

感温类火灾探测器，是对某一点或某一线路周围温度变化响应的火灾探测器，主要分为点型感温火灾探测器和线性型感温火灾探测器。

由于烟雾上升的速度较环境温升的速度快很多，感烟火灾探测器通常会先报警，当某部位的感温火灾探测器报警时，表明火灾已经发展到一定程度。

（1）点型感温火灾探测器。

点型感温火灾探测器（见图 1-2-7）是建筑室内应用较多的火灾探测器，在湿度、水汽或烟气较重的场所（如地下室、地下车库、开水房、厨房等）不适合使用感烟火灾探测器，可使用点型感温火灾探测器。

图 1-2-7　点型感温火灾探测器实物

点型感温火灾探测器可分为双金属片、膜盒、热敏电阻等形式，目前普遍采用热敏电阻的方式。该探测器采用两个性能相同的热敏电阻，参考热敏电阻设置在屏蔽罩内，采样热敏电阻设置在外部（见图 1-2-8），内部的热敏电阻由于隔热作用感应速度慢，利用它们的变化差异实现差温报警，同时外部采样热敏电阻可设置在某一固定温度报警，实现定温报警。

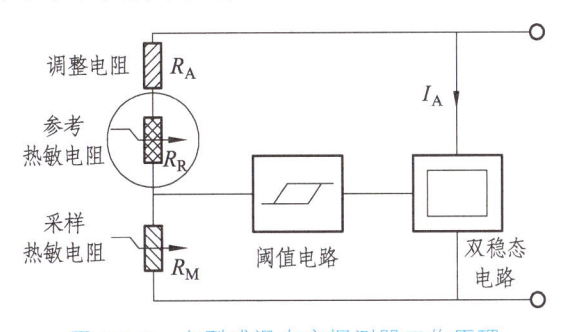

图 1-2-8　点型感温火灾探测器工作原理

（2）线型感温火灾探测器。

线型感温火灾探测器是对某一线路周围温度或温度变化响应的线型火灾探测器，由敏感部件和其相连的信号处理单元等组成。其中，敏感部件可分为感温电缆、空气管、感温光纤、光纤光栅及其接续部件、点式感温元件及其接续部件等。

重庆轨道交通区间隧道多采用感温光纤。感温光纤是分布式光纤型感温火灾探测器的简称，主要由感温光纤和分布式测温主机组成（见图1-2-9）。感温光纤是基于分布式光纤传感技术，光脉冲信号在光纤中传输时，光纤中的每一点都会产生散射，其中的背向散射信号会沿光纤返回，利用光纤中的散射光强度对温度的敏感特性，结合光时域反射技术，实现温度的测量和定位（见图1-2-10）。通过连续分布式测量，可以得到整条光纤上的温度分布信息，当温度的变化达到设定值或温度变化率超过设定值时，即可给出报警信号，实现长距离的温度监测。

图 1-2-9　感温光纤实物

图 1-2-10　感温光纤线工作原理

3）智能模块

（1）智能监视模块。

智能监视模块内设十进制拨码开关，可现场编址，占用火灾报警控制器某一回路中的一个地址。当监视模块接收到开关量的闭合信号后，通过总线将信号输送到火灾报警控制器，火灾报警控制器将发出声光报警信号，指示具体部位及联动设备的工作状态。

监视模块具有地址编码功能，用于连接各种非地址码消防设备监测点，常开干触点（见图1-2-11）。其接收报警和动作状态返回信息，具有线路监视功能，对末端消防设备的接线可监视其正常开路短路等情况。

（2）智能控制模块。

智能控制模块为有源输出型，可用作 DC 24 V 装置的开关。

（3）隔离模块。

在安装和检测过程中，经常发生接地故障，隔离模块能快速定位，可将线路自动隔离；当发生通信短路时，隔离模块将自己的状态报告给主机，从而准确地确定发生故障的位置，将故障线路从完好的系统中隔离出来，使正常工作状态的探测器或地址设备，能够在最优化的条件下工作。

图 1-2-11　智能输入/输出模块实物

4）手动报警按钮

手动报警按钮（见图 1-2-12）设置在轨道交通车站站厅和站台以及区间隧道的墙壁上。火灾发生时，人为打碎玻璃，按钮的火警灯即亮，控制器发出报警音响并显示报警位置。手动报警按钮备有特制的测试钥匙，不用打碎玻璃，即可测试其报警功能。

5）消防电话

消防电话是消防通信的专用设备（见图 1-2-13），当发生火灾报警时，它可以提供方便快捷的通信手段，是消防控制及其报警系统中不可缺少的通信设备。

消防电话有专用的通信线路，现场人员可以通过现场设置的固定电话和消防控制室进行通话，也可以用便携式电话插入插孔式手动报警或者电话插孔上与控制室直接进行通话。

图 1-2-12　手动报警按钮　　　　图 1-2-13　消防电话

二、FAS 系统的工作原理

FAS 的设备相互独立又分工合作，当地铁车站发生火灾时，火灾探测器将探测到的物理量信息转换成电信号，上传到 FAS 主机，FAS 主机确认报警后，发送指令至声光报警器和警铃，使其动作，提醒乘客和工作人员紧急疏散撤离；同时，FAS 主机会发出联动控制指令至各个系统设备，以便启动相关设备参与救灾。FAS 工作原理如图 1-2-14 所示。

由图可知，FAS 系统实现火灾报警的条件有以下几种情况：

（1）一个手动报警按钮报警+一个探测器报警

（2）两个不同类型的探测器同时报警

（3）同一类型的两个探测器在同一区域报警

（4）自动灭火系统确认报警

该"自动灭火系统"包含室内消火栓系统、自动喷水灭火系统、自动气体灭火系统等，后续项目会介绍轨道消防常用的自动灭火系统。

当上述报警信息传递到 FAS 主机后，FAS 主机会自动识别火灾，进行声光报警，同时启动火灾模式，并联动控制相关设备，控制火情、防止烟气蔓延，便于人员疏散逃生。

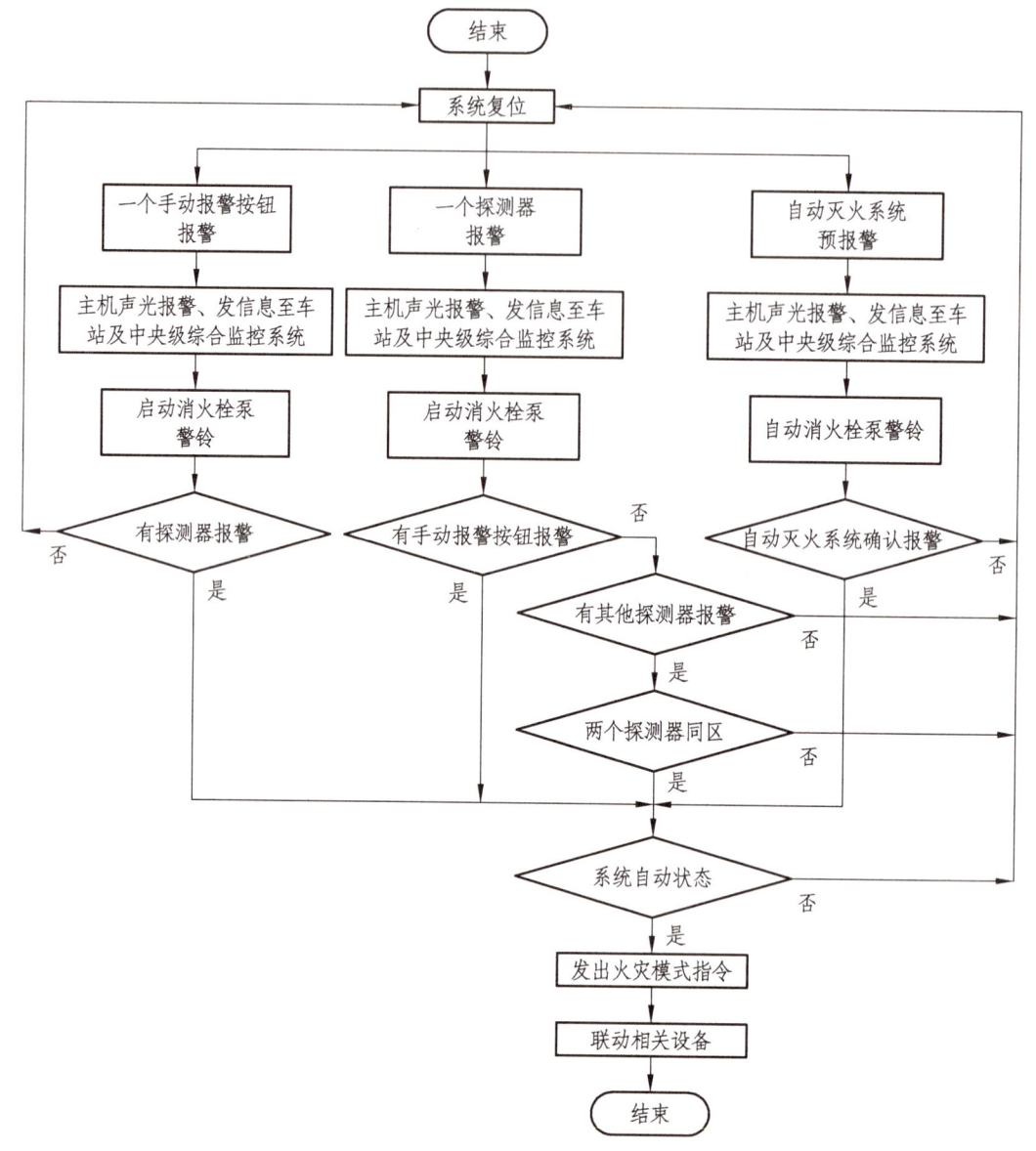

图 1-2-14　FAS 工作原理

三、FAS 系统的网络结构

　　火灾自动报警系统采用深度集成方式融入综合监控系统（简称 ISCS），通过与综合监控系统及环境设备监控子系统（简称 BAS）进行消防互动，实现防灾、救灾。FAS 监控界面通过 ISCS 人机界面可对 FAS 设备状态及实时火警进行监视，可下发火灾运行模式实施防灾救灾控制操作。

1．车站级火灾自动报警系统

　　车站级火灾自动报警控制器，与车站管辖范围内火灾自动报警探测器、手动报警按钮（带电话插孔）、各种输入/输出模块等联网组成车站级火灾自动报警系统，如图 1-2-15 所示。

车站级在车站控制室的 FAS 主机、综合监控系统工作站上显示火灾报警信息并提供联动功能，火灾报警信息同时上传至 OCC 中央级 FAS。

车站级 FAS 系统主要功能：

（1）能够监视火灾报警系统每个元件的工作状态。
（2）能查询用户操作记录和报警记录。
（3）能控制火灾报警控制器消音、复位。
（4）具有界面锁定及授权退出功能。
（5）具有管理全线报警记录及数据备份功能。

另外，车站火灾模式下，FAS 系统还应完成相关消防联动工作，包括：联动防火卷帘下降到规定位置；AFC 及门禁系统的联动控制；消防广播联动；联动相关消防专用设备，并切断非消防电源等。同时，FAS 还将相关模式控制信息传送给 BAS，由 BAS 动作相关环控设备救灾；综合监控系统接收到 FAS 的报警信息后，应联动相关辅助系统设备，如 CCTV（闭路电视监控系统）、PIS（乘客信息系统）等，辅助救灾。

2．中央级火灾自动报警系统

中央级在控制中心综合监控系统工作站上显示全线的火灾报警信息及火灾状态信息并提供火灾模式命令下发。中央级是全线 FAS 的调度、管理中心，对全线报警系统信息及消防设施有监视、控制及管理权，对车站级的防救灾工作有指挥权。通过全线防灾直通电话、闭路电视、列车无线电话等通信工具，组织指挥全线防救灾工作。

中央级负责与市防洪指挥部门、地震检测中心、消防局 119 火警通信，接收自然灾害预报信息，负责轨道交通工程防救灾工作对外界的联络。

中央级预留与市公安消防局消防控制中心联网的功能。

操作员应可以通过工作站人机界面（HMI）的车站平面图判断车站内发生火灾的位置。

系统将火灾报警及相关故障日志，保存到历史数据服务器，存储时间为 1 年；并能通过事件记录查询所需记录，能将数据分类读取及打印，能通过对事件存储文件的分析判断火灾报警的信息。

四、FAS 系统的联动控制

车站火灾自动报警系统 FAS 设置为联动型火灾报警控制器，即火灾的探测、报警与消防联动控制均为一体化，火灾自动报警系统自动实现火灾探测、火灾报警，控制和监视火灾时的排烟、防烟、防火阀等设备动作状态，控制相关消防设备和系统的联动，接收其状态反馈信号，并将信息上送控制中心。

火灾自动报警系统 FAS 指令具有最高优先权，当系统探测到某区域发生火灾时，将火灾信号自动发送给车站自动售检票系统（AFC）、电力监控系统（SCADA）、门禁（ACS）系统和消防广播等系统。自动控制防火卷帘门、常开防火门、消防泵、喷淋泵、专用排烟风机、排烟防火阀、防烟防火阀和电梯等设备按照该区域火灾工况的模式执行火灾工况，并接收每个设备的状态反馈信息。

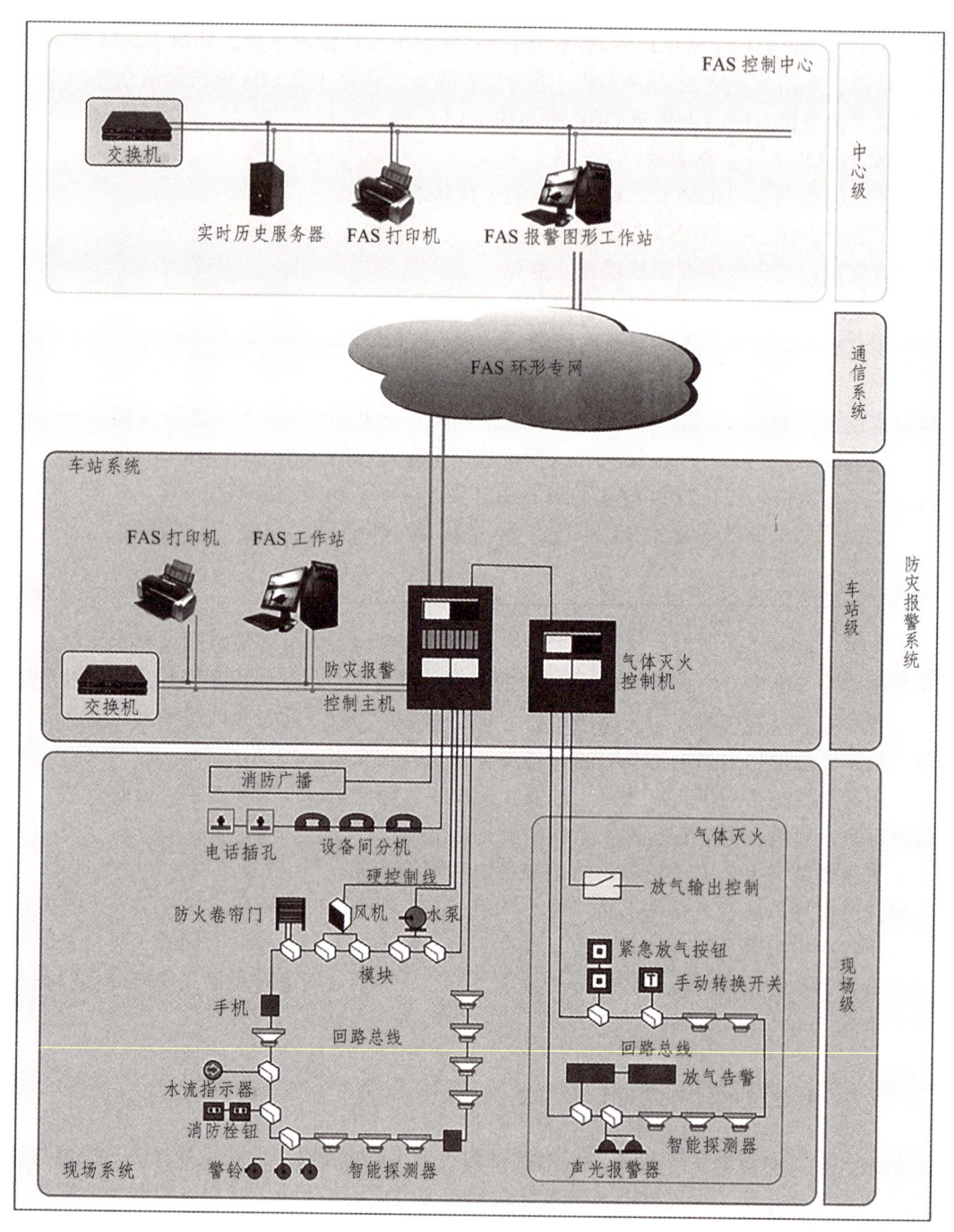

图 1-2-15　FAS 网络结构

1. FAS 与 BAS

火灾报警系统和环境与设备监控系统之间设有通信接口，火灾时，火灾报警控制器向环境与设备监控系统发出报警信息和火灾工况模式指令，车站设备监控系统执行指令将其所监控的设备运行模式转换为预定的火灾工况模式，启动相应的设备按预先设置的火灾工况模式运行。

2．FAS与消防水泵

火灾报警控制器可直接控制消防泵、喷淋泵启停，并接收消防泵、喷淋泵的反馈信号，显示工作状态和故障状态。同时，在消防控制室或车控室设置的直接控制盘也可完成消防泵、喷淋泵的直接启动。

3．FAS与防排烟系统

火灾报警控制器控制专用排烟风机、排烟防火阀、防烟防火阀，接收其反馈状态；显示只监不控防火排烟调节阀状态。

4．FAS与防火卷帘门

控制疏散通道防火卷帘门，在本防火分区感烟探测器动作后，防火卷帘门降至距楼（地）面1.8 m，本防火分区感温探测器动作后，防火卷帘门降到底，显示防火卷帘门的状态；用作防火隔断的防火卷帘门，感烟或感温火灾探测器动作后，防火卷帘门降到底。

5．FAS与AFC闸机

火灾确认后，提供给自动售检票系统一个火灾信号，由自动售检票系统控制检票机通道阻挡装置释放，利于乘客逃生疏散。

6．FAS与SCADA

火灾确认后，火灾报警系统将火灾信息发送给电力监控系统或降压变电所三类负荷开关柜，由电力监控系统或降压变电所开关柜切断三类负荷。

7．FAS与ACS

火灾确认后，火灾报警系统将火灾信息发送给门禁系统，由门禁系统控制相关区域门锁释放。火灾自动报警系统与门禁系统的连接方式可以采用数据接口或硬线。与门禁系统的火灾信息传送，以区域信息表示时可以按站厅、站台和两端设备用房等划分。

8．FAS与广播系统

火灾确认后，火灾自动报警系统将火灾信息发送给车站公共广播系统，将公共广播自动播放预先设置的火灾紧急广播，引导乘客安全疏散。不设置公共广播的控制中心大楼及车辆段综合楼等区域，由本系统设置消防紧急广播。

9．FAS与气体灭火系统

火灾自动报警系统接收气体灭火系统的二次报警信息、故障信息、气体喷放信息及手动/自动状态信息。气体灭火系统保护房间的防火阀由气体灭火系统直接控制，火灾自动报警系统显示防火阀的状态，火灾自动报警系统需要控制气体灭火系统保护房间的防火阀时，火灾自动报警系统将控制指令发至气体灭火控制盘，由该控制盘控制关闭。

10．FAS 与电梯

火灾发生时，火灾自动报警系统将控制指令发至直升电梯控制器，将控制直升电梯迫降到首层并打开，并将直升电梯的状态反馈给火灾自动报警系统。

五、FAS 系统的运行管理

1．系统运行方式

城市轨道交通各车站的消防报警系统，处于 24 h 不间断正常工作状态，其工作方式分为正常和非正常运行 2 种方式。由 FAS 主机与 BAS 等系统联合完成系统所设计的各种火灾工况联动动作，控制盘通过触摸按钮开关或双联开关实现对系统的手动/自动控制转换，正常运行方式为自动控制位。

1）正常运行方式

FAS 消防报警主机处于自动控制状态时为正常运行方式。对车站的环境状况进行监视。消防报警系统监控对象包括手动报警器、感烟探测器、感温探测器、警铃、电话、广播、排烟阀、防火卷帘门、消防泵、喷淋泵、电梯、非消防电源控制柜等。

在自动控制模式状态下，当有火灾报警情况发生时，车站的消防设施按火灾工况自动进入联动运行。

2）非正常运行方式（交流供电失电等情况）

消防报警系统控制主机处于手动控制或半自动控制时为非正常运行方式。当有火灾报警情况发生，工作人员须到就地对联动设备进行单点操作，操作对象包括警铃、电话、消防广播、排烟阀、防火卷帘门、新风机、消防泵、喷淋泵、电梯、自动售检票、门禁、非消防电源控制柜等。

在手动控制模式下，其控制方式采用单地址点控制。监控内容有各种设备反馈信号、报警信号及故障信号。

2．运行管理方式

许多城市的地铁都设立中央级环控调度员和车站级值班员（或基地消防值班员）（以下简称为"车站值班员"），进行二级运行管理；轨道交通基地内的消防报警系统、固定灭火系统、防排烟系统等消防设施由基地消防值班员负责运行和管理。中央和车站是一个不可分割的完整系统，需密切配合，服从统一指挥，树立整体观念。

1）中央级运行管理工作职责

消防系统中央级设备设在线路控制中心调度大厅内，由设备调度员兼任消防系统中央调度指挥职能，通过使用消防报警设备，全线车站广播、全线车站闭路电视、调度电话、事故分机控制盘等设备，实现管理全线的消防设备，监视全线的火灾报警情况的职能。

设备调度员通过 FAS、BAS 等中央级工作站或 ISCS 综合监控工作站监视所有车站的火灾报警情况，确保火警及时被确认和处置；同时监测通风、空调、隧道通风设备和装置、气体自动灭火系统、给排水等机电设备的运行状态，确保消防设备能紧急启用。

运营线路消防系统出现的故障，设备调度员应能及时发现，并通报设备主管单位进行维修或抢修，做好 FAS、BAS、气体自动灭火系统及水消防设备的故障处理、检修、施工等配合工作，完成对整个施工过程的安全监控工作，确保施工作业的消防风险降到最低。

设备调度员还负责将所辖消防设备的运行情况和资料、故障报告及作业信息进行汇总，填写各类当班报表，由控制中心定期将运行情况统计分析，并存档。

2）车站级运行管理工作职责

车站当值站长是本站消防主要负责人，车站的消防管理职责由值班站长和车站值班员承担。他们的主要职责是通过 FAS、BAS 工作站（或 Integrated Super-visory Control System，ISCS 综合监控工作站）监控车站机电设备，主要监视包括车站消防报警设备、通风空调、隧道通风设备和装置、气体自动灭火系统、水消防系统的运行状态，监视本站的火灾报警信息，发现火情，及时确认，进行前期扑救、汇报情况等工作，并组织本站工作人员引导乘客疏散，同时向 119 报警和向本单位有关领导报告火灾灾情。

车站值班员日常工作还包括对本站消防设备设施进行监护和巡视，确保消防设施设备不被挪用或破坏。当环控、FAS、BAS、气体自动灭火系统及消防水设施等发生故障时，由车站值班员向相关设备保障部门报修，设备检修、抢修施工过程中对安全进行监护，确保施工对运营的影响降到最低。

3）轨道交通消防系统维修管理工作职责

轨道交通消防系统的维修管理工作由各管辖线路运营公司的消防专业工程师和消防专业维修班组承担。

消防专业工程师的工作职责是制定本公司管辖线路内消防系统设备的维修管理规定和定期拟定维修计划，组织、协调和督促消防维修班长按时按量完成维修计划所制定的工作内容，并检查计划完成情况及完成质量；掌握生产中的各种数据，进行定量分析与统计，及时把生产动态向上级部门汇报；对工班维修进行技术支持，协助维修班长进行故障处理，遇到重大故障时，负责组织、指挥维修班组人员进行抢修；并对出现的重大故障进行专题分析。

消防专业工程师还要定期召开技术交流会议，对系统中出现的故障及系统维修情况进行总结；对系统存在的问题制订改造方案，使之逐步完善，积极改进维修模式与维修工艺；还要制订各种维修记录和故障记录表格，完善系统的维修记录并进行装订存档，健全设备维修、故障分析、设备质量鉴定以及技术革新档案，提出设备国产化设想等。除此之外，还要定期对维修员工进行技术培训、安全培训等。

消防维修班组班长及维修班组成员主要负责公司管辖线路所配置的火灾自动报警系统、气体灭火系统、消防水系统等设备的维修工作。日常的工班管理工作由班长承担，而生产任务落实则由班长指定的各兼职管理员来协助完成。

消防维修班班长职责是带领本班组维修人员高效、积极地开展工作，拟定本班组年度、月度维修计划和编制各种生产材料，计划经上级批准后负责按计划组织实施；在接到紧急故障抢修任务时，迅速组织实施抢修工作，使消防设备尽快恢复正常运行；负责组织班组的全部生产活动，严格检查、督促计划的执行，组织本班组维修人员保质保量地完成生产任务，确保设备处于良好运行状态。

消防维修工的职责是在班长的领导下根据计划对消防系统设备进行定期的维护、维修，确保消防系统设备的正常运行；在消防系统设备发生故障时，对系统设备故障进行紧急处理，尽快使之恢复正常运行，并做好故障处理结果记录。

拓展知识

一、综合监控平台 FAS 界面

FAS 监控界面集成在 ISCS 中，通过 ISCS 人机界面可对 FAS 设备状态及实时火警进行监视，可下发火灾运行模式实施防救灾控制操作。

（1）车站级 ISCS 工作站 FAS 界面有导航菜单项，如 FAS 网络系统图、FAS 站厅布局图、FAS 站台布局图、FAS 出入口布局图、区间火灾系统图等。

（2）通过 ISCS 工作站可监视 FAS 的设备布局、运行状态、消防联动状态、报警信息，也可对 FAS 设备进行控制操作，包括火警确认和复位控制、火灾模式的激活控制等，如图 1-2-16 所示。

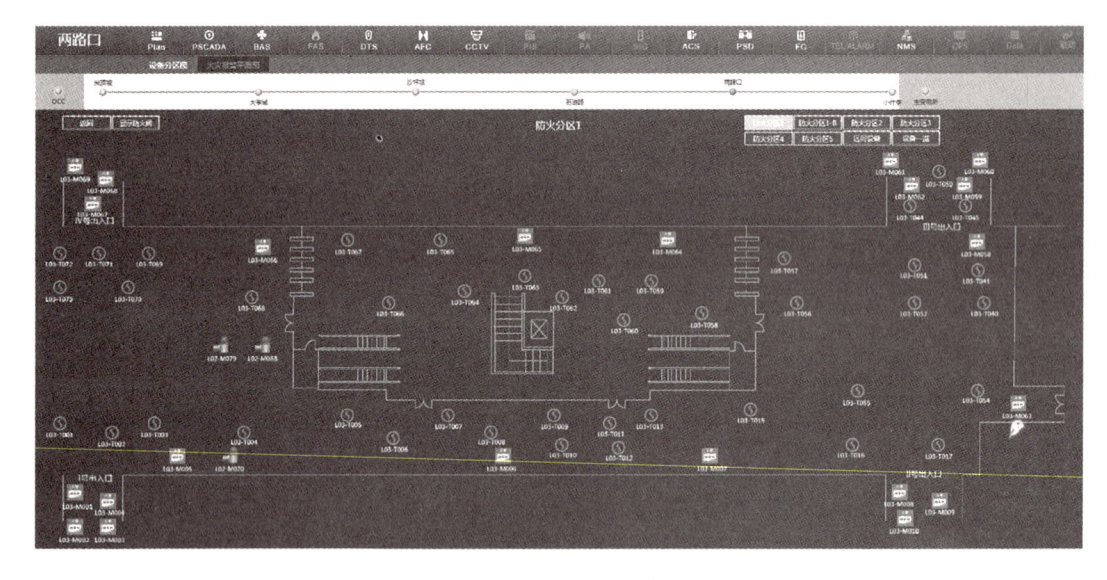

图 1-2-16　FAS 系统监控界面

（3）图元以颜色区分不同的状态：绿色表示正常或关闭状态，红色表示报警或开启状态，黄色表示故障状态，灰色表示隔离状态。

二、紧急后备盘（IBP 盘，FAS 操作控制部分）

IBP 盘是一种人机接口装置，满足应急和直接的操作要求（见图 1-2-17）。IBP 盘一般是通过硬线与各个子系统进行通信，具有最高的操作优先级。

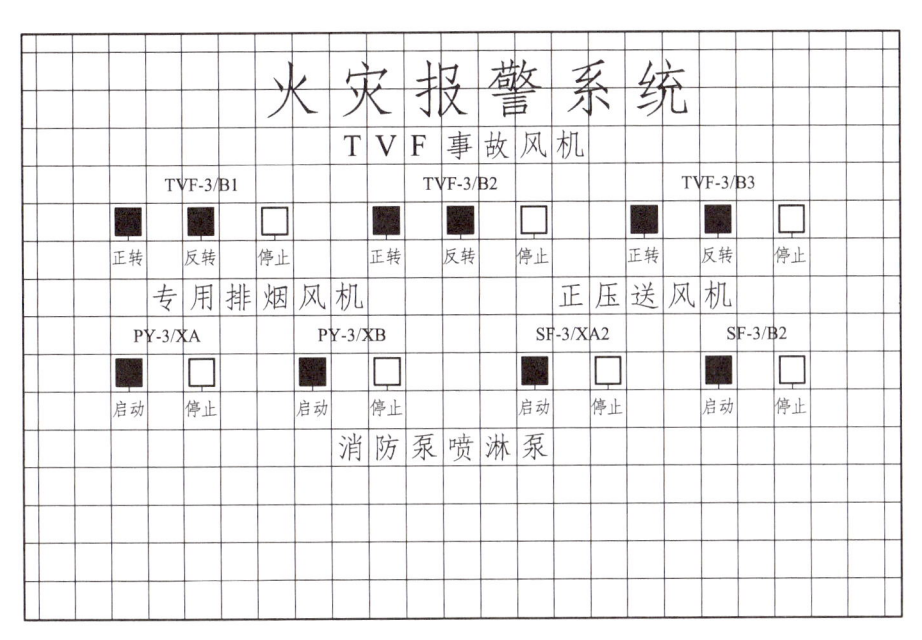

图 1-2-17　IBP 盘上消防系统模块

（1）发生紧急情况时，操作员可以按下对应区域设备"启动"按钮，对风机、消防泵等设备进行紧急启动操作，相应的风机等设备启动成功后点亮相应的反馈灯。

（2）紧急情况解除后，操作员可以通过按下"停止"按钮，对风机、消防泵等设备进行停止操作，相应的风机等设备停止运行后点亮相应的反馈灯。

（3）TVF 事故风机和射流风机可逆转运行，盘面设置有"正转""反转"和"停止"按钮。当需从"正转"变"反转"或从"反转"变"正转"时，应先按下"停止"按钮，待风机停止后，方可按下"反转"或"正转"按钮。

技能实训

FAS 火灾模拟演示

详见实训工作页技能实训一。

练习与思考

项目一任务二练习与思考

任务三　城市轨道交通车站灭火系统

用于轨道交通地面、地下、高架车站的固定灭火设施有以水为介质的消火栓灭火系统、自动喷淋灭火系统、高压细水雾系统以及管网气体自动灭火系统。

为确保轨道交通消防供水的安全，车站水消防管网的进水从市政给水管道两路引入车站，当其中一条进水管发生故障时，另一路进水管仍能保证消防供水的全部用水量。车站在站外设有总进水阀门。

一、城市轨道交通消火栓灭火系统

消火栓系统在轨道交通地面、地下和高架车站都是主要的消防灭火设备。消火栓以水作为一种灭火介质，是一种既及时又有效的灭火工具。

1．消火栓系统的组成

轨道交通消火栓给水系统由室内消火栓箱、消火栓管网、室外消火栓、水泵接合器、阀门及增压水泵、稳压设施、电器控制箱等组成。

1）室内消火栓箱

轨道交通车站地下车站的站厅层两侧每隔 45 m 设有一消火栓箱，成交叉布置或单边布置。站台层的消火栓箱设在楼梯间的侧墙上和站台层两端头。轨道交通车站消火栓箱由水枪、水带、消火栓、消防增压泵、启动按钮和消防水喉设备组成。为了便于维护管理与使用，同一轨道交通建筑物内应选用同一型号规格的消火栓水枪和水带。水枪、水带和消火栓以及消防卷盘平时置于消火栓箱内（见图 1-3-1），城市轨道交通的消防水喉设备一般设置于消火栓下方。

（1）水枪和水带。

水枪（见图 1-3-2）的喷嘴口径有 13 mm、16 mm、19 mm 三种。口径 13 mm 水枪配备直径 50 mm 水带（见图 1-3-3），16 mm 水枪可配备 50 mm 或 65 mm 水带，19 mm 水枪配备 65 mm 水带。低层建筑的消火栓选用 13 mm 或 16 mm 口径水枪。

图 1-3-1　室内消火栓箱

图 1-3-2　水枪 　　　　图 1-3-3　水带

水带口径有 50 mm 和 65 mm 两种，水带长度一般为 15 m、20 m、25 m、30 m 四种。水带材质有麻织和化纤两种，有衬胶与不衬胶之分，衬胶水带阻力较小。水带长度应根据消火栓的布置和水力计算来确定。

城市轨道交通消火栓箱一般配备口径 19 mm 水枪和直径 65 mm 水带，水带长度为 25 m。城市轨道交通消火栓箱配备的 QZW19 型多用途水枪，具有直流、喷雾和关闭三种功能。该水枪具有直流射程远、射流集中、雾化效果好、覆盖面大的特点。

水枪出水时，按照手轮上标出"喷雾→直流→关闭"的方向转动手轮，就可以得到所需的水流状态。

在压力范围内使用可获得良好的直流和雾化效果，压力过低，将影响射程和雾化程度提高，而过高的喷射压力则使雾化程度继续提高但射程不再增长，额定工作压力为 3.5×10^5 Pa。

（2）消火栓

室内消火栓主要由固定接口、阀体、阀瓣、密封垫、丝杆、阀盖、手轮等组成（见图 1-3-4）。当转动手轮打开阀瓣，消火栓即出水。

城市轨道交通室内消火栓主要使用的是 SN65 型直角单出口式消火栓和 SNSS65 双阀双口消火栓。消火栓均为内扣式接口的球形阀式龙头，进水口端与消防立管相连接，出水口端与水带连接。

消火栓按其出口形式分为单出口和双出口两大类。双出口消火栓直径为 65 mm，单出口消火栓直径有 50 mm 和 65 mm 两种。当消防水枪最小射流量小于 5 L/s 时，应采用 50 mm 消火栓；当消防水枪最小射流量大于等于 5 L/s 时，应采用 65 mm 消火栓。

图 1-3-4　消火栓

消火栓按阀和栓口数量可分为单阀单口消火栓、双阀双口消火栓和单阀双口消火栓。采用单阀单口消火栓时，消火栓的间距应能保证同层相邻两个消火栓的水枪的充实水柱同时达到被保护范围内的任何部位。

室内消火栓应设置在明显易于取用的位置，一般设在走道、楼梯附近，以及出入口处。消火栓的栓口离地面高度宜为 1.1 m，栓口出水方向宜向下或与设置消火栓的墙面相垂直。消防电梯前室，严禁安装消火栓。

（3）消防增压泵启动按钮。

消防增压泵启动按钮（见图 1-3-5）安装在消火栓箱内，使用时先把水枪和水带与消火栓连接，打开阀门，有水流出再击碎玻璃，按钮弹出，消防增压泵启动，指示灯常亮。

（4）消防水喉设备。

消防水喉设备，为直径 25 mm 的小口径自救式消火栓设备（见图 1-3-6）。它可供轨道交通车站的工作人员和乘客扑救初期火灾使用。消防水喉设备根据设置情况，有消防软管卷盘和自救式小口径消火栓设备两种，可安装在消防竖管或生产、生活给水管道上。消防软管卷盘是一种室内式消防设备，由小口径消火栓、输水缠绕管、小口径水枪等组成。与室内消火栓设备相比较，具有操作简便、机动灵活等优点。自救式小口径消火栓设备是消防卷盘与 SN 系列室内消火栓组合形成的一种新式消防设备，目前在轨道交通车站用于扑救轨道交通的初期火灾。

图 1-3-5　消火栓启泵按钮　　　　　图 1-3-6　消防水喉

2）消火栓管网

室内消防给水系统应与生活、生产给水系统分开独立设置。室内消防给水管道应布置成环状。室内消防给水环状管网的进水管和区域高压或临时高压给水系统的引入管不应少于两根，当其中一根发生故障时，其余的进水管或引入管应能保证消防用水量和水压的要求。

室内消防给水管网应布置成独立的环状管网系统，以便在管网某段维修或发生故障时，仍能保证火场用水。城市轨道交通消火栓系统中的室内环网有水平、垂直、立体环网，可根据建筑类型、消防给水管道和消火栓布置确定，但必须保证供水管和每条消防竖管都能做到双向供水。需要由环状管网引出支状管道时（如设置屋顶消火栓），支状管道上的消火栓数不宜超过一个（双口消火栓按一个计算）。

城市轨道交通消火栓系统中的室内环状管网的进水管不应少于两条，从建筑物的不同方向引入（见图 1-3-7）。若在不同方向引入有困难时，引入管宜接至竖管的两侧。若在两根竖管之间引入两条进水管时，应在两条进水管之间设置只供发生事故或检修时使用的分隔阀门，此阀门为常开阀门。当其中一条进水管发生事故或检修时，其进水管仍应保证全部消防流量和规定的消防水压。

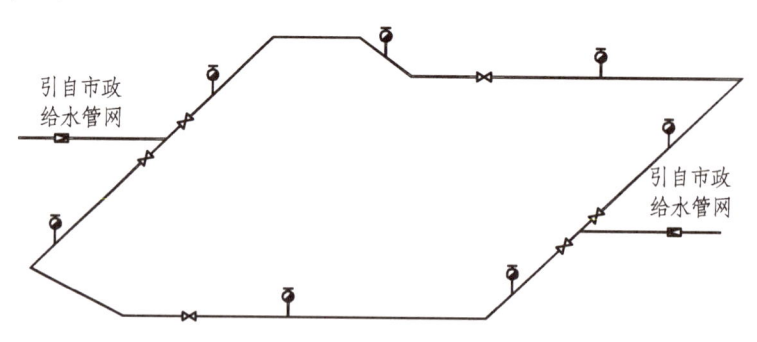

图 1-3-7　城市轨道交通车站消防管网示意图

轨道交通车站消火栓系统由市政上水管道二路供水。管道从地面首先进入消泵房内，管道的压力应保证灭火时最不利点消火栓的水压不小于 0.10 MPa，满足消防水压和水量要求，消防时可由消防水泵提升压力。管道出消防泵房后在车站内形成环网布置，并与相邻上下行线区间隧道内的消火栓管道相连通。当本站消火栓增压水泵不能工作或二路消防供水断水时，则可由相邻两座车站的消火栓增压水泵增压供水。

在地面，消火栓系统设有两个双头消防接合器，当本站消火栓增压水泵不能工作或二路消防供水断水时，也可由消防车将增压水通过消防水泵接合器向车站消火栓管网供水。

3）室外消火栓

室外消火栓分为地上式与地下式两种。室外消火栓沿道路设置，道路宽度超过 60 m 时，道路两边设置消火栓，且靠近十字路口。消火栓距房屋外墙的距离大于 5.0 m，距路边的距离小于 2.0 m。消火栓的间距不超过 120 m。室外消火栓的保护半径不应超过 150 m；在市政消火栓保护半径 150 m 以内，如消防用水量不超过 15 L/s，可不设置室外消火栓。

（1）地上式消火栓。

地上式消火栓由本体、进水弯管、阀塞、出水口、排水口等组成（见图 1-3-8），阀体的大部分露在地面，具有明显、易于寻找、出水操作方便等特点，适宜于气候温暖地区安装使用。地上式消火栓有一个直径为 150 mm 或 100 mm 和两个直径 65 mm 的接口。其中，两个 65 mm 接口为内扣式接口，供接水带使用；另一个 150 mm 或 100 mm 的接口为丝扣接口，供接消防车的吸水胶管使用。

在使用地上式消火栓时，用专用扳手打开出水口闷盖，接上水带或吸水管，再用专用扳手打开阀塞，即可供水。使用后应关闭阀塞，上好出水口闷盖。

（2）地下式消火栓。

地下式消火栓由本体、进水弯管、阀塞、丝杆、丝杆螺母、出水口、排水口等组成（见图 1-3-9），具有防冻、不易遭到人为损坏、便利交通等优点，但目标不明显，操作不便，适用于气候寒冷地区。采用室外地下式消火栓要求在附近地面上应有明显的固定标志，以便在下雪等恶劣天气寻找消火栓。另外，地下式消火栓应有直径为 100 mm 和 65 mm 的接口各一个，其中直径 100 mm 接口供接消防车的吸水胶管，直径 65mm 接口供接消防水带。

图 1-3-8　地上式消火栓 　　　图 1-3-9　地下式消火栓

使用地下式消火栓时，先打开消火栓井盖，拧下闷盖，再接上消火栓与吸水管的连接器（也可直接将吸水管接到出水口上），或接上水带，用专用扳手打开阀塞，即可出水。使用完毕应恢复原状。

室外消火栓处于建筑物的外部，受到风吹雨淋或人为损坏，所以要经常维护，使之始终处于完好状态。维护时要注意以下几点：

① 清除阀塞启闭杆端部周围杂物，将专用扳手套于杆头，检查是否适合，转动启闭杆，加注润滑油。

② 用油沙头擦洗出水口螺纹上的锈渍，检查闷盖内橡胶垫圈是否完好。
③ 打开消火栓，检查供水情况，放尽锈水后再关闭，并观察有无漏水现象。
④ 外表油漆剥落后，应及时修补。
⑤ 清除消火栓附近的障碍物。对于地下式消火栓，注意及时清除井内积聚垃圾、砂土等杂物。

4）消火栓增压泵

轨道交通消防泵房使用的消防泵为 IS 型清水离心水泵（为填料密封型）2 台，一用一备。IS 型清水离心水泵（见图 1-3-10）工作原理是利用叶轮旋转而使水产生的离心力来输水。水泵在启动前，必须把泵壳和吸水管都充满水，然后驱动电机，使泵轴带动叶轮和水做高速旋转运动，水在离心力作用下甩向叶轮外沿，并汇集到泵壳体内，经蜗壳形泵壳的流道而流入水泵的压水管路。同时水泵叶轮中心处由于水被甩出而形成真空，吸水池中的水便在大气压力作用下，通过吸水管吸进了叶轮。叶轮不停地旋转，水就不断地被甩出，又不断地被补充，离心泵就连续地输水。

IS 型清水离心水泵结构简单，主要部件有叶轮、泵壳、泵轴、密封环、填料函、轴承等。

（1）叶轮又称工作轮，是泵的核心，叶轮的作用是将动力机的机械能传递给液体，使液体的能量增加。它面向泵的一侧叫前盖板，后侧为后盖板，叶片夹于两盖板之间，叶片一般 6~8 片，叶片和盖板的内壁构成的槽道，称为叶槽。水自叶轮吸入口流入，经叶槽后再从叶轮四周甩出，所以水在叶轮中的流动方向是轴向进水，径向出水。封闭式叶轮一般用于输送清水。

图 1-3-10 消防增压泵

叶轮的材料必须有足够的机械强度和耐磨、耐腐蚀性能。目前，多采用铸铁、铸钢等制成。叶轮内外表面有一定光洁度，铸件不能有沙眼、孔洞等缺陷，否则会降低水泵效率和叶轮的使用寿命。

（2）泵壳由泵盖和泵体组成。泵体包括泵的吸水口蜗壳形、流道和泵的出水口，蜗壳形流道断面沿着流出方向不断增大，它除了汇流作用外，还可以使其中的水流速度基本不变，以减少由于流速变化而产生的能量损失。泵的出水口连一段扩散的锥形管，水流随着断面增大，速度逐渐减少，压力逐渐增加，水的部分动能转化为压力能。

（3）泵轴是用来带动叶轮旋转的，用不锈钢制成。泵轴要直，以免在运转时，由于轴的弯曲引起叶轮摆动过大，加剧叶轮与密封环的摩擦，损坏零件。为防止填料与轴直接摩擦，在与填料接触部位装有轴套，轴套磨损后可以更换，延长泵轴的使用寿命。

（4）轴承用以支承转动部分的质量以及承受泵运行时的轴向力和径向力，常用滚珠轴承，安装在悬架轴承体内。

（5）密封环，在转动的叶轮吸入口的外线与固定的泵体内线之间存在一个间隙，它正是高低压交界面，这一间隙如过大，则泵体内高压水便会经过此间隙漏回到叶轮的吸水侧，从而减少水泵的实际出水量，降低水泵的效率；这一间隙如过小，叶轮转动时会与泵壳发生摩擦，引起机械磨损。为了尽可能减少漏水损失，同时又能保护泵壳不被磨损，在泵体上或泵体和叶轮上分别装一铸铁圈环，该环磨损后可以更换。且该环位于水泵进口，既可减少漏水，又能承受磨损，称为密封环。

（6）填料函。在泵轴穿出泵盖处，在转动的轴与固定的泵盖之间也存在着间隙，为了防止高压水通过该处的间隙向外大量流出和空气进入泵内，必须设置轴封装置，填料函就是常用的一种。它主要由底衬环、填料、水封管、水封环、填料压盖等零件组成。

填料又叫作盘根，常用的是浸油、浸石墨的石棉绳填料，外表涂黑铅粉，断面一般为方形。它的作用是填充间隙进行密封，通常4~6圈。填料内部装有水封环，它是一个中间凹下，外周凸起的圆环，该环对准水封管，环上开有若干个小孔。当水泵运转时，泵内的高压水道过水封管进入水封环渗入填料进行水封，同时还起冷却、润滑泵轴的作用。填料压紧的程度，由压盖上的螺丝来调节。如压得太紧，虽然能减少泄漏，但填料与泵轴摩擦损失增加，功率消耗大，甚至将造成抱轴现象，产生严重的发热和磨损；压得过松，达不到密封效果。一般合适的压紧程度是使水能从填料处呈滴状连续漏出为宜。

（7）水泵的性能参数。

离心水泵的性能参数有流量、扬程、功率、效率、转速等。

① 流量。

流量俗称出水量。它表示水泵在单位时间内所输送液体的体积或质量。用字母 Q 表示，常用的单位有 L/s、m^3/h 等。

② 扬程。

扬程通常指总扬程，又叫作总水头。它表示单位质量液体通过水泵后，其能量的增加值，用字母 H 表示，单位是 m 等。

③ 功率。

功率有轴功率和有效功率两个概念。轴功率是指水泵的输入功率，它表示电机输送给水泵的功率，用符号 N 表示，常用单位为 kW。有效功率是指水泵的输出功率，它表示单位时间内流过水泵的液体从水泵那里得到的能量，用符号 N_e 表示。

水泵在运行过程中存在各种能量损失，轴功率不可能完全传给液体，所以有效功率始终小于轴功率，即 $N_e < N$。

④ 效率。

效率指水泵的有效功率和轴功率之比值，用字母 η 表示：$\eta = N_e / N \times 100\%$。

IS 型单级单吸离心清水泵其性能参数范围广，转速有 2 900 r/min 和 1 450 r/min 两种，流量 6.3~400 m^3/h，扬程 5~10 m 水柱。

（8）水泵型号，以 IS200-150-315 为例，水泵型号代表的意义如下：

IS 表示采用国际标准的单级单吸离心清水泵；200 表示泵进水口直径为 200 mm；150 表示泵的出水口直径为 150 mm；315 表示叶轮的名义直径为 315 mm。

车站的 IS 型离心水泵一般安装在采用阻尼弹簧减振器的减振架上，阻尼弹簧减振器具有频率较低、阻尼较大等优点。

因车站 IS 型水泵（用于消防增压）均从市政自来水管网吸水，所以启动前无须先向泵壳内注水。但当自动喷水系统管网和消火栓系统管网未打开出水口放水的情况下，决不能运行消防增压水泵，以免损坏管网等设备。

5）水泵接合器

水泵接合器是连接消防车向城市轨道交通室内消防给水系统加压供水的装置（见图1-3-11）分墙式、地下式和地上式3种。当城市轨道交通室内消防水泵发生故障或室内消防用水不足时，消防车从室外消火栓、消防水池或天然水源取水，通过水泵接合器将水送至室内消防管网，保证室内消防用水。城市轨道交通的水消防系统均设有水泵接合器，城市轨道交通主要使用的是地上式和墙式接合器。水泵接合器应设在消防车易于到达的地点，同时还应考虑在其附近15~40 m范围内有供消防车取水的室外消火栓或储水池。水泵接合器的数量应按室内消防用水量计算确定；每个水泵接合器进水流量可达到10~15 L/s，当计算的水泵接合器的数量少于两个时仍采用两个，以保证供水安全。

6）稳压设施

城市轨道交通的高架车站一般不设高位水箱，高架车站位置较高，所以均设有消防稳压泵（见图1-3-12），其采用消防主泵和稳压泵组成的增压、稳压系统，火灾发生后，水加压后送至管网进行灭火。稳压泵的流量对消火栓系统应小于5 L/s，是一种小流量高扬程的水泵，设在消防泵房内，其作用是补充系统渗漏的水量，保持系统所需的压力。稳压泵的流量小于消火栓系统规定水量，引起水压下降，从而使压力开关或电接点压力表动作，随后消防泵启动增压，保证消火栓系统的规定供水量。

图1-3-11　水泵接合器　　　　图1-3-12　消防稳压泵

2．工作原理

1）电器控制原理

（1）正常工作状态。

按消防要求，每个车站消防栓系统使用两台消防泵，安装在车站的消防泵房内，在日常运行时，一台设置于自动位置，另一台设置在备用位置。通过泵房内的消防控制双切电源箱来实现消防泵的启、停功能。

图1-3-13中，1号为工作泵，2号为备用泵，将QS_4、QS_5合上，转换开关SA转至左位，检修开关QS_3放在右位，电源开关QS_2合上，为启动做好准备。如车站某部位出现火情，用小锤将车站对应部位的消防按钮玻璃击碎，其内部按钮因不受压而断开，使中间继电器KA_1

线圈失电，时间继电器 KT₃ 线圈通电，经延时 KT₃ 常开触头闭合，使中间继电器 KA₂ 线圈通电，接触器 KM₁ 线圈通电，1 号消防泵电机 M1 启动运转，进行灭火。若 1 号消防泵故障，2号消防泵自动投入。当出现火情时，如 KM₁ 机械卡住，其触头不动作，使时间继电器 KT₁ 触头闭合，使接触器 KM₂ 线圈通电，2 号泵电机 M2 启动运转。

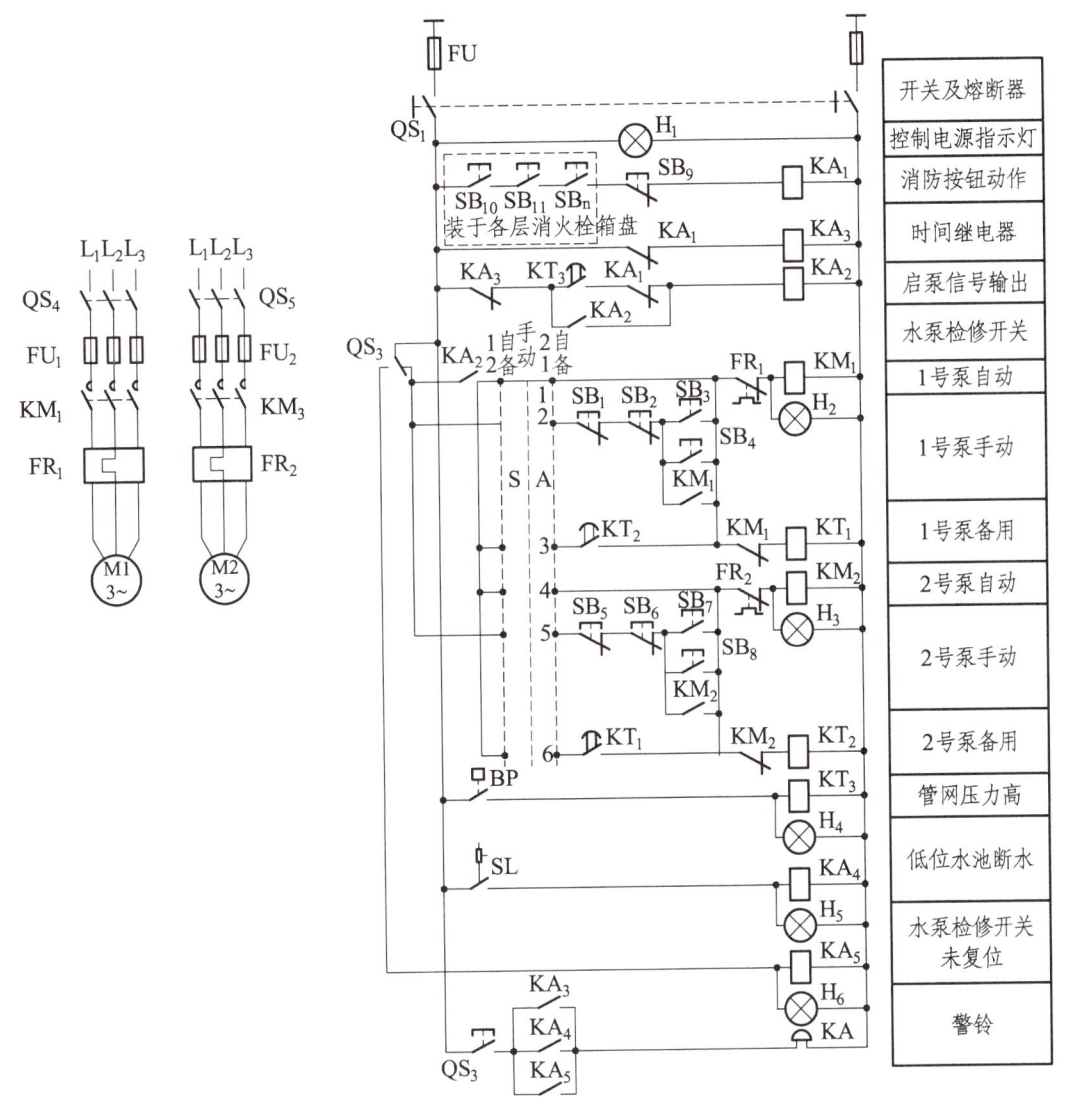

图 1-3-13 消火栓泵电气原理控制

（2）在其他状态下的工作情况。

手动强制启动时，将 SA 转至手动位置，按下 SB₃（SB₄），KM₁ 通电动作，1 号泵电机运转。如需 2 号泵运转时，按下 SB₇（SB₈）即可。当管网压力过高时，压力继电器 BP 闭合，使中间继电器 KA₃ 通电动作，信号灯 H₄ 亮，警铃 HA 响。当低位水池水位低于设定水位时，水位继电器 SL 闭合，中间继电器 KA₄ 通电，同时信号灯 H₅ 亮，警铃 HA 响。当需要检修时，将 QS₃ 转至左位，中间继电器 KA₅ 通电动作，同时信号灯 H₆ 亮，警铃 HA 响。

2）消防泵与消防报警主机的联动关系

消火栓系统与消防报警系统一般通过智能型控制模块和反馈模块连接，同时也可与输入输出模块连接。依据消防规范，消防泵与消防报警主机关系为：

（1）消防泵的启动与消防报警主机自动或手动位置无关。

（2）每个系统消防泵必须具备两台，一台设置在自动位置，另一台设置在备用位置，即热备用状态。

（3）系统必须配有手动启泵按钮，其启泵信号（或故障信号，消防泵电源故障），反馈到消防值班室报警控制主机（或联动控制器有显示）。

（4）消防值班室配有手动启泵设备，其启泵信号（或故障信号，消防泵电源故障）反馈到消防控制室（在报警控制器或联动控制器显示）。

3）消防泵的启泵方式

启动消防泵一般有如下几种方法：

（1）击碎启泵按钮玻璃，消防泵启动，启泵信号反馈至消防报警主机，相应的红色指示灯常亮。

（2）在消防报警主机面板都有DIP（或开泵按钮）消防泵强制开关，可向上拨动开关（或按下按钮），发出消防泵启动命令，当消防泵启动后，主机显示窗将显示其内容，面板上DIP红色指示灯亮，监视黄色指示灯亮。

（3）在消防报警主机操作键盘上，输入消防泵启泵代码，输入开命令，使消防泵启动。

（4）在消防泵房的双电源控制箱上就地开启消防泵，将联动开关置于手动挡，按下"开启"按钮，消防泵启动。消防报警主机面板将接收信号，显示窗将显示其内容，红色指示灯亮。如需关闭，可按下"关"开关，关闭消防泵，消防报警主机恢复正常。

（5）在车站控制室的消防控制箱上进行操作，按下消防泵启动按钮，消防泵启动，信号反馈至消防报警主机。

4）消防泵启动后的复位

（1）如是消防泵启动按钮开启的消防泵，应先到消防泵房室的电气操作箱上将手/自动转换开关转至手动位置，然后按下停止按钮，再到现场更换被击碎的玻璃，使系统复位。系统复位后再将手/自动转换开关转至自动位置。

（2）如在消防主机上通过DIP（按钮）消防泵强制开关是打开的，先将DIP开关向下拨，将命令撤销，按下车控室消防电器控制箱紧急停泵按钮停泵，然后按下消防报警主机关的撤销命令，最后将车控室消防电器控制箱紧急停泵按钮再复位。

（3）如是在消防报警主机操作键盘上输入消防泵启泵代码，使消防泵启动的，先按下车控室消防电器控制箱紧急停泵按钮停泵，然后再次输喷淋泵代码，撤消命令，最后车控室消防电器控制箱紧急停泵按钮再复位。

（4）如在消防泵房的双电源控制箱上就地开启消防泵，则需按下停泵按钮，使系统复位。系统复位后再将手/自动转换开关转至自动位置。

（5）如在车站控制室的消防控制箱上启动消防泵，先按下停泵按钮（或合闸按钮）不放，由其他人员到消防泵房室的电气操作箱上将手/自动转换开关转至手动位置,然后按下停止按钮,使系统复位。这时,再离开启泵按钮,系统复位后,再将手/自动转换开关转至自动位置。

注意:在打开消火栓增压泵之前必须首先将水龙带接在消火栓上,装上水枪,然后打开消火栓阀使消防水从水枪内喷出;无论何种方式开启消防泵,其复位必须到消防泵房就地手动关闭。

3. 轨道交通系统消火栓系统运行管理和操作

1)运行管理

城市轨道交通消火栓系统设备均应保持良好的状态,以备随时投入使用。车站运行人员应定期巡视检查设备,发现故障,及时准确汇报故障情况。任何人不得随意改变消火栓供水管网的状态,全部消火栓供水管网的阀门均应开启,并开启至最大位置。为此,操作人员应熟悉消火栓供水管道的阀门位置、管道走向、设备现状,定期进行消火栓系统设备的联动检查,做好设备检查记录。以上设备检查均应保证城市轨道交通消火栓系统正常运营的前提下方可进行。

(1)正常运行方式。

水消防系统的常用、备用消火栓系统增压泵和稳压泵保持随时启动的工作状态,消防泵房消火栓就地控制箱上均应处于自动状态运行。水消防系统的阀门、管网等完好,消防供水阀门常开。消防供水压力大于 0.08 MPa,配有稳压泵的系统,其稳定水压大于 0.25 MPa。

(2)非正常运行方式。

① 消火栓系统的增压水泵和稳压泵处于自控或遥控操作失灵状态(此时应采用手控操作)。

② 消火栓系统的增压水泵处于失电状态时,消防供水采用相邻车站消防泵增压供水。

③ 消火栓系统供水管道发生严重漏水时,应立即关闭漏水处管道两端阀门,必要时关闭总阀门。当消防泵误启动时,应立即停泵,并对系统管网进行卸压操作。

④ 水消防试验按水消防试验操作规程执行。

⑤ 消防检查时,如确需进行水泵试验,则必须先打开消防泵房内消防旁路放水阀门后执行;如泵房内无旁路放水阀门,则必须待地铁列车停运后进行水泵试验,并先接好水带再打开消火栓阀门。

2)消火栓系统设备日检

(1)日检设备包括水消防增压泵、稳压泵、阀门、管道、压力表等。

(2)各类设备每日按规定巡视,防汛防台期间,适当增加巡视次数。

(3)日检按下列项目进行:

① 观察正在运行的泵工作是否正常,主要是:是否漏水、漏油,电机有无异常噪声,工作电流是否在额定范围内,压力表及管道是否正常等。

② 观察设备状态是否正常,主要是:控制位置、压力表指示是否正常,管道与阀门是否正常等。

(4)保持设备用房的环境整洁及设备的清洁。

(5)巡视中发现问题,必须立即向调度汇报,尽快恢复设备的正常状态。

(6)巡视的内容与发现的问题必须做好记录。

3．消火栓系统设备的试验操作

1）试验前准备工作

消火栓系统每月进行一次试验，试验前，应检查：
（1）消防水泵外观是否完好，水泵油位是否正常。
（2）消防管网供水水压是否正常。
（3）消防泵的进出口阀门应常开。
（4）室外消防接合器应完好。
（5）消火栓电器控制箱供电是否正常、稳压泵和增压泵是否在自动状态。

2）试验操作步骤

（1）按下手动报警或电话报警。
（2）打开消火栓箱取出水带，连接消火栓及水枪，打开阀门，随即启动水泵按钮，持枪喷水。
（3）水泵遥控启动后，消防控制中心消防报警系统应有显示，水泵运行可控制在 15 min 以内，但不应小于 5 min，运行中关闭进行主备电源切换，并在 30 s 内能重新投入正常运行，同时模拟主泵发生故障，备用水泵能自动切换投入运行。情况正常即可手动停泵，然后关闭阀门，取下水枪、水带。水带要冲净晾干。
④ 对试验中出现的故障，应及时报修，以便再次使用。

4．消火栓系统的操作规程

（1）火灾时按下手动报警或电话报警。
（2）打开消火栓箱取出水带，连接消火栓及水枪，打开消火栓阀门，随即启动水泵按钮，持枪喷水（见图 1-3-14）。

1. 打开或击碎箱门，取出消防水带
2. 展开消防水带 
3. 水带一头接到消防栓接口上 
4. 另一头接上消防水枪 
5. 另外一人打开消防栓上的水阀开头 
6. 对准火源根部，进行灭火 

图 1-3-14　消火栓的操作使用步骤

（3）当消防泵遥控启动失灵时，立即手控启动。当手动也无法启动时，应通知相邻车站启动消火栓泵，对本站管网增压。

（4）在火种确认扑灭，并接到命令后方可手动停泵，关闭消火栓。

（5）使用后的水枪、水带要冲净晾干，并归位。

（6）检查消防设备是否有缺损，若有则应报修或补缺，以便再次使用。

（7）当消火栓系统水压大于 0.6 MPa，应对系统进行放水卸压，待系统压力正常后，将系统恢复正常运行方式。

5．消火栓系统发生故障时的设备操作及处理

消火栓系统管道发生跑水时，切断水源→查明跑水点→关闭其两端的阀门。

由于城市轨道交通车站的消火栓系统主管道口径为 DN150～200 mm，城市轨道交通的地下车站管道内的水压又较高（0.2～0.4 MPa）。如管道损坏发生跑水，则将影响城市轨道交通的正常运行，所以必须首先切断水源。

① 跑水发生在区间隧道内管道中。

立即关闭该隧道两端头的消火栓供水阀门，切断水源。查明情况后上报段调度员，执行调度员指令。

检查人员进入隧道查明跑水原因，关闭跑水点两端供水阀门，打开其余被关闭的阀门。

检查管道损坏情况，采用快速堵漏装置或其他方法修复管道，恢复消防供水。

② 跑水发生在车站。

关闭跑水点两端的阀门，切断水源。

必要时切断本车站的消火栓系统管网水源。操作时应关闭以下阀门：关闭消防泵房内两台消火栓增压水泵的出水口阀门（即切断市政自来水管的供水）；关闭车站通向 4 个区间隧道内消火栓管道的阀门（即切断车站与区间隧道内消火栓管道的水流）。

查明跑水原因，关闭跑水点两端阀门，打开其余被关闭阀门。修复管道恢复供水。

城市轨道交通的地面车站和高架车站由于各站之间消火栓系统是连通的，所以处理更加简单，只须切断市政自来水管对车站消防供水即可。

二、城市轨道交通自动喷水灭火系统

自动喷水灭火系统是目前世界上应用最广泛的一种固定消防设备。从 19 世纪中叶应用至今已有 100 多年的历史，其最大的特点是价格低廉，灭火效率高。据美国、澳大利亚等国家统计，其灭火成功率在 96% 以上。自动喷水灭火系统的可靠工作，关键在于系统的自动控制要符合国家规范的要求，做到安全可靠。它适用于温度不低于 4 ℃（低于 4 ℃ 受冻）和不高于 70 ℃（高于 70 ℃ 失控，误动作造成水灾）的场所。

自动喷水灭火系统可分为闭式系统、雨淋系统、水幕系统和自动喷水-泡沫联用系统。闭式系统采用闭式洒水喷头，发生火灾时，能自动打开闭式喷头喷水灭火。

常用的闭式自动喷水灭火系统有湿式系统、干式系统、干湿式系统和预作用系统 4 类。城市轨道交通自动喷水灭火系统一般使用的是湿式系统（水喷淋系统）。

1. 轨道交通自动喷水灭火系统的组成

车站湿式喷水灭火系统由喷淋泵、湿式阀、喷头、报警止回阀、延迟器、水力警铃、压力开关（安装在干管上）、水流指示器、管道系统、供水设施、报警装置及控制盘等组成。

1）湿式喷水系统附件

（1）水流指示器。

水流指示器（见图 1-3-15）的功能是及时报告发生火灾的部位。当喷头开启喷水或管网发生水量泄漏时，管道中有水流通过，引起水流指示器中桨片随水流而动作，接通延时电路 15~30 s 后，继电器触点吸合，向消防控制室发出电信号，指示开启喷头所在的分区。

图 1-3-15　水流指示器

（2）喷头。

喷头可以分为易熔合金式、双金属片式和玻璃球式三种，应用最多的是玻璃球式喷头。喷头（见图 1-3-16）布置在顶棚下边，与支管相连。

在正常情况下，喷头处于封闭状态。火灾时，开启喷水是由温感部件（充液玻璃球）控制，当装有热敏液体的玻璃球达到动作温度（57 ℃、68 ℃、79 ℃、93 ℃、114 ℃、182 ℃、227 ℃、260 ℃）时，球内液体膨胀，使内压力增大，玻璃球炸裂，密封垫脱开，喷出压力水。喷水后，由于压力降低开关动作，将水压信号经压力开关变为电信号向喷淋泵控制装置发出启动喷淋泵信号，保证喷头有水喷出。同时，流动的消防水使主管道分支处的水流指示器电接点动作，接通延时电路（延时 20~30 s）通过继电器触电，发出声光信号给控制室，以识别火灾区域。综上所述，喷头具有探测火情、启动水流指示器、扑灭早期火灾的作用。其特点是结构新颖、耐腐蚀性强、动作灵敏、性能稳定。

图 1-3-16　洒水喷头

（3）压力开关。

① 压力开关的原理。

压力开关（见图 1-3-17）都有一对常闭触点，作为自动报警式控制使用。报警管路上如装有延迟器，则压力开关应装在延迟器之后。

② 压力开关的特点。

工作压力为 0.07~1 MPa 可调。

适用于空气、水介质。

可用交直流电源，工作电压为：AC 220 V、380 V；DC 24 V、36 V、48 V；触点能承受的电容量：AC 220 V，5 A；DC 24 V，3 A；压力开关用在系统中需经模块与报警总线连接。

图 1-3-17　压力开关

（4）末端试水装置。

喷水管网的末端应设置末端试水装置（见图 1-3-18），与水流指示器对应。末端试水装置用于对系统进行定期检查，包括压力开关、湿式报阀管网系统，以确定系统是否正常。末端试水装置由试水阀、压力表以及试水接头组成。试水接头出水口流量系数与同楼层或防火分区内的最小流量系数喷头相当。末端试水装置的出水，应采取孔口出流的方式排入排水管道。

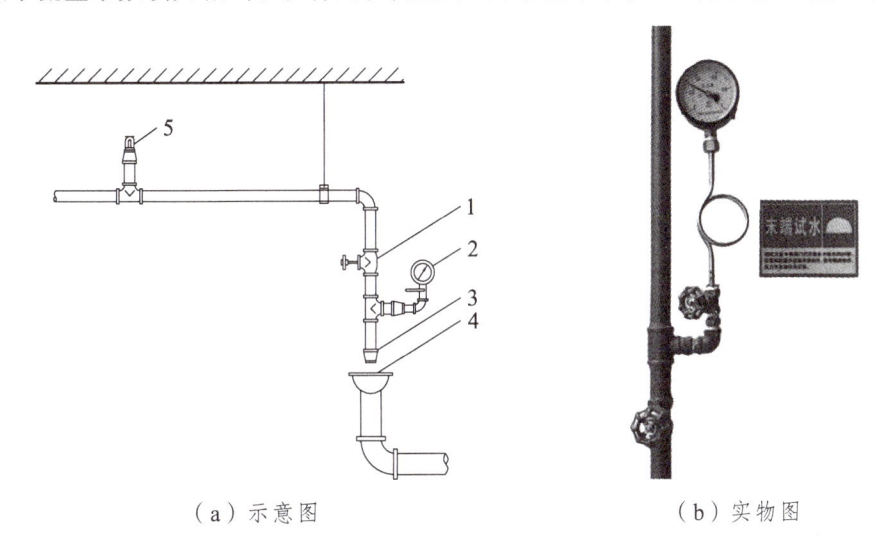

（a）示意图　　　（b）实物图

图 1-3-18　末端试水装置

（5）湿式报警阀。

湿式报警阀（见图 1-3-19）在湿式喷水系统中是非常关键的，其安装在供水干线，连接供水配水管网。它必须非常灵敏，当管网中即使有一个喷头喷水，破坏阀门上下的静止平衡

图 1-3-19　湿式报警阀组

压力，就必须立即开启，任何迟延都会耽误报警的发生。平时阀芯前后水压相等，水通过导向杆中的水压平衡小孔保持前后水压平衡，由于阀芯的自重和阀芯前后所受水的总压力不同，阀芯处于关态（阀芯上的总压力大于阀芯下面的总压力）。发生火灾时，闭式喷头喷水，由于水压下降，此时阀下水压大于阀上水压，于是阀板开启，向洒水管网及洒水喷头供水，同时水沿着报警阀的环形槽进入延迟器、压力继电器及水力警铃等设施，发出火警信号并启动消防水泵等设施。

（6）水力警铃。

水力警铃（见图1-3-20），安装在湿式报警阀附近，连接管道应采用镀锌钢管，长度不超过6 m时，管径为15 mm；长度超过6 m，管径为20 mm；连接水力警铃管道的总长度不宜大于20 m，工作压力不应小于0.05 MPa。水力警铃与各报警阀之间的高度不得大于5 m。当闭式喷头启动喷水后，湿式阀打开，水流经信号管流入水力报警器，推动水力警铃发出响亮而连续的报警声。

（7）延迟器。

延迟器是一个罐式容器（见图1-3-21），安装在报警阀与水力警铃（或压力开关）之间，对由于水压突然发生变化而引起报警阀暂短开启，或因报警阀局部渗漏而进入警铃管道的水流起暂时容纳作用，从而避免虚假报警。只有在火灾真正发生时，喷头和报警阀相继打开，水流经30 s延迟器后，才冲击水力警铃报警。

图1-3-20　水力警铃　　　　图1-3-21　延迟器

（8）管网系统。

自动喷水灭火系统的配水管网由直接安装喷头的配水支管、向配水支管供水的配水管、向配水管供水的配水干管以及总控制阀向上（或向下）的垂直立管组成。

室内供水管道应布置成环状，其进水管不宜少于两条，当其中一条进水管发生故障时，其余进水管应仍能保证全部用水量和水压。自动喷水灭火系统一般设计成独立系统，自动喷水灭火系统报警阀后的管网与室内消火栓给水管网分开设置。报警阀后的管道不许设置其他用水设备，稳压供水管也必须在报警阀前与系统相连。

供水干管应在便于维修的地方设分隔阀门，并经常处于开启状态。报警阀后的管网可分为枝状管网、环状管网和格栅状管网。采用环状管网的目的是减少系统管道水头损失和使系统布水更均匀。一般在中危险等级场所或对于民用建筑为降低吊顶空间高度时采用。自动喷水系统一般采用枝状管网，管网应尽量对称、合理，以减小管径、节约投资和方便计算。

为了控制配水支管的长度，避免水头损失过大，一般情况下，配水管两侧每根支管控制的标头喷头数，轻危险级、中危险级场所不应超过8只，同时在吊顶上下布置喷头的配水支管，上下侧喷头数均不多于8只；严重危险级及仓库危险级场所不超过6只。

管道的直径应经水力计算确定，但为了保证系统的可靠性和尽量均衡系统的水力性能，轻危险级、中危险级场所中各种直径配水支管、配水管控制的标准喷头。

2．工作原理

1）自动喷水原理

湿式系统在准备工作状态时，由消防水箱或稳压泵、气压给水设备等稳压设施供水。延迟器充满水后，使水力警铃发出声响警报、压力开关动作输出启动供水泵的信号。供水泵投入运行后，完成系统的启动过程。自闭式喷头开启至供水泵投入运行前，由消防水箱、气压给水设备或稳压泵等供水设施为开启的喷头供水。整个工作原理如图1-3-22所示。

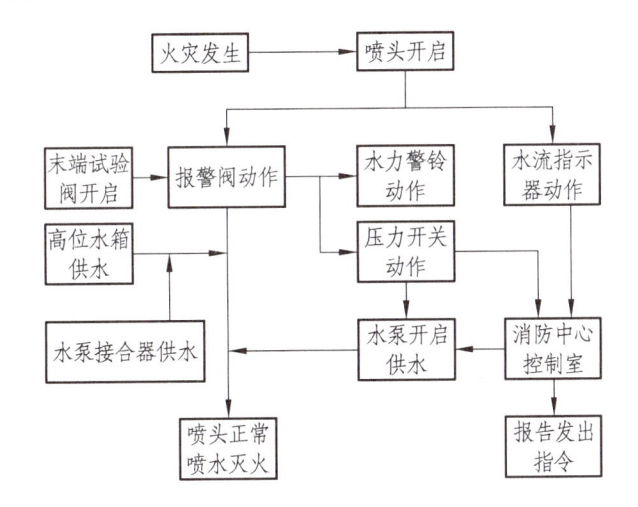

图 1-3-22 湿式喷淋系统工作原理流程

2）喷淋增压泵控制电路原理

如图1-3-23所示，喷淋增压泵控制电路工作过程：假设某层发生火灾，温度达到一定值时，该层的喷头自动爆裂并喷出水流。平时将开关QS_1、QS_2、QS_3合上，转换开关SA至左位（1自、2备）。当发生火灾喷头喷水时，由于喷水后压力降低，压力开关Bn动作（同时管道里有消防水流动时，水流指示器触头闭合），因而中间继电器KA（n+1）通电，时间继电器KT_2通电，经延时其触头闭合，中间继电器KA通电，使接触器KM_1闭合，1号消防加压水泵电动机M1启动运转（同时单铃响，信号灯亮），向管网补充压力水。

当1号泵故障时，2号泵的自动投入过程：若KM_1机械卡住不动时，由于KT_1通电，经延时后，备用中间继电器KA_1线圈通电动作，使接触器KM_2线圈通电，2号消防水泵电机M2启动运转，向管网补充压力水。如将开关SA拨向手动位置，也可按下SB_2或SB_4使KM_1或KM_2通电，使1号泵或2号泵电动机启动运转。

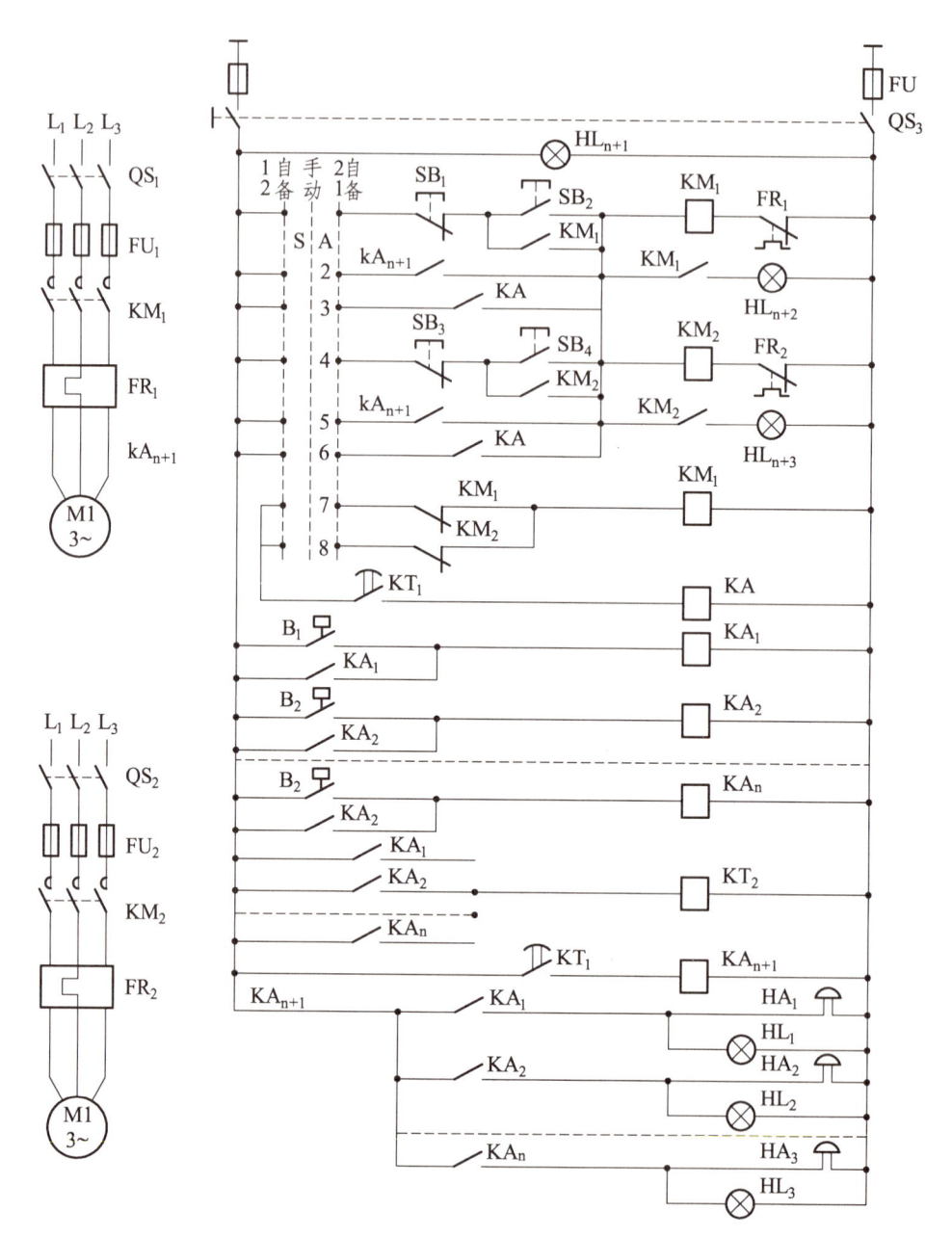

图 1-3-23 喷淋泵电气控制原理

3）消防报警主机与自动喷水灭火系统的联动关系

自动喷水灭火系统应有自动喷水系统的控制、状态显示功能。自动喷水灭火系统与消防报警系统一般通过智能型控制模块和反馈模块连接，也可与输入输出模块连接，依据消防规范，水喷淋灭火系统与消防报警主机关系为：

（1）控制系统的启停应在报警主机上显示。

（2）报警主机应显示喷淋泵水泵的工作、故障状态。

（3）报警主机应显示水流指示器、压力开关的工作状态。

（4）压力开关动作信号，反馈到车站控制室报警控制器或联动控制器显示。

4）喷淋泵启动方式和复位

（1）启动方式。

① 在消防报警主机面板有喷淋泵开泵按钮，按下开泵按钮，发出喷淋泵启动命令，当泵启动后，响应的监视黄色指示灯常亮，主机显示窗将显示其内容。

② 在消防报警主机操作键盘上，输入喷淋泵启泵代码，输入开命令，使喷淋泵启动。

③ 在喷淋泵房的双电源控制箱上就地开启喷淋泵，将联动开关置于手动挡，按下"开启"按钮，喷淋泵启动。消防报警主机面板将接收反馈信号，显示窗将显示其内容，监控黄色指示灯亮。如需关闭，可按下"关"开关，关闭喷淋泵，消防报警主机恢复正常。

④ 在车站控制室的消防控制箱上进行操作，按下喷淋泵启动按钮，喷淋泵启动，信号反馈至消防报警主机。

⑤ 末端放水：消防报警主机在自动，打开喷淋系统管网的末端放水龙头，使水流指示器报警，湿式阀打开，压力开关动作，引起喷淋泵动作。

⑥ 喷头爆裂：火灾时，当装有热敏液体的玻璃球达到动作温度（57 °C、68 °C、79 °C、93 °C、114 °C、182 °C、227 °C、260 °C）时，球内液体膨胀，使内压力增大，玻璃球炸裂，密封垫脱开，喷出压力水。

（2）喷淋泵的复位。

① 如果在消防报警主机上由按钮开启喷淋泵的，先按下车控室消防电气控制箱紧急停泵按钮停泵，再按下消防报警主机关的撤销命令，然后车控室消防电气控制箱紧急停泵按钮复位。

② 如果是消防报警主机上输入喷淋泵代码，输入开启命令的，先按下车控室消防电气控制箱紧急停泵按钮停泵，再次输入喷淋泵代码，撤消命令，然后车控消防电气控制箱紧急停泵按钮复位。

③ 如果是在喷淋泵房的电气操作箱上开启喷淋泵的，则需将手/自动转换开关转至手动位置，按下停止按钮。停泵后，再将开关放至自动位置。

④ 如果是在车站控制室的消防控制箱上进行操作，开启喷淋泵的，则需按下喷淋泵关的按钮即可。

⑤ 如果是由末端放水引起的，则需关闭放水龙头，再到喷淋泵房，在电气操作箱上手/自动转换开关转至手动位置，按下停止按钮。停泵后，再将开关放至自动位置，系统复位。

⑥ 如果是喷头爆裂引起泵启动的，应先将电气操作箱上的手/自动转换开关转至手动位置，按下停止按钮，然后更换喷头，再将开关放至自动位置，系统复位。

3．自动喷水灭火系统的运行管理和操作

1）运行管理

城市轨道交通消防自动喷水灭火系统设备均应保持良好的状态，以备随时投入使用。平时，车站运行人员应定期巡视检查设备，发现故障，及时准确汇报故障情况。任何人不得随意改变消火栓供水管网的状态，全部自动喷水灭火系统管网的阀门均应开启至最大位置。为此，操作人员应熟悉自动喷水灭火系统供水管道的阀门位置、管道走向、设备现状，定期进行自动喷水灭火系统设备的联动检查，做好设备检查记录。以上设备检查均应保证城市轨道交通自动喷水灭火系统系统正常运营的前提下方可进行。

（1）正常运行方式。

自动喷水灭火系统的常用、备用增压泵和稳压泵均应能随时启动，保持良好的工作状态，消防泵房自动喷水灭火系统就地控制箱上均应处于自动状态运行。水消防系统的阀门、管网等均应完好，消防供水阀门常开。湿式报警阀压力应该在正常状态（供水压力一般在 0.15 MPa 或 0.5 MPa）配有稳压泵的系统，其稳定水压不应低于 0.25 MPa。

（2）非正常运行方式。

① 自动喷水灭火系统的增压水泵和稳压泵处于自控或遥控操作失灵状态（此时应采用手控操作）。

② 自动喷水灭火系统的增压水泵处于失电状态时，消防供水采用相邻车站消防泵增压供水。

③ 自动喷水灭火系统供水管道发生严重漏水时，应立即关闭漏水处管道两端阀门，必要时关闭总阀门。当消防泵误启动时，应立即停泵，并对系统管网进行卸压操作。

④ 水消防试验按水消防试验操作规程执行。

⑤ 消防检查时，如确需进行水泵试验，则必须先打开消防泵房内消防旁路放水阀门后执行。

2）自动喷水灭火系统操作规程

（1）日常巡视。

自动喷水灭火系统应 24 h 处于自动状态，系统供水阀门常开。自动喷水灭火系统的日常巡视、抄表每天不少于两次。

（2）每次巡视需检查喷头外观是否完好，湿式报警阀压力是否处于正常状态（供水压力一般为 0.15～0.5 MPa），喷淋泵的进水压力是否正常，泵体是否漏水，各阀门开关状态是否准确，延迟器、水力警铃、压力开关外观是否完好，末端放水压力是否和系统压力相符，管网是否漏水等。配有稳压泵的系统压力应大于 0.25 MPa。

（3）巡视过程中发现有异常情况的应及时处理，将异常情况及处理经过记录在运行日志上。

（4）火灾时，自动喷水灭火系统的操作。

① 自动喷水灭火系统在火灾发生时，其自动喷水灭火系统喷嘴玻璃球因温度上升致使玻璃球自动破裂（温度在 68 ℃ 以上）而喷水灭火；引起水流指示器动作；水力警铃报警声响；压力开关动作，自动喷水灭火系统水泵启动。

② 当自动启泵失灵时，应立即在车控室手操箱上或消防泵房就地控制箱上手动启泵。

③ 当系统供水中断时，应立即向环控调度汇报，并做好协助地面消防车的供水工作。

④ 确认火已被扑灭，方可手动停泵、关闭自动喷水灭火系统供水阀门。

⑤ 检查设备是否有缺损，自动喷水灭火系统喷头必须更换，待系统正常后，将自动喷水灭火系统置于自动状态，并将异常情况处理经过记录在运行日志上。

3）自动喷水灭火系统试验的操作步骤

（1）试验前做好检查工作，消防报警主机和喷淋泵控制箱处于自动位置，湿式报警阀的供水压力（一般在 0.15～0.5 MPa）。当供水压力小于 0.14 MPa 时（未配有稳压泵的系统，其湿式报警阀会发生不能动作现象），待水压高于 0.14 MPa 时再做试验，并做好供水压力过低记录。

（2）打开末端自动喷水灭火系统试验阀放水，水流指示器动作并报警，湿式报警阀自动打开，水力警铃报警声响，压力开关动作，自动喷水灭火系统水泵自动启泵。

（3）水泵自控运行后，即可手动停泵，关闭放水阀。

（4）检查设备是否有缺损，检查湿式报警阀自动复位是否正常，使系统处于自动状态。

（5）喷淋系统联动试验每月一次，信号蝶阀 3 个月开关一次。湿式阀旁的放水试验阀每 3 个月放水试验一次。

4）自动喷水灭火系统特殊情况应急处理

（1）发生误喷时。

① 立刻关闭湿式报警阀前的蝶阀。如果喷淋泵启动，则立即关闭喷淋泵，再进行系统复位。

② 将误喷情况汇报生产调度和环控调度。

③ 自动喷水灭火系统修复后，将系统恢复到自动状态。

（2）水压波动及超压时。

在正常情况下，自动喷水灭火系统的供水压力 0.15～0.5 MPa，当自动喷水灭火系统水压大于 0.6 MPa 或水压波动时，应进行如下操作：

① 喷淋泵因供水水压波动引起误动时应立即停泵，并对系统进行放水卸压，待系统压力正常后，将系统恢复自动状态。

② 当自动喷水灭火系统水压大于 0.6 MPa，自动喷水灭火系统并未引起误动作时，应对系统进行放水卸压，待系统压力正常后，将系统恢复自动状态。

三、城市轨道交通气体灭火系统

气体自动灭火系统（见图 1-3-24）安装在车站的重要设备用房，如车站的通信机械室、信号机械室、民用通信机房、地下主变电站、降压站、牵引变电所、电器设备室等场所。

1．气体灭火系统的分类和灭火机理

1）组合分配灭火系统

为节省投资，对于几个不会同时着火的相邻防护区或保护对象，可采用一套气体灭火系统保护。这种用一套灭火剂储存装置通过管网的选择分配，保护两个或两个以上防护区的气体灭火系统，称为组合分配系统。组合分配系统是通过选择阀的控制，将灭火剂释放到着火的保护区。组合分配灭火系统的灭火剂设计用量是按最大的一个防护区或保护对象来确定的。

对于较小的防护区或保护对象，若不需要释放全部的灭火剂量，可根据需要，利用启动气瓶来控制打开储存容器的数量，以释放全部或部分灭火剂。组合分配系统可以同时保护，不能同时灭火。一个组合分配系统所保护的防护区数量不宜过多，防护区数量超过一定数量时，应配置备用灭火剂。

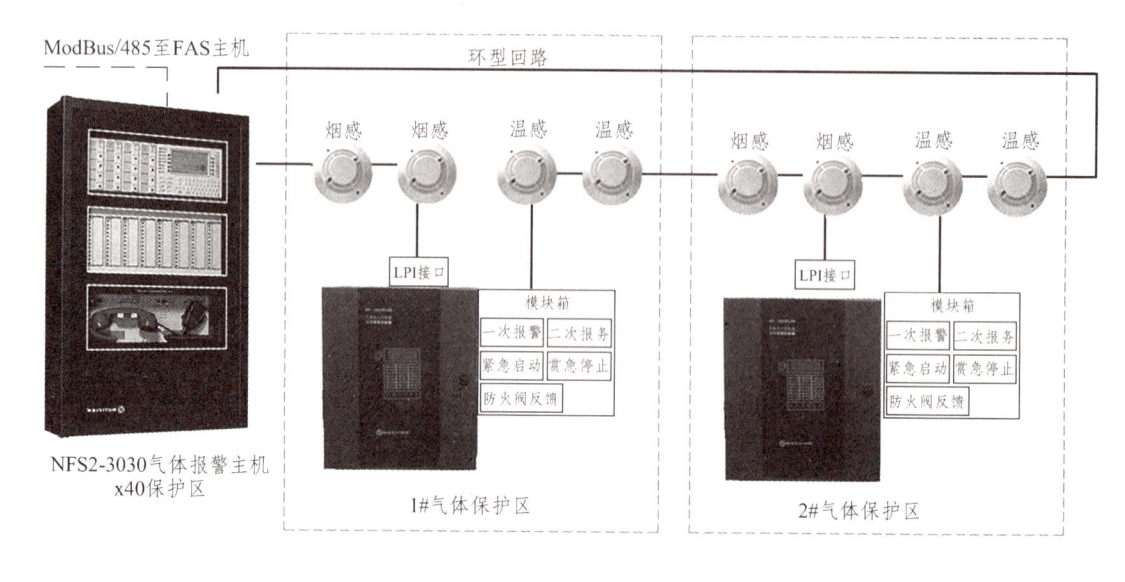

图 1-3-24 地铁气体灭火系统示意

2）单元独立灭火系统

若几个防护区都非常重要或有同时着火的可能性，为了确保安全，在每一个区各自设置气体灭火系统保护，用一套灭火剂储存装置保护一个防护区的系统，称为单元独立灭火系统。很明显，单元独立灭火系统可提高其安全可能性能，但投资较大。另外，单元独立灭火系统管路布置简单，维护管理较方便。

3）灭火机理

气体灭火系统的灭火基本机理是冷却、窒息、隔离和化学抑制。前三种灭火作用主要是物理过程，后一种是一个化学过程。二氧化碳灭火系统主要是通过物理作用来灭火的，即通过稀释氧气浓度窒息燃烧和冷却作用来灭火；卤代烷 1211、1301 灭火系统是通过化学抑制作用来灭火的；七氟丙烷灭火系统主要是通过物理作用和部分化学作用来灭火的；IG541 等惰性气体灭火系统主要是通过稀释氧气浓度、隔绝空气等窒息作用来灭火的。

每一种气体自动灭火系统其供电方式基本相同，而系统的工作电压均为（24±5）V，属于弱电系统。控制器主机其电源均有两路 220 V/50 Hz 交流电源供电，来自车站一端的降压变电所 400 V Ⅰ、Ⅱ母线上的抽屉开关专门供给，为消防一类负荷。每一个保护区域均有一个双切电源箱，保证在有一路断电的情况下，另一路可继续供电。控制主机配有备用 2 节 12 V 蓄电池。

2．轨道交通气体灭火系统的组成

气体灭火系统一般由灭火剂储存瓶组、液流单向阀、气流单向阀、压力开关、选择阀、阀驱动装置、喷头、集流管、释放管网及报警灭火控制器等组成。

1）控制子系统

(1) 气灭主机。

气体灭火主机（见图1-3-25）用于监视各气体防护区的各种信息，包括预警、火警、故障、手/自动状态等；收到异常信息后发出蜂鸣并在液晶显示屏上进行集中显示；可进行火警确认、复位、火警信息查看、监管信息查看、故障信息查看、其他信息查看、屏蔽/恢复、屏幕打印等操作。

气体灭火远程控制装置集成于气体灭火主机箱内，可紧急启动/停止对应防护区的气体喷放延时。

(2) 气灭控制盘。

气灭就地控制盘（见图1-3-26）安装于每个气体灭火防护区的门口或安装在每个气瓶间门口，实现对相应防护区"监视-报警-喷气"全自动过程的监视、逻辑判断、控制等功能。

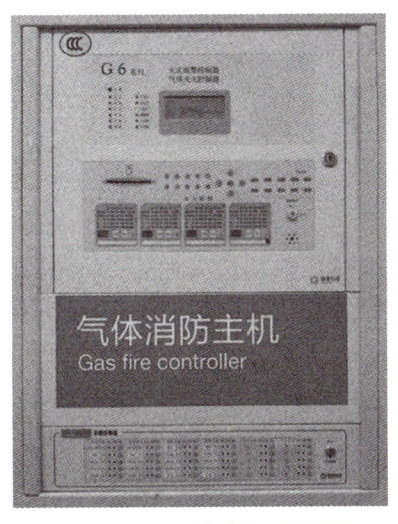

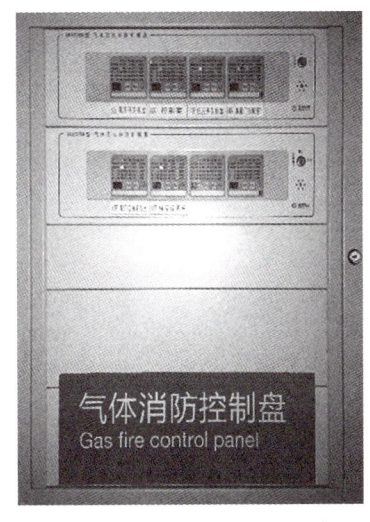

图 1-3-25　气体灭火主机　　　　图 1-3-26　气体灭火控制盘

(3) 手自动转换器。

手/自动转换控制盒（见图1-3-27）安装于所有防护区的每个门口，对相应防护区的手/自动运行状态进行转换。

(4) 紧急启停盒。

紧急启动、紧急停止装置（见图1-3-28）安装于所有防护区的每个门口，可紧急启动或停止该防护区的气体灭火系统喷放和延时。

(5) 声光报警器。

声光报警器[见图1-3-29（a）]安装于每个气体灭火防护区的门口，在对应气体灭火防护区内的两个或两个以上探测器报警时，发出长时间声光告警，提醒该防护区内所有人员迅速撤离。

(6) 放气指示灯。

放气指示灯[见图1-3-29（b）]安装于每个气体灭火防护区的门口。在对应防护区开始气体喷洒时长亮，提醒该防护区内已进行气体喷放，在达到规定浸渍时间前，不得打开该防护区的门、窗户、防火阀等。

图 1-3-27　手自动转换盒 　　　　　　　图 1-3-28　紧急启停盒

（a）声光报警器 　　　　　　（b）放气指示灯

图 1-3-29　声光报警器和放气指示灯

（7）警铃。

警铃（见图 1-3-30）安装于每个气体灭火防护区内，在对应气体灭火防护区内的一个探测器报警时动作，提醒人员对该防护区进行检查。

2）储存子系统

气体灭火系统的储存装置包括灭火剂储存容器、容器阀、单向阀、集流管、高压软管及支架等，通常是将其组合在一起，放置在靠近防护区的专业储瓶间内。储存装置既要储存足够量的灭火剂，又要保证在着火时能及时开启，释放出灭火剂。

（1）灭火剂储存容器。

灭火剂储存容器（见图 1-3-31）长期处于充压工作状态，是气体灭火系统的主要组件之一，对于系统能否正常工作影响很大。

图 1-3-30　警铃 　　　　　　　　　　　图 1-3-31　储气瓶

① 储存容器的作用。灭火剂储存容器既能储存灭火剂，同时又是系统工作的动力源，为系统正常工作提供足够压力。

② 储存容器的类型。二氧化碳储存容器有高压储存容器和低压储存容器两种。

③ 储存容器的设置要求。

- 储存容器应满足充装压力的强度要求。
- 在储存容器或容器阀上，应设安全泄压装置和压力表。
- 同一防护区的灭火剂储存容器，其尺寸大小、灭火剂充装量和充装压力应相同。
- 储存容器上应设有耐久固定的金属标牌，标明每个储存容器的号码、灭火剂充装量、充装日期、储存压力等内容。
- 储存容器和集流管必须用支架或框架固定，以防止储存容器翻倒或零部件损坏。
- 储存装置的布置及安装必须便于检查、试验、补充和维护，并确保尽量减少中断保护的时间。

储存装置不应安装在气候条件恶劣或易受机械、化学或其他伤害的场所，否则应加强保护或设置围护装置。

（2）集流管。

① 集流管在系统中担负的任务是将若干储瓶同时开启释放出的灭火剂汇集起来，然后通过分配管道输送至保护空间。

② 集流管为一较粗的管道，工作压力不小于最高环境温度时的储存容器压力。集流管上应设有安全阀，以便管内超压时泄压，防止发生爆炸事故。

（3）单向阀。

① 单向阀（见图1-3-32）是用来控制介质流向的。当气体灭火系统较大，灭火剂储存容器较多时，需成组布置。这种情况下每个储存容器都应设有单向阀，防止灭火剂回流到空瓶或从卸下的储瓶接口处泄漏。

② 单向阀可设置在高压软管的前边或后边。启动气体管路中根据需要设置必要的单向阀，用以控制启动气瓶放出的高压气体来开启相应的阀门。

（4）高压软管。

① 为了便于储存容器的安装与维护，减缓释放灭火剂时对管网系统的冲击力，一般在单向阀与容器阀或单向阀与集流管之间采用软管连接（见图1-3-32）。

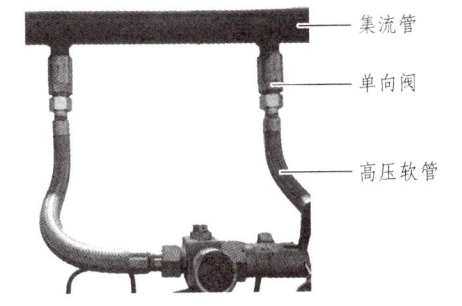

图1-3-32 单向阀和高压软管

② 高压软管应为钢丝编织的耐压胶管，两端装有接头组成高压软管组。

（5）储瓶间。

气体灭火系统应有专用的储瓶间放置系统设备，以便于系统的维护管理。储瓶间应靠近防护区，房间的耐火等级不应低于二级，房间出口应直接通向室外或疏散走道

3）启动分配装置主要部件的作用和设置要求

气体灭火系统启动分配装置包括启动气瓶、选择阀、启动气体管路。

（1）启动气瓶。

① 启动气瓶的作用。启动气瓶充有高压氮气，用以打开灭火剂储存容器上的容器阀及相

应的选择阀。组合分配系统和灭火剂储存容器较多的单元独立系统，一般采用这种设置启动气瓶启动的方式。

② 启动气瓶的开启。启动气瓶容积较小，通过其上的瓶头阀实现自动开启，瓶头阀为电动型或电引爆型，由火灾自动报警系统控制开启。

（2）选择阀。

① 作用。组合分配系统中，应设置与每个防护区相对应的选择阀（见图1-3-33），以便在系统启动时，能将灭火剂输送到需要灭火的那个防护区去。选择阀的功能相当于一个常闭的二位二通阀，平时处于关闭状态，系统启动时，与需要释放灭火剂的那个防护区相对应的选择阀则被打开。

② 启动方式。选择阀的启动方式有电动式和气动式两类。电动式一般是利用电磁铁通电时产生的吸力或推力打开阀门；气动式则是利用压缩气体推动气缸中的活塞打开阀门。压缩气体可以利用储存容器中灭火剂压力，也可采用其他的启动源。无论是电动式或气动式选择阀，均设有手动操作机构，以便在自动启动失灵时，仍能将阀门打开，保证系统将灭火剂输送到需要灭火的防护区。

③ 设置要求。选择阀的位置应靠近储存容器且便于手动操作。选择阀的公称直径应与所对应的防护区主管道的公称直径相同。选择阀上应设有标明其所保护区的金属铭牌。

图1-3-33 选择阀

（3）启动气体管理。

启动气体管路的作用是输送启动气体。

4）输送释放装置

灭火剂输送释放装置包括管道和喷嘴（见图1-3-34）。

（1）管道。

管道在气体灭火系统中担负着输送灭火剂的任务。

① 灭火系统管道常用的管道附件与水系统相同，有三通、弯头、接头、堵头等，应根据其连接的管道材料和壁厚来进行选择。管道附件与管道连接后，应具有良好的密封性能和强度。

② 灭火系统管网布置应符合下列要求：

- 管道应尽量短、直，避免绕流。
- 管网宜布置成均衡管网。
- 阀门之间的封闭管段应设置泄压装置。在设置安全卸荷装置时，应考虑到万一卸荷时，喷射物不会伤人或不会使人处于危险境地。如有必要的话，应该用管道将释放物输送到对人员无危险的地方。另外，在通向每个防护区的主管道上应设置压力信号器或流量信号器。

图1-3-34 气体灭火管网和喷头

- 设置在有爆炸危险的可燃气体、蒸气或粉尘场所内的气体灭火系统，其管网应设防静电接地装置。因为当释放液化气体时，不接地的导体可能产生静电荷，而通过导体可能向其他物体放电，产生足够量的电火花，在有爆炸危险的防护区内可能引起爆炸。

（2）喷嘴。

喷嘴的作用是保证灭火剂以特定的射流形式喷出，促使灭火剂迅速气化，并在饱和空间达到灭火浓度。

① 类型。

常用喷嘴有全淹没系统二氧化碳喷嘴、局部应用系统二氧化碳喷嘴和卤代烷灭火系统喷嘴等。

② 设置要求。

喷头应均匀分布，以保证防护区内灭火剂分布均匀。

设置在有粉尘场所的喷头，应增设不影响喷射效果的防尘罩。

3．轨道交通气体灭火系统的工作原理

当气体灭火系统防护区发生火灾后，火灾探测器将燃烧产生的烟、温、光等变化成电信号输入到火灾报警控制器。经火灾报警控制器鉴定确认后，启动火灾报警装置，发出火灾声、光报警信号。当系统处于自动状态时，控制盘接到火灾信号后，灭火控制盘启动开口关闭装置、通风等联动设备，并经延时（30 s 可调）再启动阀驱动装置，同时打开灭火剂储存装置及选择阀，将灭火剂释放到防护区进行灭火。灭火剂释放时，压力信号器给出反馈信号，通过灭火控制盘再发出释放灭火剂的声、光报警信号。气体灭火系统的工作原理流程如图 1-3-35 所示。

当系统处于手动状态时，人员接到火灾报警后，应先确认火灾情况，确实需要使用灭火系统时，人员可以启动手动操作按钮，通过控制盘发出灭火指令，释放灭火剂，或直接按下防护区外的紧急启动/停止按钮，启动灭火系统实施灭火。在这两种启动方式无效的情况下，可采用机械应急操作，直接打开设备启动阀，启动灭火系统实施灭火。

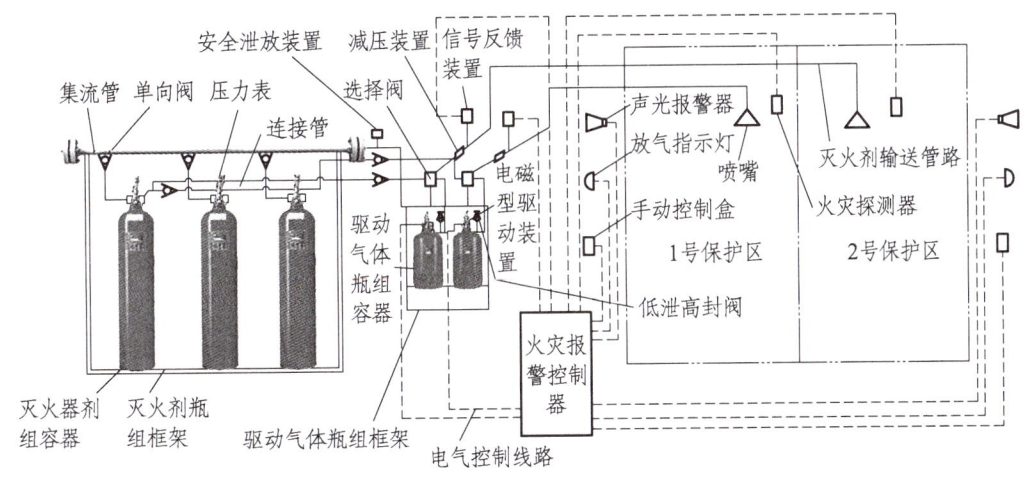

图 1-3-35　气体灭火系统工作原理

4．轨道交通气体灭火系统操作与运行管理

1）气体灭火系统的启动方式

气体灭火系统的启动方式分为自动控制、手动控制和机械应急 3 种启动方式。

（1）自动控制启动方式。

自动控制就是利用火灾报警系统自动探测火灾，并由消防控制中心自动启动灭火系统的启动方式，不需要人员介入操作与控制。当采用火灾探测器启动系统报警时，应在收到2个独立的火灾信号后延迟一定时间。迅速准确地探测火灾对保证系统可靠有效地工作至关重要，任何性能良好的探测器由于本身质量或环境条件的影响，在长期运行中不可避免地会产生误报，一旦误报甚至驱动系统释放灭火剂，不仅会损失灭火剂，而且会影响正常工作，使人们对系统失去信心，因此要求接到两个独立信号后才启动。

自动控制应根据人员疏散要求，设置延时启动，但延时启动的时间不应超过30 s。经常有人的场所还可以设置紧急切断装置，关闭系统的自动控制启动功能。这样可保证在误报情况下，或火势很小、可以用灭火器扑灭的情况下，不再启动气体灭火系统。

（2）手动控制启动方式。

手动控制是一种远程控制启动方式，可以采用气动或电动方式。手动控制操作装置应设在防护区外便于操作的地方，且使人容易识别，并应能在一处完成系统启动的全部操作。

手动控制操作应不受自动控制的制约，在自动控制失灵或遭到破坏时，也能进行释放灭火剂操作。

（3）机械紧急启动方式。

机械应急操作是一种应急手段，即要求气体灭火剂储存容器的容器阀有手动机械启动装置，在电动或启动装置发生故障时，能够保证系统启动。机械应急操作应是直接启动储存容器，尽量减少中间环节。不论采用何种启动方式，应保证每组系统所有的灭火剂储存容器全部一次开启。

2）轨道交通气体灭火运行管理

（1）气体灭火系统的安全要求。

由于气体灭火系统目前所使用的几种灭火剂具有窒息性或低毒性，一旦发生火灾系统启动，为确保防护区内人身安全和系统顺利实施灭火，防护区内必须采取下列安全措施：

① 应有保证人员在30 s内疏散完毕的通道出口。

② 室内的疏散通道及出口应设应急照明与疏散指示标志。防护区内应设火灾声音报警器，必要时可增设闪光报警器。防护区的入口应设火灾声、光报警器和灭火剂喷放指示灯，以及防护区采用的相应气体灭火系统的永久性标志牌。灭火剂喷放指示信号应保持到防护区通风换气后，以手动方式解除。

③ 门应向疏散的方向开启，并能自行关闭；用于疏散的门必须能从防护区内打开。

④ 防护区应能通风换气，地下防护区和无窗或设固定窗扇的地上防护区应设置机械排风装置，排风口宜设置在防护区的下部并应直通室外。

⑤ 门应向外开启，储瓶间内应设应急照明；储瓶间应有良好的通风条件，地下储瓶间应设机械排风装置，排风口应设在下部，可通过排风管排出室外。

⑥ 有爆炸危险和变电、配电场所的管网，以及布设在以上场所的金属箱体等，应设置防静电接地。

⑦ 防护区的灭火设计浓度或实际使用浓度，不应大于有毒性反应浓度（LOA-EL浓度），该值应符合《气体灭火系统设计规范》的规定。

⑧ 室内设置的预制灭火系统的充压压力不应大于 2.5 MPa。

⑨ 系统的手动控制与应急操作应有防止误操作的警示显示与措施。

⑩ 灭火系统装置的喷口前 0.1 m 内，装置的背面、侧面、顶部 0.2 m 内，不应设置或存放设备、器具等。

⑪ 设有气体灭火系统的场所宜配置空气呼吸器。

（2）气体灭火系统投入使用时的要求。

① 灭火系统应由经过专门培训。并经考试合格的专人负责定期检查和维护。

② 系统投入使用时，应具备下列文件资料：

- 系统主要组件使用、维护说明书。
- 系统工程流程图和操作规程。
- 系统维护检查记录表。
- 值班守则和运行日志。

③ 气体灭火系统使用操作人员应清楚气体灭火系统组件的工作原理、防护布置、管道走向、喷头布置、启动装置的启动方式和启动喷放区域。

（3）气体灭火系统日常巡查内容。

气体灭火控制器工作状态，储瓶间环境，气瓶组或储罐外观，选择阀、驱动装置等组件外观，紧急启/停按钮外观，放气指示灯及报警器外观，喷嘴外观，防护状况。

5．IG541 气体灭火系统

1）IG541 气体灭火剂

IG541 气体灭火剂由氮气（48.8%～55.2%）、氩气（37.2%～42.8%）和二氧化碳（7.6%～8.4%）按比例完全自然组合而成，具有无色、无味、不污染设备、无腐蚀性、绝缘性能好等特点。喷放至防护区后，使其氧气浓度下降，同时使防护区内二氧化碳浓度升高；以气态形式储存和喷放，其释放至发生火灾的高温防护区时，不会发生分解，无有毒的分解物产生。

2）IG541 气体灭火系统工作原理

通常情况下，防护区内氧气的浓度为 21% 左右，如果使防护区内氧气浓度下降，减少空气中的氧含量，那么可燃物中因氧含量的下降可使燃烧时热的产生率减小，当热产生率减小到低于热散失率的时候，燃烧就会停止。实验证明，当环境中氧气浓度降至 15% 以下时，大部分可燃物将停止燃烧。

发生火灾时，IG541 混合气体喷放到防护区后，可使其内氧气降至 15% 以下，因此可使燃烧物停止燃烧，从而将火扑灭。

四、城市轨道交通移动灭火系统

移动灭火系统（Portable Extinguisher System）简称灭火器。灭火器根据灭火剂的罐装容量可分手提移动灭火器（Portable fire extinguisher）和推车式移动灭火器（Wheeled fire extinguisher）两种。

灭火器主要由筒体、器头、喷嘴等部件组成，是一种轻便的移动式灭火器具，具有灭火速度快、轻便灵活、实用性强等特点。

轨道交通各车站的灭火器安放在站厅、站台、一般设备用房和管理用房等处所的灭火器箱内及列车车厢座椅下，当轨道交通某场所发生火灾时，由工作人员就近取出灭火器，将其充装的灭火剂喷向燃烧物，扑救各类初期火灾，控制火场火势蔓延。

1．清水灭火器（Water Portable extinguisher）

清水灭火器内部充装的灭火剂是清洁的水，为了提高灭火性能，在清水中加入适量添加剂，如抗冻剂、润湿剂、增黏剂等。国产的清水灭火器采用储气瓶加压方式，加压气体为液化二氧化碳。清水灭火器只有手提式，没有推车式。

1）构　造

清水灭火器主要由筒体、筒盖、二氧化碳储气瓶、喷射系统和开启机构等部件组成（见图 1-3-36）。

（1）筒体。筒体是存放灭火剂的容器。它由筒身、连接螺圈和底圈等三部分组成。连接螺圈是灭火器筒体与筒盖互相连接的零件。

（2）筒盖。筒盖也称为器头，是使筒体密封的盖子，通过连接螺圈与筒体互相连接。

（3）喷射系统。喷射系统是灭火剂从筒体向外喷射的通道，由虹吸管和喷嘴组成。虹吸管由塑料制成，底部装有过滤网，上部装有水位标志。喷嘴一般制成圆柱状或圆锥形，喷出柱状水流（集束射流），俗称直流喷嘴；根据需要，也可制成喷雾喷嘴或开花喷嘴，以开花射流、喷雾射流形态喷出。

图 1-3-36　水基型灭火器

（4）开启机构。开启机构由穿刺钢针、限位弹簧、开启杆、保险帽等零件组成。穿刺钢针用来刺破储气瓶上的密封膜片。限位弹簧是保证在平时未使用时，使穿刺钢针与密封膜片之间保持一定的间隙，以免碰坏密封膜片而造成误喷射。开启杆为使用者开启灭火器时用手掌拍击的零件。

2）灭火原理

清水灭火器中的灭火剂为清水。水在常温下具有较低的黏度、较高的热稳定性、较大的密度和较强的表面张力。水是一种使用范围广泛的天然灭火剂，在日常生活中易于获取和储存，水依靠冷却和窒息作用进行灭火。水具有较大的比热容和很高的汽化潜热，从常温加热至沸点并完全蒸发气化，每升水可以吸收 2 593.4 kJ 的热量。

（1）水利用自身吸收显热和潜热的能力，其冷却灭火作用，是其他灭火剂所无法比拟的。此外水被汽化后形成的水蒸气是一种惰性气体，水蒸气与水相比体积将膨胀 1 700 倍左右。用水灭火时，由水汽化产生的水蒸气将占据燃烧区域的空间、稀释燃烧物周围空气中的氧含量，阻碍新鲜空气进入燃烧区，使燃烧区内空气中的氧气浓度大大降低（当空气中水蒸气浓度高于 35% 以上时，燃烧即停止），从而达到窒息灭火的目的。

（2）当水呈喷淋雾形状时，形成的水滴和雾滴的表面积，将增强水与火之间的热交换作用，从而强化了其冷却和窒息作用。另外，对一些易溶于水的可燃、易燃液体还可起到稀释作用。采用强射流产生的水雾能使可燃、易燃液体产生乳化作用，使液体表面迅速冷却、可燃蒸气汽化速度下降而达到灭火的目的。

3）操作使用

将清水灭火器提至火场，使用者选择火场上风方向，在距离着火物 5~6 m 处，将清水灭火器直立放稳，摘去保险帽，一只手紧握喷射软管前的喷嘴并对准燃烧物，另一手握住提把并用力压下压把，清水在二氧化碳气体压力的作用下从喷嘴中喷出。灭火时，随着有效喷射距离的缩短，使用者应逐步向燃烧物靠近，使水流始终喷射在燃烧物火焰根部处，直至将火扑灭。清水灭火器在使用过程中切忌将灭火器颠倒或横卧，否则不能喷射。

2．泡沫灭火器

泡沫灭火器内部充装的是水和泡沫灭火剂，可分为空气泡沫（机械泡沫）灭火器和化学泡沫灭火器 2 种类型。

1）构　造

手提式泡沫灭火器由筒体、筒盖、瓶胆、瓶夹及喷嘴等部件组成（见图 1-3-37）。

（1）筒体是充装碳酸氢钠溶液的容器，使用时要承受一定的工作压力。一般采用 1.2~1.5 mm 厚的钢板焊接而成，其设计压力为 1.5~2.0 MPa；水压试验压力为 2.3~3.0 MPa。

（2）筒盖是封闭筒体的盖子，一般采用 2.5 mm 钢板或铝合金材料制成。为增强密封性能，筒体与筒盖之间有密封垫圈。

图 1-3-37　泡沫灭火器

（3）瓶胆也称内胆，是充装硫酸铝溶液的容器，一般采用耐热玻璃或耐酸的工程塑料制成，用瓶夹固定，悬挂在筒体的正中间偏上方处。

（4）喷嘴安装在筒盖的前侧，结构较简单，用金属或工程塑料制造，喷嘴的根部装有过滤网罩，以防止杂质堵塞喷嘴，影响喷射功能。

2）分　类

（1）空气泡沫灭火剂是指以动物蛋白质或植物蛋白质的水解浓缩液为基料，并含有适当的稳定、防腐、防冻等添加剂的起泡性液体，又叫作泡沫液。泡沫液自身不能灭火，是通过与水混合形成混合液，再吸入空气产生泡沫来灭火。泡沫是洁白、细腻的微小气泡群，泡沫灭火器的作用就是将泡沫液与水按比例混合，通过喷嘴，将产生的泡沫按一定的形式喷出，以覆盖或淹没燃烧物，对燃烧物起到窒息、冷却和隔离作用，实现灭火。

（2）化学泡沫灭火器内部充装有酸性（硫酸铝）和碱性（碳酸氢钠）两种化学药剂的水溶液。使用时，通过筒体内酸性溶液与碱性溶液混合发生化学反应生成灭火泡沫，并在压力的作用下压出喷嘴，喷射出去进行灭火。

3）灭火原理

（1）冷却作用。

冷却作用是泡沫灭火的重要作用。当泡沫被喷洒到燃烧着的油品表面时，由于油品表面的热作用，泡沫中的水被气化，从而吸收了所接触部分的油品表面的热量。随着泡沫的连续施加，在被冷却了的油品表面上形成了一个泡沫层，泡沫层逐渐扩大并最终将整个表面覆盖。当泡沫层的厚度增加到一定程度，并且油品产生的蒸气不足以维持燃烧时，火焰即被熄灭。

（2）窒息作用。

泡沫的窒息作用主要表现在可以降低油品表面附近的氧气浓度，直到使油品与大气中的氧气完全隔开。从泡沫刚刚施加到油品表面时，这一作用就开始了。泡沫受到热的油品表面的作用以及火焰的热辐射作用，其中的水分子在油品表面汽化，所产生的蒸气使油品表面附近的氧气浓度降低，削弱了火焰的燃烧强度，这有助于泡沫在油品表面的积累和泡沫层的加厚。当泡沫层的厚度增加到足够厚时，抑制了油品的蒸发，并把油品与空气完全隔离开来。

（3）遮断作用。

在泡沫灭火过程中，泡沫可使已被覆盖的油品表面与尚未被覆盖的油品表面的火焰隔离开来，既可防止火焰与已被泡沫覆盖的油品表面直接接触，又可遮断火焰对这部分油品表面的热辐射，这既有助于泡沫冷却作用的发挥，又有助于泡沫窒息作用的加强。

（4）淹没作用。

淹没作用是高倍数泡沫灭火的重要原因，通过泡沫将被保护对象淹没，使淹没空间缺氧，不能维持继续燃烧，最终实现灭火。

4）操作使用

（1）手提式泡沫灭火器的操作。

手提式泡沫灭火器使用时，手提筒体上部的提环，将泡沫灭火器提至火场距燃烧点 6 m 左右的地方，拔下保险销，一手握住喷射软管前端的喷嘴处，另一手握住开启压把，将压把按下，刺穿储气瓶密封片，泡沫混合液在二氧化碳的压力下，从喷嘴喷出，与空气混合，产生泡沫，覆盖燃烧物灭火。手提式泡沫灭火器的操作注意事项如下：

① 在室外使用时，应选择在上风方向喷射。

② 在扑救可燃液体火灾时，如已呈流淌状燃烧，则将泡沫由近而远喷射，使泡沫完全覆盖在燃烧液面上。

③ 如在容器内燃烧，应将泡沫射向容器的内壁，使泡沫沿着内壁流淌，逐步覆盖着火液面，切忌直接对准液面喷射，以免由于射流的冲击，将燃烧的液体冲散或冲出容器，扩大燃烧范围。

④ 在扑救固体物质火灾时，应将射流对准燃烧最猛烈处喷射。

⑤ 灭火时，随着有效距离的缩短，使用者应逐渐向燃烧区靠近，并始终将泡沫喷射在燃烧物上，直至火焰熄灭。提取灭火器时应注意，不得使灭火器过分倾斜，更不能横拿或颠倒使用，以免两种药剂混合，中断喷射。

（2）推车式泡沫灭火器的操作。

推车式泡沫灭火器使用时，一般由两人操作。先将灭火器迅速推到火场，在距着火点 10 m 左右停下，由一人释放喷射软管后，双手紧握喷枪并对准燃烧处；另一人逆时针方向转动手轮，将螺杆开启到最高位置，然后将筒体向后倾倒，并将出口阀门手柄旋转 90°，即可进行泡沫灭火。

由于推车式泡沫灭火器的装药量大，喷射距离远，连续喷射的时间长，可用来扑救较大面积的储槽或油罐车等处的初起火灾。

3．干粉灭火器

干粉灭火器是指充装干粉灭火剂的灭火器（见图 1-3-38）。

图 1-3-38　干粉灭火器

1）构　造

干粉灭火器是以高压二氧化碳或高压氮气作为驱动压力，将干粉从喷嘴内喷出，形成一股雾状粉流，射向燃烧物质灭火。干粉灭火器是目前使用最普遍的灭火器。干粉灭火器有两种类型：一种是碳酸氢钠干粉灭火器，又叫作 BC 类干粉灭火器，用于扑灭液体、气体火灾；另一种是磷酸铵盐干粉灭火器，又叫作 ABC 类干粉灭火器，可用于扑灭固体、液体、气体火灾，应用范围较广。

2）灭火原理

干粉灭火剂由灭火基料（如小苏打、碳酸铵、磷酸铵盐等）和适量润滑剂干燥、粉碎、混合后共同研磨制成的细小颗粒组成。

干粉灭火剂的雾状粉流与火焰接触、混合时，发生一系列物理、化学作用，干粉喷入燃烧区参与燃烧反应，中止链反应而使燃烧反应停止，对有焰燃烧及表面燃烧进行灭火。同时，干粉灭火剂可以降低残存火焰对燃烧表面的热辐射，并能吸收火焰的部分热量，灭火时分解产生的二氧化碳、水蒸气等对燃烧区内的氧浓度又有稀释作用。

混合后共同研磨制成的细小颗粒，用二氧化碳作喷射动力。喷射出来的粉末，浓度密集，颗粒微细，盖在固体燃烧物上能够构成阻碍燃烧的隔离层，同时析出不可燃气体，使空气中的氧气浓度降低，一般氧浓度低于 15% 时，不能维持继续燃烧，最终火焰熄灭，实现灭火。

3）操作使用

手提式干粉灭火器使用时，应手提灭火器的提把，迅速赶到火灾现场，在使用前先将灭火器上下颠倒几次，使筒内干粉松动。使用时应先拔下保险销，如有喷射软管，需一只手握住其喷嘴（没有软管，可扶住灭火器的底圈），另一只手提起灭火器并用力按下压把，干粉便会从喷嘴喷射出来。干粉灭火器在喷射过程中应始终保持直立状态，不能横卧或颠倒使用，否则不能喷粉。

干粉灭火器扑救可燃、易燃液体火灾时，应对准火焰根部扫射。如果被扑救的液体火灾呈流淌燃烧时，应对准火焰根部由近而远，并左右扫射，直至把火焰全部扑灭。在扑救容器内可燃液体火灾时，应注意不能将喷嘴直接对准液面喷射，防止射流的冲击力使可燃液体溅出而扩大火势，造成灭火困难。

干粉灭火器扑救固体可燃物火灾时，应对准燃烧最猛烈处喷射，并上下、左右扫射。如条件许可，操作者可提着灭火器沿着燃烧物的四周边走边喷，使干粉灭火剂均匀地喷在燃烧物的表面上，直至将火焰全部扑灭。

4．二氧化碳灭火器

二氧化碳灭火器利用二氧化碳灭火剂自身作动力喷射，喷射二氧化碳进行灭火的一种灭火器具（见图1-3-39）。

图 1-3-39 二氧化碳灭火器

1）结　构

二氧化碳灭火器筒体采用优质合金钢经特殊工艺加工而成，质量比碳钢减少了40%。其具有操作方便、安全可靠、易于保存、轻便美观等特点。

二氧化碳灭火器主要由钢瓶、启闭阀、喷筒、虹吸管等组成。钢瓶由无缝钢管经热旋压收底、收口制成，且有较高的耐压强度，用来灌装二氧化碳灭火剂。钢瓶的水压试验有两种，一种为 22.5 MPa，另一种为 25.0 MPa。启闭阀采用钢锻制，有良好的密封性，通过手轮的转动控制开闭；其下部有一根钢制或尼龙材料制成的虹吸管直通钢瓶底部。喷筒为喇叭形状，由一根钢管与启闭阀出入口相连。为了确保安全，当钢瓶内部二氧化碳灭火剂蒸气压力达到17.0 MPa 以上时，启闭阀一侧的安全膜片会自行爆破，释放二氧化碳气体。

2）灭火原理

二氧化碳具有较高的密度，约为空气的1.5倍。在常压下，液态的二氧化碳会立即汽化，一般 1 kg 的液态二氧化碳可产生约 0.5 m^3 的气体。

二氧化碳灭火器瓶体内储存液态二氧化碳，工作时，当压下瓶阀的压把时，内部的二氧化碳灭火剂便由虹吸管经过瓶阀至喷筒喷出，覆盖在燃烧物上，使燃烧区域中氧气的浓度迅速下降，当二氧化碳达到足够浓度时，火焰因缺氧、窒息而熄灭。同时，由于液态二氧化碳会迅速气化，在很短的时间内吸收燃烧区内大量的热量，因此对燃烧物起到一定的冷却作用，也有助于灭火。

3）操作使用

使用二氧化碳灭火器时，可手提或肩扛灭火器迅速赶到火灾现场，在距燃烧物 5 m 处，一手扳转喷射弯管，如有喷射软管的应握住喷筒根部的木手柄，并将喷筒对准火源，另一只手提起灭火器并压下压把，液态的二氧化碳在高压作用下立即喷出且迅速汽化。在灭火时，要连续喷射，防止余烬复燃，喷射过程中不可颠倒使用。

（1）维护。二氧化碳灭火器不应放置在采暖或加热设备附近和阳光强烈照射的地方，存放地点环境温度不宜超过42 ℃。对灭火器每年要检查一次质量，泄漏超过1/4时应检修补气。每5年进行一次罐体的水压试验，合格后方可使用。灭火器一经开启，必须重新充装，维修及充装应由专业单位承担。在搬运过程中应轻拿轻放，防止撞击。

（2）注意事项。

二氧化碳是窒息性气体，对人体有害，在空气中二氧化碳含量达到8.5%，会发生呼吸困难，血压增高；二氧化碳含量达到20%～30%时，呼吸衰弱，精神不振，严重的可能因窒息而死亡。

二氧化碳是以液态存放在钢瓶内，使用时液体迅速气化吸收本身的热量，使自身温度急剧下降到 -78.5 ℃，因此使用时应该注意：

① 灭火器在喷射过程中，应保持直立状态，切不可平放或颠倒使用。

② 当没有防护手套保护时，不要用手直接握住喷筒或金属筒，以防冻伤。

③ 在室外使用时，应选择在上风方向喷射；若在室外大风条件下使用，因喷射的二氧化碳气体被风吹散，灭火效果会很差。

④ 在狭小的室内空间使用时，灭火后操作者应迅速撤离，以防被二氧化碳窒息而发生意外。

⑤ 用二氧化碳扑救室内火灾后，应先打开门窗通风，然后人再进入，以防窒息。

5．灭火器的选择

清水灭火器适用于扑灭可燃固体物质的火灾，即A类火灾。

泡沫灭火器适用于扑救一般B类（液体）火灾，如石油制品、油脂类引起的火灾，包括汽油、煤油、柴油、苯、甲苯、二甲苯、植物油、动物油脂等的初起火灾；也可适用A类（固体）火灾，如木材竹器、棉麻、织物、纸张等的初起火灾。但不能扑救B类火灾中的水溶性可燃、易燃液体火灾，如醇、酮、醚、酯等物质火灾；也不适用扑救带电设备及C类（气体）和D类（金属）火灾。

碳酸氢钠干粉灭火器适用于扑救油类、易燃液体、可燃气体和电子设备的初起火灾。

磷酸铵盐干粉灭火器除适用于扑救易燃、可燃液体、气体及带电设备火灾扑救外，还可扑救固体类物质的初起火灾扑救，但不能扑救轻金属燃烧的火灾。

干粉灭火器适用于居民家庭、企事业单位、船舶、油库及公共建筑等场所扑救初起火灾时使用。

由于二氧化碳灭火剂具有不燃烧、不助燃、不导电、灭火不留痕迹等特点，它适宜扑救一些易被灭火剂污染而失去使用价值的物品火灾，如600 V以下的带电电器、贵重设备、图书资料、仪器仪表等场所的初起火灾，以及一般可燃液体的火灾。

6．灭火器的使用范围

随着城市轨道交通的迅速发展，轨道交通灾害问题也越来越引起人们的重视。在轨道交通系统发生的灾害中，火灾占的比例最高，约占30%，灾害性更加严重。因而在轨道交通的建设与运营过程中，火灾是不容忽视的问题。

当火灾发生时，轨道交通工作人员一定要沉着、冷静，切莫惊慌失措。这样才能采取正确的应急措施，有效地扑灭初起火灾，或尽最大努力减少损失和伤亡。

引起城市轨道交通失火原因不同，火势蔓延的速度不同，火灾表现的形式也不相同，但共同的特点是火灾的潜在性、突发性和随机性。对乘客心理造成很大的负面影响，直接关系城市轨道交通事故的严重程度。

1）电气设备故障引起的火灾

由隧道区间或车站内的电气设备发生故障而引起火灾，主要是电线短路起火，电器开关发生打火，接触导线保养不良产生闪弧，电缆超负荷供电产生电火，电缆敷设适用不当等原因引起的火灾。使用二氧化碳灭火器，可以扑灭电器设备故障引起的初期火灾。

2）列车故障或其他设备故障引起火灾

由于列车电网、电气系统故障产生电弧或火花，电力电路短路，导致列车起火。使用二氧化碳灭火器、干粉灭火器可以扑灭列车故障或其他设备故障引起的初期火灾。

3）车站火灾

车站火灾主要发生在各种设备用房、管理用房内以及车站内放置的垃圾箱、广告牌等处。人为纵火事件往往发生在车站。车站发生火灾时，工作人员可从灭火器箱中取出干粉灭火器扑灭初期火灾。

7．灭火器的运行管理

加强灭火器的运行管理的目的是规范灭火器的日常管理、使用与维护程序，同时确保火灾发生时，灭火器能有效发挥灭火作用，及时将火灾扑灭于初起状态，保证轨道交通工作人员和乘客的安全，使损失降到最低。

8．灭火器的配置

灭火器的配置要严格按照消防设计图纸进行配置，轨道交通各使用单位不得随意更改灭火器的配置位置或减少灭火器数量，改变灭火器的类型。

1）灭火器类型的配置

灭火器的类型要根据轨道交通各场所的火灾类别和危险等级进行配置；如果用途变更，需重新进行规划设计。

2）灭火器设置点的要求

灭火器设置在明显的、便于轨道交通工作人员取用的地点，同时不得影响乘客安全疏散；对有视线障碍的灭火器设置点，应设置指示其位置的发光标志。灭火器设置点应便于轨道交通工作人员对灭火器进行保养，维护及清洁卫生；灭火器设置点应便于灭火器的稳固安放；灭火器的设置点环境不得对灭火器产生不良影响。

3）灭火器摆放的要求

灭火器摆放于灭火器箱内，或设置在挂钩、托架上；面向外，摆放稳固；前方净空并予以标示；外观清楚，无灰尘；灭火器上方须用标示牌标示。其顶部离地面高度小于 1.50 m；底部离地面高度不宜小于 0.08 m。灭火器箱不得上锁。

9．灭火器检查

轨道交通各使用单位每月要对灭火器进行一次检查，检查内容包括灭火器压力表的外表面没有变形、损伤，指针指向绿色区域；喷嘴完好、无变形、无开裂、无损伤；喷射软管保持畅通、无变形、无损伤和无堵塞。

安全插销和铅封保持完好无变形，保险绳扣无断裂。灭火器筒体完好没有锈蚀、变形现象；灭火器压把、阀体等金属件没有严重损伤、变形、锈蚀等影响使用的缺陷。喷筒等橡胶、塑料件无变形、变色、老化或破断裂等。

10．灭火器报废

无论是使用过还是未经使用过的灭火器，从生产日期（每具灭火器的筒体上都有生产日期）算起，不应超过规定的维修年限。

灭火器使用部门按批次拟签呈核准后报废，灭火器无论是使用过还是未经使用过，达到报废年限的必须报废。

灭火器报废年限：

（1）手提式化学泡沫灭火器 5 年。
（2）手提储压式干粉灭火器 10 年。
（3）手提干粉灭火器 8 年。
（4）手提式二氧化碳灭火器 12 年。

维修中筒体经水压试验不合格的灭火器也必须报废。

灭火器已经使用，虽未达到规定期限，但外观检查发现有磕碰，焊缝外观不符合质量规定要求，也应该进行水压试验，经试验不合格的必须报废，不允许补焊。

筒体严重变形的、筒体严重锈蚀（漆皮大面积脱落，锈蚀面积大于等于筒体总面积的 1/3 者）或连接部位、筒底严重锈蚀必须报废。

没有生产厂家名称和出厂年月的必须报废。

公安消防部门明令禁止销售和维修的必须报废的灭火器。

技能实训

灭火器的正确操作使用

详见实训工作页技能实训二。

练习与思考

项目一任务三练习与思考

任务四　城市轨道交通防排烟系统

城市轨道交通中的地下车站和区间隧道是一个大型、狭长、与外界地面联系较小的地下空间。除各车站出入口、送排风井与外界相通外，基本上与外界隔绝。一旦发生火灾，产生的浓烟和热气很难自然排除，并且会迅速蔓延，直至充满整个地下空间，同时由于人流密度高，乘客的疏散和烟气的排除都较地面建筑困难，如果火灾不能得到有效的控制，后果将不堪设想。根据国内外地铁火灾有关研究和火灾调查分析，地铁发生火灾时造成的人员伤亡，绝大多数是因为烟气中毒和窒息所致，真正在火灾中伤亡的人员比例非常低。因此，国内外地铁对地铁通风排烟设施极为重视，将通风排烟设施作为地铁必备和最为重要的安全设施之一，在不具备自然排烟条件的地下车站无一例外地设置了机械通风排烟设施。

一、防排烟系统的作用及分类

1. 防排烟系统的作用

地铁防排烟系统的主要作用：迅速排除烟气或将烟气控制在一定区域内，防止烟气向邻近区域扩散，并使疏散、救援通道或避难通道等免受烟气侵害或在人员耐受标准范围内，以创造疏散或救援的环境条件。其应具备的主要功能是：

（1）站厅火灾时，应对着火区域排烟，防止烟气进入出入口、换乘通道、站台等邻近区域。

（2）站台公共区进行排烟时，应能防止烟气进入站厅、地下区间、换乘通道等邻近区域。

（3）当对地下区间进行纵向控烟时，应能控制烟气流动方向与乘客疏散方向相反，并应能防止烟气逆流和进入相邻车站、区间。

（4）对于设备及管理用房，应具备防烟、排烟功能，采用自动灭火系统的控制盘对设备用房的送排风阀进行控制，配合灭火工艺进行"闷气"和"换气"。

（5）防烟楼梯间、避难通道等应正压送风，防止烟气入侵，保证人员疏散和消防救援通道的安全。

2. 防排烟系统的分类

地铁车站通风与空调系统、防排烟系统通常简称为环控系统，由于车站地下空间小、管线繁多，难以独立设置排烟系统。因此地铁车站的防排烟系统通常与通风与空调系统合用，当火灾发生时将正常通风与空调系统转换为防排烟系统。地铁防排烟系统按环控系统一般分为开（闭）式系统的防排烟系统和屏蔽门式系统的防排烟系统，开（闭）式系统和屏蔽门式系统的区别是车站站台是否设有屏蔽门，设有屏蔽门的称为屏蔽门式系统，没设的称为开（闭）式系统。按车站防排烟系统控制区域分类，地铁防排烟系统通常分为车站公共区域防排烟系统、车站设备和管理用房区域防排烟系统和区间隧道防排烟系统三类。按车站通风与空调系统设置分类，地铁防排烟系统通常分为车站大系统防排烟系统、车站小系统防排烟系统和区间隧道防排烟系统三类。一般地铁车站防排烟系统通常都按车站防排烟系统控制区域或大小、区间系统进行分类。

二、防排烟系统的设备组成

1．系统组成

（1）车站公共区域防排烟系统通常由通风与空调大系统的回风排风机、组合式空调箱、新风机、排热风机、事故风机、各类风阀（防火阀）、风井和风管风道等通风排烟设备组成。

（2）车站设备和管理用房区域防排烟系统通常由通风与空调小系统的排风机、变风量空调箱、新风机、各类风阀（防火阀）、风井和风管风道等通风排烟设备组成。

（3）区间隧道防排烟系统是由区间隧道事故风机、排热风机、风井、各类组合风阀和风管风道等通风排烟设备组成。

2．主要设备

1）风　井

风井通常分为新风井（送风井）、排风井（兼排烟风井）、活塞风井，其中活塞风井又作为区间送风和排风（排烟）风井。车站新风是由新风井和出入口引入，车站排风（排烟）是由排风井排出。风井是车站、区间送排风（排烟）的主要进出建筑设备，如图1-4-1所示。

图1-4-1　风井景观

2）消声器

消声器是阻止声音传播而允许气流通过的一种器件，是消除空气动力性噪声的重要措施。它安装在空气动力设备（如风机）的气流通道上或进、排气系统中。消声器能够阻挡声波的传播，允许气流通过，是控制噪声的有效工具，常用的有风井进出口消声器（见图1-4-2）、轴流风机消声器等。

图 1-4-2　片式消声器

3）轴流风机

风机气流方向与风叶的轴同向的风机（见图1-4-3），如电风扇、空调外机风扇就是轴流方式运行的风机。之所以称为"轴流式"，是因为气体平行于风机轴流动。轴流式风机通常用在流量要求较高而压力要求较低的场合。地铁车站风机大多为轴流式风机，如空调新风机、全新风机、排风（烟）机、排热风机、事故风机和推力风机等。其中，地铁事故风机又称为可逆轴流式风机，其既可以正转也可以反转也就是其送排风可以互换。

图 1-4-3　轴流风机

4）电动/手动调节风阀

电动/手动调节风阀又称为风量调节阀，是工业厂房民用建筑的通风、空气调节及空气净化工程中不可缺少的中央空调末端配件（见图1-4-4），一般用在空调、通风系统管风阀、隧道活塞/机械/活塞机械/隔离风阀上。电动/手动调节风阀在地铁车站防排烟系统中主要作为火灾工况下参与防排烟气流组织和控制作用。

图 1-4-4　风阀

5）组合式空调箱

组合式空调箱又称为组合式空气处理机组，是用于调节室内空气温湿度和洁净度的设备（见图 1-4-5）。有满足热湿处理要求用的空气加热器、空气冷却器、空气加湿器，净化空气用的空气过滤器，调节新风、回风用的混风箱以及降低通风机噪声用的消声器。空气处理机组均设有通风机。根据全年空气调节的要求，机组可配置与冷热源相连接的自动调节系统；由进风/过滤/表冷/风机/消声/送风段所组成。组合式空调在地铁车站防排烟系统中主要作为火灾工况下参与大系统防排烟气流组织和控制。

图 1-4-5　组合式空调器

6）通风管道

风管是用于空气输送和分配的管道系统（见图1-4-6），如送风管道、排风（烟）管道、回风管道、排热（烟）管道等。

图1-4-6 矩形风管

7）防烟防火阀

防烟防火阀是指安装在通风与空调系统的送风管路上，平时呈开启状态，火灾时当管道内气体温度达到70 ℃时自动关闭，在一定时间内能满足耐火稳定性和耐火完整性要求，起隔烟阻火作用的阀门。它是火灾工况下的重要执行设备，按其控制方式的不同，可分为受消防报警系统控制的全自动防火阀和半自动防火阀；手动关闭防火阀等。城市轨道交通地下车站通风及空调系统的送风防火阀、一般都与报警主机联动，依据火灾工况的不同，通过程序来控制送风防火阀的关闭。

8）排烟防火阀

排烟防火阀是指安装在回排和排风（排烟）系统管道上，平时呈开启或关闭状态，火灾时当管道内气体温度达到280 ℃时自动关闭，在一定时间内能满足耐火稳定性和耐火完整性要求，起排烟阻火作用的阀门。它是火灾工况下的重要执行设备，按其控制方式的不同，可分为受消防报警系统控制的全自动防火阀和半自动防火阀；手动开启或关闭防火阀等。城市轨道交通地下车站通风及空调系统的排烟防火阀，一般都与报警主机联动，依据火灾工况的不同，通过程序来控制排烟防火阀的开启或关闭。

9）区间隧道组合式风阀

区间隧道组合式风阀（见图1-4-7）包括机械风阀、活塞风阀、活塞机械风阀。

图 1-4-7 组合式风阀

（1）机械风阀：当机械通风运行时，机械风所要进出的阀门。

（2）机械活塞风阀：当列车正常运行时或机械通风运行时，活塞风和机械风都必须经过的风阀。

（3）活塞风阀：当列车正常运行时，活塞风所进出的风阀，活塞风运行时开，机械通风关。

区间隧道组合式风阀的运行要求如表 1-4-1 和表 1-4-2 所示，其运行状态包括开式运行和闭式运行。

开式运行：区间活塞风运行情况下，组合风阀中活塞风阀开启，机械活塞风阀开启，机械风阀关闭，隔离风阀关闭。活塞风通过活塞风井与外界交换（正常情况均采用开式运行）。

闭式运行：区间活塞风运行情况下，组合风阀中的活塞风阀关闭，机械活塞风阀开启，机械风阀关闭，隔离风阀关闭。活塞风不与外界交换（闭式运行一般在天气较冷的情况下运用）。

表 1-4-1　区间隧道正常状态下各类风阀运行要求

工况	设备名称	活塞风工况	机械风工况
活塞风工况	活塞风阀	开	关
	机械活塞风阀	开	开
	机械风阀	关	开
	隔离风阀	关	关
	排热风机	开	开
	排热风阀	按工况调节	按工况调节

表 1-4-2　事故风机试验方式及风阀相对应的位置

风阀位置试验方式	上行线			隔离风阀	下行线		
	机械风阀	活塞风阀	机械活塞风阀		机械风阀	活塞风阀	机械活塞风阀
上行事故风机对上行排风	开	关	开	关	开或关	开或关	开或关
上行事故风机对上行送风	开	关	开	关	开或关	开或关	开或关
上行事故风机对下行排风	开	关	关	开	关	关	开
上行事故风机对下行送风	开	关	关	开	关	关	开
下行事故风机对上行排风	关	关	开	开	开	关	关
下行事故风机对上行送风	关	关	开	开	开	关	关
下行事故风机对下行排风	开或关	开或关	开或关	关	开	关	开
下行事故风机对下行送风	开或关	开或关	开或关	关	开	关	开

10）挡烟垂壁

挡烟垂壁能有效阻挡烟雾在建筑顶棚下横向流动，以便提高在防烟分区内的排烟效果。挡烟垂壁一般设置在站台到站厅的通道口处，如图 1-4-8 所示。

图 1-4-8　挡烟垂壁

11）防火卷帘门

防火卷帘门主要用于阻隔火势扩散或蔓延，一般安装在商场与车站的过道处，或车站与车站间疏散的过道处，如图 1-4-9 所示。疏散通道上的防火卷帘门应按下列程序自动控制下降：

感烟探测器动作后，卷帘下降距地面 1.8 m；

感温探测器动作后，卷帘下降到底。

图 1-4-9　防火卷帘门

三、防排烟系统的运行模式

1．防排烟系统的一些主要技术标准

地铁火灾只考虑一处发生时的标准如下：

地下车站及站厅和站台、区间隧道内必须设置防烟、排烟与事故风机系统。

同一个防火分区的地下车站设备及管理用房的总面积超过 2 000 m^2，或面积超过 50 m^2 且经常有人停留的单个房间，最远点到地下车站公共区超过 20 m 的内走道；连续长度大于 60 m 的地下通道等场所应设置机械防烟、排烟设施。

当防烟、排烟系统与事故通风和正常通风与空调系统合用时，通风与空调系统应采用可靠的防火措施，且应符合防烟、排烟系统的要求，并应具备事故工况下的快速转换功能。

当区间隧道发生火灾时，应能背着乘客疏散方向排烟，迎着乘客疏散方向送新风；当地下车站的站厅和站台或设备及管理用房发生火灾时应具备防烟、排烟和通风功能；当列车阻塞在区间隧道时，应能对阻塞区间进行有效通风。

站台至站厅的楼扶梯开口四周的临空部位应设置挡烟垂壁；地下一层侧式站台与同层站厅公共区临界面门洞部位应设置挡烟垂壁（耐火极限不应小于 0.5 h）。

地下车站的站厅、站台排烟量应按各防烟分区的建筑面积不小于 60 m^3/（m^2·h）计算；还应保证站厅到站台的楼扶梯口处具有不小于 1.5 m/s 的向下气流。

地下区间采用纵向控烟时，断面的排烟流速不应小于 2 m/s，且不得大于 11 m/s。

区间隧道排烟风机及烟气流经的辅助设备如风阀及消声器等，应保证在 150 ℃ 时能连续有效工作 1 h。

地下车站的站厅、站台和设备及管理用房排烟风机及烟气流经的辅助设备如风阀及消声器等，应保证在 250 ℃ 时能连续有效工作 1 h。

通风与空调系统的风管上应设置防火阀。

2．防排烟分区的划分

建筑面积过大，则燃烧时，辐射热强，难以控制，容易蔓延，而且对消防扑救、安全疏散都不利。为了有利于控制火势蔓延、有利于安全疏散和扑救，达到减少火灾所造成的经济损失的目的，在轨道交通的设计中，地下车站的站厅和站台防烟分区通常是按公共区每个防烟分区最大允许建筑面积不应大于 2 000 m²，设备管理区每个防烟分区最大允许建筑面积不应大于 750 m² 来划分的。因此，根据车站实际建筑面积、布置、规模等情况不同，车站的防烟分区其数量是不一样的。一般开（闭）式系统的地下车站的站厅和站台防烟分区通常划分为 2 个防烟分区，即站厅和站台各 1 个，其中，站台上下行轨行区作为站台防烟分区屏蔽门式系统的地下车站的站厅和站台防烟分区通常划分为 4 个防烟分区，即站厅 1 个、站台 1 个、屏蔽门侧上下行轨行区各 2 个作为独立防烟分区（见图 1-4-10）。

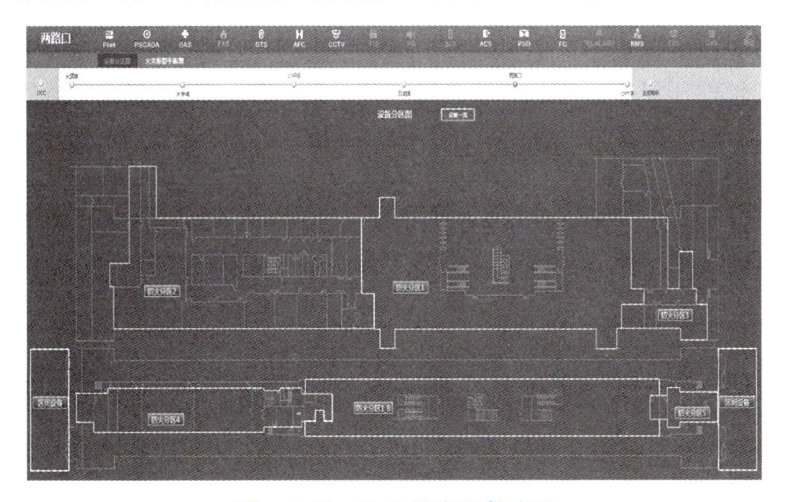

图 1-4-10　FAS 系统设备分区

3．屏蔽门系统地下车站的防排烟运作模式

1）站　厅

站厅发生火灾时，通常有 2 种运行模式。第一种是当站厅发生火灾时，关闭站厅公共区送风管防烟防风阀、站台公共区回排风管排烟防火阀和回风防火阀，运行大系统排烟风机（回排风机）集中对站厅排烟，通过出入口进行补风，使得出入口通道形成由地面至车站的向下气流，乘客迎着气流方向撤向地面，同时对站台进行送风，防止烟气蔓延到站台而影响乘客的安全。

第二种是当站厅发生火灾时，关闭站厅公共区送风管防烟防火阀和站台公共区送风管防烟防火阀，站台公共区回排风管排烟防火阀和回风防火阀，运行大系统排烟风机（回排风机）

集中对站厅排烟，通过出入口进行补风，使得出入口通道形成由地面至车站的向下气流，乘客迎着气流方向撤向地面。站台不进行送风和排风，依靠站厅和站台形成的压差作用，防止烟气蔓延到站台而影响乘客的安全。

注意： 需要说明的是，由于车站规模、建筑形式和设备配置等差异，车站站厅执行火灾工况时，联动的设备是有差异的，车站站厅火灾工况的动作设备应以实际该站设计工况动作设备为准。

2）站　台

站台发生火灾时（不包括上下行轨行区火灾），通常有 2 种运行模式。第一种是关闭站厅公共区回排风管排烟防火阀和站台公共区送风管防烟防火阀，运行大系统排烟风机（回排风机、排热风机）集中对站台排烟。通过排烟风管、排烟风道和排风井将烟气排至车站外，同时运行大系统空调箱送风机，通过对站厅进行送风，使站台到站厅层的楼梯形成向下气流，便于人员安全疏散到站厅层，为防止烟气因热压作用流向站厅层，应使站厅到站台的上下通道间形成一个不低于 1.5 m/s 的向下气流，使乘客从站台迎着气流撤向站厅和地面，同时设置在站台到站厅通道口的挡烟垂壁，也可阻挡烟雾向站厅层区域的蔓延。

第二种是关闭站厅公共区回排风管排烟防火阀和防烟防火阀，关闭站台公共区送风管防烟防火阀，运行大系统排烟风机（回排风机、排热风机等）集中对站台排烟。通过排烟风管、排烟风道和排风井将烟气排至车站外，不运行大系统空调箱送风机，通过出入口进行补风，使站台到站厅层的楼梯形成向下气流，便于人员安全疏散到站厅层，为防止烟气因热压作用流向站厅层，应使站厅到站台的上下通道间形成一个不低于 1.5 m/s 的向下气流，使乘客从站台迎着气流撤向站厅和地面，同时设置在站台到站厅通道口的挡烟垂壁，也可阻挡烟雾向站厅层区域的蔓延。

注意： 需要说明的是，由于车站规模、建筑形式和设备配置等差异，车站站台火灾工况的动作设备是有差异的，车站站台火灾工况的动作设备应以实际该站设计工况动作设备为准。

3）车站站台车轨区间

屏蔽门系统车站与开（闭）式系统车站在防排烟模式上最大的区别是屏蔽门系统有车站站台车轨区火灾模式而开（闭）式系统车站无该模式。屏蔽门系统车站站台车轨区发生火灾，由于不设自动报警装置，须由车站值班员手动执行车轨区火灾工况，开启和关闭有关设备，对车轨区进行排烟。

注意： 需要说明的是，由于车站规模、建筑形式和设备配置等差异，车站站台车轨区火灾工况的动作设备是有差异的，车站站台车轨区火灾工况的动作设备应以实际该站车轨区设计工况动作设备为准。

4）区间隧道

列车发生火灾且在隧道中无法运行时，其一般排烟模式为中央控制室 OCC 调度根据列车在隧道内的位置、列车哪节车厢发生火灾、火源距安全通道的距离等因素决定送风和排烟方向。隧道前后两端 2 个车站的隧道通风系统协调运作，一端向隧道内送风，另一端排风，共同形成一股流过隧道的气流。排烟空气流动方向与人员疏散方向相反。使疏散区处于新风区段，保持区间隧道内气流速度不小于 2.0 m/s（见图 1-4-11）。同时，可以让消防人员进入现场灭火抢救。屏蔽门系统车站与开（闭）式系统车站在区间防排烟模式上的区别是，由于屏蔽门系统在车站站台车轨区安装有屏蔽门，地铁区间隧道可视作一个完整的区间风道，地铁区间隧道的通风（排烟）效率要高于开（闭）式系统。因此，屏蔽门系统车站在区间隧道的防排烟模式上所投入的区间隧道的防排烟设备较开（闭）式系统无论是配置数、投用数和功率容量等都较少和较小。

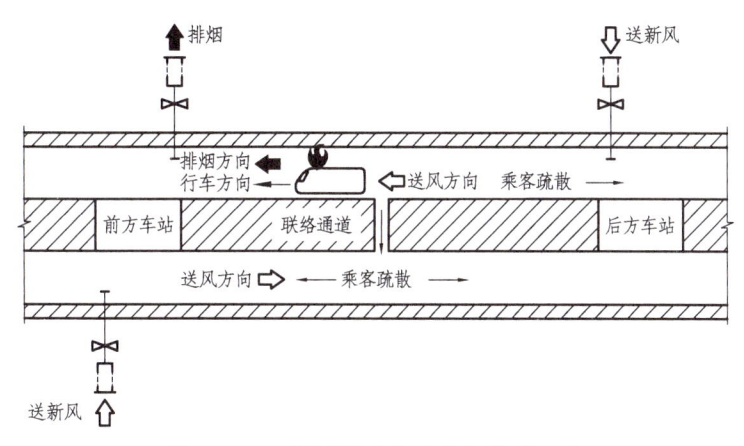

图 1-4-11 区间隧道车头火灾模式示意

注意：需要说明的是，由于车站规模、区间建筑形式和设备配置等差异，区间隧道火灾工况的动作设备是有差异的，车站区间火灾工况的动作设备应以实际该站设计区间工况动作设备为准。

5）长通道（出入口或换乘通道）

地下车站的长通道的防排烟运行模式根据防烟分区不同，通常有 2 种运行模式。第一种是长通道与站厅同为一个防烟分区时，当长通道发生火灾时，其防排烟运行模式与站厅公共区火灾模式相同，即关闭站厅公共区送风管防烟防火阀、站台公共区回排风管排烟防火阀和回风防火阀，打开长通道的排烟防火阀，运行大系统排烟风机（回排风机）集中对站厅和长通道的排烟，通过出入口进行补风，使得出入口通道形成由地面至车站的向下气流，乘客迎着气流方向撤向地面。

第二种是长通道与站厅分为两个防烟分区时，当长通道发生火灾时，其防排烟运行模式为独立防烟分区模式，即关闭该长通道送风管防烟防火阀，打开该长通道的排烟防火阀，运行该独立系统排烟风机集中对长通道排烟，通过出入口进行补风，使得出入口通道形成由地面至车站的向下气流，乘客迎着气流方向撤向地面。

注意：需要说明的是，由于车站规模、建筑形式和设备配置等差异，车站长通道火灾工况的动作设备是有差异的，车站长通道火灾工况的动作设备应以实际该站长通道设计工况动作设备为准。

4．设备管理区的防排烟模式

屏蔽门系统车站与开（闭）式系统车站在设备和管理用房区的防排烟模式是相同的。通常车站设备和管理用房区的防排设备管理间（泵房、厕所等除外）和公共走道防排烟 3 种模式。

1）气体灭火保护设备间

气体灭火保护设备间主要布置着各种重要系统设备，这些设备对地铁的正常运营起着重要作用。通常气体灭火保护设备间的防排烟模式只有一种运行模式，当气体灭火保护设备间发生火灾时，其防排烟运行模式为关闭该保护设备间的送风防烟和排烟防火阀，以及若有公用排风道（排烟道）等其他有相互影响关系的系统和设备。待喷洒气体灭火，火灾扑灭后，再打开该房间关闭的送风防烟和排烟防火阀进行排烟和排毒。排净后，恢复所有动作系统和设备。

注意：需要说明的是，由于车站规模、建筑形式、设备配置和设计等差异，车站气体灭火保护设备间火灾工况的动作设备是有差异的，车站气体灭火保护设备间火灾工况的动作设备应以实际该站设计工况动作设备为准。

2）其他设备管理间（泵房、厕所等除外）

泵房、厕所等由于不属人员长期停留或无火灾风险的房间，通常不设防排烟系统，其他设备和管理间依据"同一个防火分区的地下车站设备及管理用房的总面积超过 200 m²，或面积超过 50 m² 且经常有人停留的单个房间应设置机械防烟"，如环控机房等通常设有独立防排烟系统。当该设备和管理间发生火灾时，其防排烟运行模式为打开该设备和管理间之间的送风、防烟、防火阀和排烟防火阀，开启相应排风机和送风机，关闭（若有）公用排风道（排烟道）等其他有相互影响关系的系统和设备。火灾扑灭，烟气排尽后，恢复所有动作系统和设备。

注意：需要说明的是，由于车站规模、建筑形式、设备配置和设计等差异，其他设备和管理间火灾工况的动作设备是有差异的，其他设备和管理间火灾工况的动作设备应以实际该站设计工况动作设备为准。

3）走　道

走道防排烟系统依据"最远点到地下车站公共区超过 20 m 的内走道；连续长度大于 60 m 的地下通道等场所应设置机械防烟、排烟设施"，通常设有独立防排烟系统。当该走道发生火灾时，其防排烟运行模式为打开该走道排烟防火阀，开启相应排风机，关闭（若有）公用排风道（排烟道）等其他有相互影响关系的系统和设备。火灾扑灭，烟气排尽后，恢复所有动作系统和设备。另外同一防火分区内，任何一处发生火灾，该防火分区内的防烟楼梯间（若有）正压送风系统同时启用。

注意：需要说明的是，由于车站规模、建筑形式、设备配置和设计等差异，走道火灾工的动作设备是有差异的，走道火灾工况的动作设备应以实际该站设计工泥作设备为准。

四、防排烟系统的运行管理

1. 车站防排烟系统的管理

车站防排烟系统运行操作管理，应遵循防排烟系统的运行操作管理规程，运行操作人员必须严格执行防排烟系统的运行操作规程，不得擅自违规操作。

（1）车站防排烟系统的操作人员必须经过培训合格方可操作。

（2）操作人员必须按规定的时间，巡查和记录防排烟系统运行状态，发现异常和问题，必须按相应规程要求做。

（3）车站值班站长、站长和操作人员必须熟悉所管理设备的位置和运行状态，能及时处理可能导致设备损坏的故障。

（4）每天必须保持防排烟设备及环境的整洁。

2．防排烟系统设备的日常检查

1）风机的日检工作要求

（1）检查风机运行时有无异常声音或振动。

（2）检查可见风道内有无异物，风道或回风口上的过滤网是否干净，进出风口处的网格有无堵塞、损坏。

（3）检查风机的运行电流是否在电机额定电流范围内，以产品标牌为准。

（4）检查风机是否按运行工况的要求投入运行。

（5）检查风机的固定支架和减振器有无问题。

2）风阀的日检工作要求

（1）检查风阀运行是否有异常声音或振动。

（2）检查风阀的状态是否符合工况要求。

（3）检查风阀的支撑和吊架是否有问题。

（4）检查可见风阀的叶片是否有问题。

（5）检查风阀执行机构是否有问题。

技能实训

车站火灾模式的查看和操作

详见实训工作页技能实训三。

练习与思考

项目一任务四练习与思考

任务五　城市轨道交通消防系统设备调试安装及维护

一、城市轨道交通消防系统的安装调试

1．FAS系统的调试

1）调试一般规定

（1）FAS的调试，在车站等建筑内部装修和系统施工结束后进行。

（2）FAS调试前应具备以下所述文件：

① 设备布置平面图、接线图、安装图、系统图。
② 竣工图。
③ 设计变更文字记录。
④ 施工记录（所括隐蔽工程验收记录）。
⑤ 检验记录（包括绝缘电阻、接地电阻的调试记录）。
⑥ 编程表和联动关系表。

2）调试方案

（1）调试前的准备。
① 应按设计要求查验设备的规格、型号、数量等。
② 应检查系统的施工质量，必须符合设计文件的要求。
③ 应按施工图检查系统线路，对错线、开路、虚焊和短路等进行处理。

（2）调试应具备的条件。
① 车控室已正式送电，双电源切换功能试验正常，UPS安装完毕可以投入使用。
② 各种电动蝶阀、防火卷帘、电梯、自动扶梯等设备单机运行正常。
③ 各车站BAS在接口调试前完成。
④ 完成编程和CRT图形制作。
⑤ 调试用的仪器、仪表齐备。

3）车站调试

（1）系统调试应先分别对火灾报警控制器、探测器、火灾报警装置和控制设备等逐个进行单机通电检查，正常后方可进行系统调试。

（2）火灾自动报警系统通电后，应按国家标准《火灾报警控制器通用技术条件》和《消防联动控制设备通用技术条件》的有关要求对火灾报警控制器（联动型）进行下列功能检查：

① 火灾报警自检功能。
② 消音、复位功能。
③ 故障报警功能。
④ 火灾优先功能。
⑤ 报警记忆功能。

⑥ 电源自动转换和备用电源的自动充电功能。

⑦ 备用电源的欠压和过压报警功能。

（3）检查火灾自动报警系统的主电源和备用电源，其容量应符合现行有关国家标准的要求，在备用电源连续充放电3次后，主电源和备用电源应能自动转换。

（4）采用模拟加烟和加温的方式，对探测器（含感温电缆）逐个进行试验，其动作应准确，设备地址码与图纸核对无误。

（5）对照联动关系表，逐个检查输入/输出模块的动作，其动作应准确，设备地址码和监视、控制设备与图纸核对无误。

（6）操作联动控制卡面板按钮，逐个检查对应设备的工作状态和反馈信号，其动作应准确无误。

（7）对回路线路、监视设备线路、受控设备线路进行开路故障检查，其动作应准确无误。

（8）分别用主电源和备用电源供电，检查火灾报警系统的各项控制功能和联动功能。

（9）车控室监控计算机的模拟显示、打印及报警功能的调试，其显示报警位置、消防设备位置的平面图，历史记录应准确无误。

（10）车站FAS系统在连续运行144 h无故障后，填写调试报告。

4）系统联动调试

系统联动联调主要内容为：试验防火卷帘、扶梯、电梯、时钟、电动蝶阀等联动设备是否按要求动作，其返回信号是否被接收及显示。试验消火栓按钮启动电动蝶阀、消防水泵是否按要求动作，其返回信号是否接收及显示操作。

2．IG541气体灭火系统的安装要求

（1）本系统的安装场所应符合下列要求：

① 环境温度为 –10 ~ 50 °C，且保持干燥和通风良好。

② 空气中不得含有易爆、导电尘埃及腐蚀部件的有害物质，否则必须予以保护，系统不得受到强烈的振动和冲击。

③ 储瓶间应设在人员易于接近，出入方便，且不得引起火灾的房间内。

④ 瓶组架必须用地脚螺钉紧固。

（2）本系统的安装、调试和运行使用必须由经过专业培训合格的人员进行。

（3）本系统在安装过程中和交付使用前严禁将电磁启动装置的启动气体出口与启动管路连接。

（4）灭火剂容器阀和电磁启动装置的安全销、安全挡片以及容器阀出口的安全帽是为了防止在运输、安装过程中因碰撞和人为误操作而设置的，在运输和安装过程中严禁取下。

（5）启动气体储瓶和灭火剂储瓶在运输和安装过程中，应轻装轻卸，防止碰撞、卧置、倒置，并应避免接近热源。

（6）为保证系统的正常工作，灭火剂储瓶和启动气体储瓶内的压力需要按照有关维护保养标准定期检查，压力检查完毕后需要将容器阀上设置的检修阀门关闭。

（7）本系统喷射灭火剂前，所有人员必须在延时期内撤离火灾现场，必须关好门和窗户，同时切除其他的通风装置和影响灭火效果的设备；灭火完毕后，必须首先启动风机，将废气排出后，工作人员方可进入现场。

（8）需要更换的各类膜片必须由生产厂家供应，不得随意使用未经试验的膜片代用。
（9）在日常维护、保养或进行周期检查时应严格按照操作程序，确保防止系统误喷。
（10）拆装过程中应避免碰伤表面而影响外观。
（11）无关人员切勿乱摸乱动本系统的零部件，以免发生意外。

二、城市轨道交通消防系统的维护保养

1．FAS 的维护

1）FAS 的保养维护

FAS 的维护工作分为日常巡检、计划维护、故障检修三种类型，计划维护分为月检、季检和年检，故障检修优先于计划维护。维护内容和周期见表 1-5-1。

表 1-5-1　FAS 系统检修

序号	设备	工作及检修内容	周期
1	烟感探测器	检查烟感有无松脱、有无异物遮挡	年检
		检查烟感工作状态、工作指示灯是否正常	
		检查探测器脏度值是否正常	
		用发烟装置检查烟感报警功能	
		批量清洗、灵敏度校正及检验	每 3 年
2	温感探测器	检查温感有无松脱、有无异物遮挡	年检
		检查温感工作状态、工作指示灯是否正常	
		用发热装置检查温感报警功能	
		批量清洗、灵敏度校正及检验	每 3 年
3	感温电缆	检查感温电缆外观有无破损，终端电阻值是否正常（6.8 kΩ）	年检
		用短接线测试感温电缆报警功能	
4	手动报警按钮	检查手动报警按钮外观、标识	年检
		检查手动报警按钮工作指示灯是否正常	
		用测试钥匙试验报警功能	
5	对射式探测器	检查对射式探测器外观有无破损，安装是否牢固，检查对射反光镜上是否有灰尘堆积	年检
		检查对射监视模块接线及工作状态	
		测量对射探测器的供电电压是否正常（DC 24 V）	
		用红色纸板遮挡反射板测试对射式探测器火灾报警功能	
6	警铃	检查警铃外观有无破损，安装是否牢固	月检
		模拟火警，检查警铃联动是否正常	年检
		检查远程消音功能是否正常	
7	蓄电池	检查蓄电池外观，是否有漏液现象	月检
		检查蓄电池接线是否牢固	
		对蓄电池进行充放电试验	每两季
		对主机主电源和蓄电池进行自动切换试验	

2）FAS 主要故障处理

（1）火灾探测器故障处理。

在火灾报警控制器或图形工作站上检查故障设备的地址、位置及故障类型。

在火灾报警控制器或图形工作站进行系统复位，检查设备是否恢复。

检查探测器外观、探测器周围环境是否存在干扰因素、探测器是否报警、探测器是否存在通信故障。如是环境原因引起，改善周围环境；如探测器报警或者通信故障，更换探测器。

（2）消防模块故障处理。

在火灾报警控制器或图形工作站上检查故障设备的地址、位置及故障类型。

在火灾报警控制器或图形工作站进行系统复位，检查设备是否恢复。

工作人员检查模块外观、模块表面及周围环境是否潮湿、模块是否存在通信故障、模块是否短路，若是模块表面及周围环境是否潮湿，改善设备运行环境。如模块通信故障，则更换模块；如模块短路，则排除短路故障并更换模块。

（3）手动报警按钮故障处理。

在火灾报警控制器或图形工作站上检查故障设备的地址、位置及故障类型。

若手动报警按钮玻璃被打破，可用透明胶粘贴复位按钮，然后在系统控制盘或图形工作站上进行系统复位，检查设备是否恢复；检查设备外观、设备是否潮湿、探测器是否存在通信、短路故障。如是环境原因引起，改善周围环境；如通信或短路故障，更换手动报警按钮。

（4）消防挂壁电话、电话主机、消防电话插孔故障处理。

检查故障信息；在系统电话主机进行复位或按消音按钮；检查设备外观、设备周围环境是否正常，对设备进行检测，判断故障原因并进行修复或更换。

（5）感温电缆、感温光纤、感温光纤控制器故障处理。

在火灾报警控制器或图形工作站上检查故障设备的地址、位置。

到现场对感温光纤控制器复位操作，检查设备是否恢复。

检查感温电缆外观是否有破损，感温电缆周围环境是否潮湿，周围温升是否正常，探测模块是否正常，末端电阻是否正常；如出现外层破损，更换感温电缆；如环境潮湿或温升异常，改善环境，使设备恢复正常运行；如探测模块故障，则进行更换；如末端电阻松或者末端电阻被击穿，紧固或更换该末端电阻。

（6）图形工作站故障处理。

检查图形工作站故障情况。

重启图形工作站，进入 Windows 操作系统，进入系统应用软件，检查设备是否恢复。

检查通信情况、操作系统、图形中心软件、计算机硬件与控制盘通信是否正常。若通信不正常，检查网线、网线接头、数据连接转换等硬件连接件，如存在故障则进行更换；若操作系统中毒，进行杀毒；若操作系统程序出错或系统崩溃，重启操作系统或重装操作系统；若图形中心软件出错，检查图形中心软件程序以及设定是否出错，如程序出错进行修复并重新设定；若计算机硬件损坏，更换相应的计算机硬件。

（7）火灾报警控制器、消防联动柜故障处理。

在火灾报警控制器上检查故障的设备类型、地址、位置及故障类型。

在火灾报警控制器或图形工作站进行系统复位，检查设备是否恢复。

火灾报警控制器电源故障，检查输入电源、电源卡，如是低压供电问题，则进行复位，电源卡故障，更换电源卡；报警控制器主板故障，更换报警控制器主板，下载相关数据；报警控制器回路卡故障，更换回路卡；报警控制器液晶显示面板故障，检查接线以及显示情况，如接线松则进行紧固，如液晶显示烧毁，则更换液晶显示面板。

（8）系统网络断网故障处理。

检查光纤是否存在中断，如存在则查找断点并进行更换；检查光电转换器是否正常，如有故障则进行更换；检查网络程序、设置、协议、地址是否正确，如不正确则重新设定、安装。

2．IG541气体灭火系统的维护

1）IG541气体灭火系统的保养维护

（1）日常检查。

日常检查自动气体灭火系统灭火剂储存容器、选择阀、高压软管、集流管、信号反馈装置、阀驱动装置、管网与喷嘴等全部系统部件外观应无碰撞变形及其他机械性损伤，表面应无锈蚀，保护涂层应完好，铭牌应清晰，手动操作装置的铅封和安全标志应完整。检查电磁阀与控制阀的连接导线是否完好，端子是否松动或脱落。如存在缺陷，应及时更换或维修。

（2）每月检查。

检查气体灭火系统的运行状态，并填写《消防设施定期维护表》记录检查情况。具体检查项目如下：

① 灭火剂储存容器。

a. 各部件有无松动变形、损伤、锈蚀。

b. 检查灭火剂储存容器压力，压力表指针应在绿区范围内。

c. 先导阀手动操作装置铅封是否完好。

d. 先导阀与启动管路连接是否牢固。

e. 安全阀放出口有无灰尘等造成堵塞。

f. 钢瓶支架是否固定牢固，有无松动变形、损伤、锈蚀。

② 容器组合配管系统。

a. 配管及连接件有无变形、腐蚀、损伤。

b. 各螺纹连接部分有无松动。

c. 对照使用说明书和施工附图，检查启动管路的通路有无错误，管道上单向阀的设置位置和方向有无错误。

③ 选择阀。

a. 阀体有无损伤和变形。

b. 检查选择阀时，可拆卸启动管路与选择阀的连接部位，将试验用气体导入选择阀，检查其工作状态。

c. 启动管路连接是否可靠，有无裂纹。

d. 是否有表明选择阀及其对应的防护区域的标志。

e. 手动操作是否灵活。

④ 喷嘴。
a. 喷嘴有无变形、损伤、锈蚀。
b. 喷嘴有无脱落、松动。
c. 喷孔是否畅通,有无灰尘黏附。
d. 喷嘴有无影响喷放效果的遮挡物。
⑤ 启动装置。
a. 各部件有无松动变形、损伤、锈蚀。
b. 启动容器和启动管路是否安装牢固、连接可靠。
c. 检查启动装置储存容器压力,压力表指针应在绿区范围内。
d. 电气接线是否完善,端子有无松动和损伤。
e. 支架是否固定牢固,有无松动变形、损伤、锈蚀。
⑥ 控制器。
a. 是否固定牢固。
b. 控制器箱体有无损坏,门等开关是否顺利,涂漆是否脱落而生锈。
c. 控制器周围有无障碍物妨碍操作。
d. 电气接线是否完善,端子有无松动和损伤。
e. 此外,还应进行如下各项性能检查。
- 按下有关按钮,报警器是否立即鸣叫(预先通告附近工作人员,以免引起惊慌)。
- 电源指示灯是否常亮。
- 按下有关按钮时,电磁阀的开启动作是否准确,相关联动设备的开启或关闭等动作是否准确无误,但在进行这项检查时,应在有关位置上派有专人看管,并预先放回电磁阀的保险销,防止气体误放。
- 自动与手动转换装置操作是否灵活、可靠,转换时指示灯是否准确点亮
⑦ 探测器、报警器、紧急启动按钮、声光报警等自动探测系统。
此项检查可与⑥项合并进行。
⑧ 附属设备。
所有附属设备及辅助零件,有可能的话,也都应进行手动试验,检查其工作性能是否良好,试验后都必须恢复到原来的位置和状态。

(3)每年检查。
每年对气体灭火系统进行两次全面检测和联动试验,并填写《消防设施年终检测报告》记录试验情况。具体的检测项目如下:
① 启动部分。
a. 检查启动瓶的数量,应与防护区数量相同。
b. 检查启动瓶内的气体压力,压力表指针应在绿区范围内。
c. 检查启动气路管道及各管件是否变形、松脱,支架是否完好。
d. 检查启动钢瓶的外观是否有裂纹、凹陷、鼓包、扁瘪和膨胀等现象。
e. 检查启动钢瓶的钢印是否超过使用日期。
f. 检查启动钢瓶固定是否牢固。
g. 各启动装置上悬挂的标牌是否存在,是否正确。

② 储存部分。

a. 检查储瓶间的环境状况，是否潮湿或阳光直射，通风是否良好。

b. 检查各瓶组、瓶组架、阀门、压力表、软管是否锈蚀。

c. 逐一检查钢瓶外观是否有裂纹、凹陷、鼓包、扁瘪和膨胀等现象；钢印是否超过使用日期，标牌是否脱落，油漆是否完好。

d. 逐一检查是容器阀有否处于正常状态，手动应急操作手柄是否存在，铅封是否完好。

③ 气瓶间内其他部件

a. 逐一检查各金属软管，应无变形、裂纹、损坏等不良情况，连接应牢固。

b. 检查集流管是否完好，两端封堵头是否牢固，安全泄压装置是否完好。

c. 检查各选择阀是否完好，有无松脱，手动应急操作手柄位置是否正确，有无被打开过的情况，并逐一做一遍手动的试验，然后必须恢复原样。

d. 各选择阀上悬挂的标牌是否存在，是否正确。

④ 管网部分。

a. 检查管道有无松脱，变形，损坏，锈蚀。

b. 检查各支吊架的固定应无松动。

c. 检查各喷嘴有无锈蚀、堵塞情况。

⑤ 控制部分。

a. 检查各探测器数量是否正确，外观是否损坏、脱落，有指示灯显示的检查其是否工作正常。

b. 检查各紧急启停按钮、手自动转换开关、警铃、声光报警器、放气指示灯、压力讯号器等数量、外观是否完好，有无松脱，损坏，连线是否正确。

c. 检查控制器及现场控制盘各信号指示是否正常，开关位置是否正确，备用电源是否完好。

d. 检查控制柜编程内容是否正确，各种显示信息是否正常。

⑥ 功能动作试验。

a. 按照不低于10%的比例在各保护区域内选择一定数量（不少于2只）的不同类别的探测器进行动作试验，应能动作正常，信号能传递给控制器，联动警铃及声光报警器给出正确的报警声光，并在控制器及现场控制盘上给出正确的显示；在打印机上打出正确的信息。检查完毕后，使系统复位。上述检查在手动状态进行。

b. 在进行上述检查时，应在每一保护区域内任意选择两只探测器做自动状态下启动电磁阀的试验。检查各部分动作和显示应正确，延时应准确，并能正确联动相关的设备。

c. 在手动状态下，对每一区域进行手动紧急启动试验，第一次启动，应在延时阶段利用紧急停止按钮中止。复位后，进行第二次启动，检查电磁阀是否动作正常，能否联动相关的设备。

d. 在进行上述试验进程中应注意系统各部分的功能都应达到设计要求。该动作的地方都应准确动作，不该动作的地方，不应有误动作。在进行控制器及现场控制盘复位时，要注意检查所有电磁阀是否有误动作。

e. 功能试验结束后，应将控制部分全部恢复正常警戒状态。

⑦ 问题的处理。

a. 对于在检查中发现的问题，应进行当场处理，不得拖延。

b. 对于当场不能解决的问题，凡不影响系统运行的，则可记录下来在《消防设施故障处理登记表》记录故障情况，汇报给公司，由公司联系相关单位解决，但可继续进行功能试验。

c. 对于不解决好会影响系统正常运行和安全的问题，必须立即电话报告公司，由公司联系相关单位进行维修。在此进程中，凡不影响功能试验的可继续进行功能试验，影响功能试验的，则待问题解决后，再做功能试验。

d. 上述发现的问题和处理方式都应详细记录下来，归档保存。

e. 上述维护检查项目和内容全部完成后，应复位系统使其处于正常工作状态。

2）系统常见故障及处理

系统常见故障及处理见表 1-5-2。

表 1-5-2　IG541 气体灭火系统常见故障及处理

故障现象	原因分析	排除方法	备注
1. 启动气瓶压力表示值低于绿线区	压力表坏	放空气瓶，更换压力表，更换膜片后，重新充装	必须由专业人员进行
	气瓶有微小泄漏	检查并排除泄漏，及时补充氮气	
2. 无法用电气自动打开启动气瓶	无开阀电信号或信号太弱	检修（报警）灭火控制器	
	连接线路断路	检修线路	
	启动气瓶电磁阀故障	电磁阀维修或更换电磁阀	电磁阀交维修厂家维修
3. 无法手动打开启动气瓶	止动挡销未拆除	拆除止动挡销	手动打开启动气瓶将完全释放启动气体同时打开灭火剂
	止动簧片未拆除	拆除止动簧片	
4. 灭火剂储瓶压力表示值高于绿线区	环境温度超过 50 ℃	降低环境温度	
5. 启动气体释放后，瓶头阀不动作	启动管路未安装完毕或有泄漏	检查启动管路，装好管路	当该故障发生在出现火灾释放灭火剂时，应立即手动打开相应瓶组（必须由专业人员进行）
	启动管路单向阀反向安装	正确安装该单向阀	
	瓶头阀固定套未拆除	放空启动管路中气体后，拆除瓶头阀固定套	
	瓶头阀驱动气缸顶杆卡死	放空启动管路中气体后，更换驱动气缸	
6. 释放灭火剂时，金属软管处泄漏	软管断裂或泄漏	更换金属软管	
	软管未安装好	将软管安装牢固	
7. 组合分配系统某区释放时，打开其他区瓶组而造成误喷	该故障发生在多区有灭火剂储瓶作启动气瓶的系统，由灭火剂管路单向阀反向泄漏造成	更换灭火剂管路单向阀，重新充装	该故障势必造成部分灭火剂误喷，需重新充装（必须由专业人员进行）
8. 释放灭火剂时，集流管安全阀处有泄漏	安全膜片未安装或爆破	立即安装或更换相同规格型号的安全膜片	

续表

故障现象	原因分析	排除方法	备注
9. 释放灭火剂时，瓶头阀已开启，但无灭火剂进入相应保护区	选择阀未开启	手动开启相应区域选择阀	
	选择阀与启动气瓶不匹配	调整启动管路	
10. 释放灭火剂时，无反馈信号信号	信号反馈线路故障	检修线路	
	压力开关未复位	复位压力开关	
	压力开关损坏	更换压力开关	
11. 火灾探测器故障	故障火灾报警控制器发出故障报警，故障指示总灯亮，火灾探测器故障指示灯亮，打印机记录火灾探测器故障类型、时间、部位等	1. 火灾探测器与底座脱落或接触不良； 2. 火灾探测器总线与底座接触不良； 3. 火灾探测器总线损坏、断裂或接地性能不良造成短路； 4. 火灾探测器本身损坏； 5. 火灾探测器接口板故障	1. 重新拧紧火灾探测器或增大底座与火灾探测器卡簧的接触面积； 2. 重新压总线，使之与底座有良好接触； 3. 用优选法查出有故障的总线位置，予以更换； 4. 更换火灾探测器； 5. 维修或更换接口板
12. 主电源故障	火灾报警控制器发出故障报警，主电源故障指示灯亮	1. 市电停电； 2. 电源线接触不良； 3. 主电源熔断丝断等	1. 连续停电8h应关机，主电源正常后再开机； 2. 重新接主电源线，或使用烙铁焊接牢固； 3. 更换熔断丝或保险管
13. 备电故障	火灾报警控制器发出故障报警，备用电源故障指示灯亮	1. 备用电池损坏或电压不足； 2. 备用电池接线接触不良； 3. 熔断丝断等	1. 开机充电24h后，备用电源仍报故障，更换电池； 2. 利用烙铁焊接备用电源的连接线，使备用电与主机良好接触； 3. 更换熔断丝或保险管
14. 通信故障	火灾报警控制器发出故障报警，通信故障指示灯亮，打印机记录通信故障地址	1. 区域火灾报警控制器或区域火灾报警显示器故障或未通电、开启，消防控制室火灾报警控制器通信接口故障，表现为全部通信故障； 2. 通信线故障，如接地性能不良或短路、断裂等	1. 使设备供电正常，开启报警器；检查区域报警器与集中报警器的通信线路，若存在断路、短路、接地接触不良等故障，更换线路；检查区域报警器与集中报警器的通信板，若存在故障，维修或更换通信板； 2. 用优选法检查线路故障，更换有故障的线路，若因为探测器或模块等设备造成通信故障，应更换或维修好设备

三、城市轨道交通消防系统的应急处理

当运营线路某处发生火警或火灾事件时，一般会由环控调度首先发出报警信息，或车站的现场工作人员通过专线电话汇报给环控调度，环控调度会立即核实信息的正确性，并将信息传递给当值调度长，由调度长将信息传递给总调度所相关领导和技术人员。同时，如果线路已成网络的，还要将信息发布给网络运营协调与应急指挥室等机构，由他们对全路网进行信息发布；这时，环控调度还要根据现场的实际情况向相关线路运营公司的调度系统发布应急抢修、支援等指令，同时向车站值班员下达应急处置指令，对现场进行必要的应急处置，必要时还应及时向119接警中心报警求援。

1. 火警突发事件应急联动机制

1）火警突发事件时与消防指挥中心（119）的应急联动

轨道交通系统在处置火警突发事件时，要求调度系统应与市区消防指挥系统保持密切联系、互通信息、协作配合处置。网络运营协调与应急指挥机构对口市区消防指挥中心，进行信息核实、内部资源调度、联动协调等工作。线路控制中心和当事车站应承担前期处置、报警和配合现场消防人员处置的职责。发生以下情况时，环控调度员或者车站值班员应立即向市区消防指挥中心报警：

（1）发生人为放火、恐怖袭击等火灾爆炸事件。
（2）发现明火、明确燃烧物性质且个人能力无法控制的情况。
（3）消防报警系统连续报警（或2点以上），经现场确认只看到烟雾有不断增加且找不到明火的情况。
（4）发现有不明气体或者疑似爆炸物。
（5）有人扬言放火、投毒、爆炸的情形。
（6）在消防报警系统出现首个火灾报警点5 min后且报警点有蔓延趋势，控制中心调度仍未得到现场确认信息的情况下，应将报警信息及时告知市区消防指挥中心。

2）报警时应包含的要素

（1）线路、报警人姓名。
（2）火警发生时间、车站、具体位置。
（3）火灾现象[起火源（物）、设备类型、火势（小、较小、大、较大）、烟雾程度（能见度）]。
（4）现场有无人员伤亡。
（5）已采取的措施及效果[含对运营的影响程度（正常运营、列车越站通过、人员疏散、运营中断）]。

3）火警处置流程

一般火警处置流程分为四个阶段，分别为报警、确认、先期处置和运营配合等阶段。火警的来源基本通过三种途径报给车站值班员：第一种为乘客首先发现火警，通过拉动设置在车站公共区的手动报警器，发出报警信号，或直接呼叫或者拨打119电话等方式告知车站；第二种是通过火灾报警系统火灾探测器自动探测到烟雾、温度等，系统自动将报警信息传递

给车站控制室和线路控制中心;第三种为车站工作人员自己首先发现,发出报警信息的。这个阶段为报警阶段。而这些信息必须通过车站工作人员的现场确认,如是误报或不明原因的报警,一般车站会采取复位措施,并做好相应的记录;如果是真实报警,车站必须报 119 接警中心和报线路控制中心环控调度员,这是确认阶段。

当确认为真实火警后,车站工作人员应立即进入先期处置阶段,车站必须启动车站火灾联动工况,启动防排烟设备,必要房间应及时启动自动灭火系统,车站组织人员进行火灾初期扑救,并进行乘客紧急疏导和进行必要的列车运行调整,同时非常重要的是把现场的情况信息发布给相关部门等。

当消防队伍到来或火灾扑救后期,就必须以运营配合为主了,这时不光是本站,包括整个轨道交通网络,特别是线路控制中心、网络运营协调与应急指挥室等机构对相关联的线路做出运营调整。如果是比较大的火灾事件,可能要通过市一级的应急指挥部的指令,根据抢险救灾的总体部署进行全市交通运能调整。

4)消防队伍现场后的处置

消防队伍赶赴现场后,车站工作人员以及调度员等应积极配合协同处置

当某运营车站发生火警或火灾事件,消防队伍已经到达出事现场后,车站工作人员必须在现场抢险前做好必要的配合措施,如电气设备停电,通过调度系统调整运营方案(线路停运、车站关闭、车站跳停等措施),通报现场人员的疏散情况以及疏散途径等。同时,为消防队伍提供灭火救援所需的轨道交通消防器材。

而此时控制中心的调度员还要时刻与市区消防指挥中心保持联系,对现场信息进行跟踪,协调内部各部门,下达抢修、抢险指令等。事件处理结束后控制中心、网络运营协调与应急指挥室、线路车站等部门还应积极配合市区消防指挥中心调查事件过程。

2.车站、环控调度员、COCC 调度员火警处置要求

当发生现场工作人员或乘客使用手动报警器报警、车站消防报警主机报警、消防报警主机报警的情况时,均应视为发生火警,车站、环控调度员、COCC 调度员火警处置要求见表 1-5-3。

表 1-5-3 车站、环控调度员、COCC 调度员火警处置要求

流程报警	处置要求		
报警	现场工作人员	车站	控制中心、COCC
	乘客、现场工作人员使用手动报警器报警	车站消防报警主机报警	中央消防报警主机报警
确认	确认起火部位; 确认起火源(物)、设备类型; 确认火势程度; 确认火势对运营安全的危害程度; 确认现场有无人员伤亡	车站消防报警主机上确认报警设备位置派人至现场	控制中心:中央消防报警主机上确认报警设备位置与车站联系要求立即现场确认(如用房涉及其他专业单位与专业驻勤联系) COCC:确认火情报告后向上级领导汇报

续表

流程报警	处置要求		
先期处置	报119 车站公共区域（含站厅、站台）： 1. 确认火灾事故工况动作情况。 2. 启用火灾事故应急广播，打开消防疏散门，确认AFC三杆状态，自动扶梯状态，尽快疏散乘客。 3. 利用灭火器、墙式消火栓、水喷淋系统等进行灭火。 车站非公共区 1. 确认火灾事故工况动作情况。 2. 如发现明火且明确燃烧物性质，用手提式灭火器进行先期处置；有气体保护房间，可启动气体紧急喷放灭火。 3. 如只看到烟雾未见明火且不明燃烧物性质，现场人员不能正确实施处置的，应当及时关闭设备房门（甲级防火门），可启动气体紧急喷放灭火	1. 现场人员与值班员保持联系，随时报告现场情况。 2. 接现场确认真实火灾后报119。 3. 确认火灾事故工况动作情况，向调度汇报。 4. 启用火灾事故应急广播。 5. 确认AFC三杆状态和自动扶梯状态	控制中心： 1. 值班员报告真实火情后，报119、110。 2. 随时与值班员保持联系，确认火灾工况已联动，如未动作发令车站操作；若为电气设备着火，立即遥控操作切断上级电源。 3. 要求值班员确认车站其他消防设备运行良好（消防泵、水喷淋系统等）。 4. 立即向相关专业单位发布抢修令，确认相关设备运行情况。 5. 通过CCTV监控现场火情。 COCC：与上级部门保持联系
运营配合	引导乘客快速、正确地撤离事故区域，同时设置警戒区，阻止无关人员进入事故区域	根据现场火势及扑救情况向调度提出列车运营配合要求（列车通过、车站关闭、中断运营）	控制中心：根据车站要求调整列车运营方案 COCC：协调路网其他线路运营配合，协调运营配合，与上级部门保持联系
消防专业人员到场处置	配合消防人员处置	配合消防人员处置	配合消防人员处置

首先环控调度员应与车站联系要求立即现场确认（如用房涉及其他专业单位由专业驻勤联系）具体情况，车站值班员接报后应从车站消防报警主机上确认报警备位置并派人至现场，现场工作人员在到达后需要立即确认起火部位、起火（物）、设备类型、火势程度、火势等对运营安全的危害程度及现场有无人员伤亡情况后进行汇报，网络运营协调与应急指挥中心（Comprehensive Operation Coordi-nation Center，COCC）在确认火情报告后向上级领导汇报。

在确认火情的过程中，现场工作人员应与值班员保持联系，随时报告现场情况，值班员在接报后应将情况告知环控调度员。

在确认为真实火警后，需要进行相关的先期处置，车站值班员在现场工作人员确认火灾事故工况动作情况后，立即汇报调度。环控调度员在接报后，如未动作，发令车站操作；若为电气设备着火，立即遥控操作切断上级电源；同时要求值班员确认车站其他消防设备运行良好（消防泵、水喷淋系统等），立即向相关专业单位发布抢修令，确认相关设备运行情况，并将闭路电视监控系统（Closed Circuit Television，CCTV）调至事发站监控现场火情。

如车站公共区域（含站厅、站台）发生火情，现场工作人员及行车值班员应启用火灾事故应急广播，打开消防疏散门，同时确认 AFC 检票机通道阻挡装置状态（释放转杆或门扇开启）、自动扶梯状态，尽快疏散乘客并利用灭火器、墙式消火栓、水喷淋系统等进行灭火。在车站非公共区发生火情，如发现明火且明确燃烧物性质，用手提式灭火器进行先期处置；有气体保护房间，可启动气体紧急喷放灭火，如只看到烟雾未见明火且不明燃烧物性质，现场人员不能正确实施处置的，应当及时关闭设备房门（甲级防火门），可启动气体紧急喷放灭火。

在火情的处置过程中，各岗位需要进行运营配合，现场工作人员需要引导乘客快速、正确地撤离事故区域，同时设置警戒区，阻止无关人员进入事故区域。车站值班员根据现场火势及扑救情况向调度提出列车运营配合要求（列车通过、车站关闭、中断运营）。行车调度员在接到环控调度员告知的情况下根据实际情况调整列车运营方案。COCC 协调路网其他线路运营配合，与上级部门保持联系。

在确认消防人员到场后，各岗位应配合消防人员对火警进行处置。

3．控制中心各专业调度联动要求

调度长应向运营调度、设备调度了解具体情况后制订事故应急处理方案，同时向运营、维保各单位发布抢修、抢险令，协调各调度工作并监督处理进度，按规定的分工进行信息汇报，事故处理完毕后完成严重事件专报的编写工作，见表 1-5-4。

表 1-5-4　中央各专业调度联动要求

责任人	调度长	运营调度（行车）	运营调度（信息）	设备调度（电力）	设备调度（环控）
事故处理分工	1. 向运营调度、设备调度了解具体情况。 2. 制订事故应急处理方案。 3. 向运营、维保各单位发布抢修、抢险令。 4. 制订运营方案，指挥运营调度执行。 5. 协调各调度工作并监督处理进度。 6. 完成严重事件专报的编写工作。 7. 按规定的分工进行信息汇报	1. 按调度长的应急处理方案布置相关车站、列车。 2. 报 COCC 后续处置情况及相关配合要求。 3. 通过车站 CCTV、列车司机了解现场情况。 4. 按调度长的命令进行运营调整、控制。 5. 处理结束后，恢复正常运营。 6. 协助调度长完成严重事件专报的编写工作	1. 接报后立即了解具体情况，并通过短信平台发布短信和进行电话通报。 2. 根据情况，按规定设置 AFC 降级模式。 3. 不断收集事故的新信息和变化情况，继续发布短信	1. 向 COCC 报告火警情况。 2. 通知变电站值班员现场情况，实施变电站巡检模式的通知值守点人员至相关站。 3. 注意监视事故车站变电站设备的运行情况。在需要的情况下，可根据现场情况，切断相关的设备电源。 4. 确保救灾电源供应。 5. 事故处理完毕，检查设备运行情况。根据现场汇报，恢复相关的设备	1. 确认现场情况，并立即通报调度长及运营调度。 2. 确认真实火警后，向 119 消防应急中心报警。 3. 确认车站水消防系统正常，FAS、BAS 自动执行相应模式，不能自动执行时发令车站值班员执行。 4. 随时与事故车站保持联系，及时掌握现场情况，并通报调度长。 5. 协助调度长完成严重事件专报的编写工作

运营调度（行车）按调度长的应急处理方案布置相关车站、列车，将现场情况及时告知 COCC，同时通过车站监控录像、列车司机了解现场情况后进行运营调整、控制，待处理结束后，恢复正常运营并协助调度长完成严重事件专报的编写工作。

运营调度（信息）在接报后立即了解具体情况，并通过短信平台发布短信和进行电话通报，同时根据情况，按规定设置 AFC 降级模式，其后不断收集事故的新信息和变化情况，继续发布短信。

设备调度（电力）在接报后向 COCC 报告火警情况后通知变电站值班员现场情况，实施变电站巡检模式的通知值守点人员至相关站并注意监视事故车站变电站设备的运行情况，在需要的情况下，可根据现场情况，切断相关的设备电源，确保救灾电源供应，在事故处理完毕，检查设备运行情况。根据现场汇报，恢复相关的设备供电。

技能实训

FAS 系统月检维护保养

详见实训工作页技能实训四。

练习与思考

项目一任务五练习与思考

项目二

城市轨道交通车站通风空调系统

城市轨道交通环境控制系统是城市轨道交通系统中关键的一环，其性能直接影响整个城市轨道交通的运营质量，直接关系乘客对城市轨道交通运营的满意程度。而城市轨道交通内部环境的特点是封闭性强、人员密度大、流动性大，因此对城市轨道交通的车站通风空调系统即车站通风空调及防排烟系统（以下简称环控系统）的要求要高于一般的民用系统。城市轨道交通环控系统必须满足两个方面的要求：一是在正常运营模式下给乘客和设备及管理用房提供舒适及适宜的环境；二是在事故及灾害情况下进行通风、排烟、排毒、排热，起到生命保障及辅助灭火的作用。

知识目标

（1）能够掌握城市轨道交通环境控制系统的功能分类。
（2）能够掌握城市轨道交通环境控制系统的运行方式。
（3）能够掌握城市轨道交通环境控制系统的组成及模式。
（4）能够掌握城市轨道交通环境控制系统的设备管理与运用。

技能目标

（1）能够掌握城市轨道交通车站的通风空调系统运行。
（2）能够掌握城市轨道交通车站环控水系统的工作原理。
（3）能够掌握城市轨道交通环境控制系统的运行管理及维护。

思政目标

（1）通过车站通风空调系统的讲解，使同学们了解环控系统的主要功能和组成，培养学生具有爱岗敬业、艰苦奋斗、遵纪守法、团结合作的品质。
（2）培养学生的创新意识、良好的学习能力和可持续发展的能力。
（3）培养学生能够善于观察，勤于思考，具有一定的分析问题和解决问题的能力。

（4）培养学生善于与人沟通，正确处理和协调人际关系的能力和方法，以及团队协作精神和奉献精神。

（5）培养学生树立安全责任意识，根植良好的职业态度和树立良好形象。

（6）通过教学培养学生的责任意识，培养服务社会，报效祖国的使命感和责任感。

引导案例

我国城市轨道交通发展现状及趋势

1863年，世界上第一条地铁线路在英国伦敦建成通车，我国城市轨道交通自1965年北京地铁一期工程建设开始，经过50余年的建设和发展，已取得了显著成就。国务院已经批准修建城市轨道的城市已达50多个。截至2023年12月31日，我国（不含港澳台地区）累计有59个城市（其中，盐城市为本年度补充统计城市）投运城轨交通线路11 232.65 km。其中，2023年新增城轨交通运营城市3个，新增城轨交通运营线路884.55 km。

从运输能力来看，在11 232.65 km的城轨交通运营线路中，大运能系统（地铁）8 547.67 km，占比76.10%；中运能系统（含轻轨、跨座式单轨、市域快轨、磁浮交通、自导向轨道系统）1 893.53 km，占比16.86%；低运能系统（含有轨电车、电子导向胶轮系统、导轨式胶轮系统）791.45 km，占比7.04%。

城市轨道交通具有安全准时、运量大、绿色环保、方便快捷等突出特点，而且不受天气、道路交通因素的制约，有效地缓解了交通难、出行难的问题。对推进城市现代化进程、改善交通运输环境、引导优化城市空间布局、带动城市经济创新发展发挥了巨大推动作用，被各级政府和市民所接受。

目前，城市轨道交通建设在世界各地得到广泛应用，成为城市轨道交通大运量公共交通的首选。未来，城市轨道交通发展将继续规模化、智能化、绿色化、多元化发展，为城市居民提供更加便捷、快速、安全、舒适的出行方式。

智能化：我国城市轨道交通将加速智能化发展，通过技术手段提高运营效率和服务质量。例如，利用大数据技术对运营数据进行分析，优化列车运行方案；利用人工智能技术对车站和车辆进行监控，提高安全性能；利用无人驾驶技术实现列车自动驾驶，提高运营效率。

绿色化：我国城市轨道交通将加速绿色发展，通过技术手段减少能源消耗和环境污染。例如，利用节能技术减少能源消耗，采用LED照明替代传统照明；利用环保技术减少环境污染，如采用空气净化技术净化车站和车辆内部空气。

多元化：我国城市轨道交通将加速多元化发展，通过技术手段提供更多元化的服务。例如，利用互联网技术提供在线购票、在线查询、在线投诉等服务；利用智能终端设备提供无障碍服务、语音导航服务等服务；利用文化创意手段提供文化体验、旅游服务等服务。

*资料来源：智研咨询发布的《2023—2029年中国城市轨道交通行业市场运营格局及前景战略分析报告》。

任务分解

小倩是某职业院校的学生,以后想要成为地铁行业从业者的她,把学习"城市轨道交通消防与环控系统运行及维护"这门课程作为自己的重点内容,因为她深知消防系统与环控系统对城市轨道交通系统正常运营的重要性。阅读完上面的案例,小倩认识到在城市轨道交通内部为了给乘客和工作人员提供更加舒适的环境,需要保证各种设备能持续、正常地工作,离不开城市轨道交通环境控制系统。为了掌握关于环控系统的基本知识,小倩需要完成下面几个任务。

任务一:认识城市轨道交通环控系统。
任务二:掌握城市轨道交通环控风系统。
任务三:学习城市轨道交通环控水系统。
任务四:掌握环控系统运行与维护的基本内容。

任务一　城市轨道交通车站环控系统概述

一、城市轨道交通环境特点

城市轨道交通车站通风空调系统（简称环控系统），是指对车站站厅、站台、隧道、设备及管理用房等场所的环境进行空气处理的系统，主要是调节指定区域内的空气温度、湿度、空气流速和空气品质等主要因素，以此来创造一个适用于地铁设备正常运转、人员安全舒适的人工环境。在学习环控系统的相关内容之前，我们首先需要了解城市轨道交通内部的环境特点。

1. 城市轨道交通环控系统的特点

城市轨道交通地下站主体建筑（车站和行车隧道）一般位于地下数米甚至数十米，属于狭长封闭的地下建筑，除了出入口和送风口与外界大气连通外，基本上与外界隔绝。由于大量的乘客集散和列车运行，会产生大量的热量，同时需要大量的新鲜空气，因此便形成了一个独特的环境系统。

1）轨道交通地下车站环境封闭，散热难度大

由于地下车站与外界隔绝，而地下线运营过程中会释放许多热量，如列车运行时的散热量，乘客的散热量和散湿量，照明散热量和建筑结构壁面散湿量、广告灯箱、自动扶梯等设备的散热量、散湿量等。还存在人员呼出的二氧化碳及新、回风中的粉尘和有害物质等余热余湿，需要及时将热量排出，创造一种适于地铁设备正常运转、人员安全舒适的人工环境。

由于地下车站及区间周围土壤的传热作用，地铁列车启动后系统内部的温度会逐渐升高，若处理不当，将会对地下线环境造成很大的影响。

2）车站空调负荷受外界气候影响小

通过查询相关资料可知，地下车站空调负荷主要由以下几方面构成：列车本身散热以及列车上方空调冷凝器散热量约占 74%，广告灯箱的灯光、车站照明的负荷约占 6%，售检票机、自动扶梯等动力负荷约占 5%，乘客散热约占 15%。由此可见，城市轨道交通车站的主要热源来自列车本身，而受外界气象条件影响较小。

当然，目前很多城市轨道交通车站均采用站台门系统，轨行区的热量进入不了车站，车站的热源来源相对更少。而列车在运行时会产生"活塞效应"，在地下区间隧道中，列车在高速运行时就像是一个活塞运行，不断挤压列车前方的空气，同时列车尾部灌入大量气体，这部分"活塞风"将会对站台区空调负荷产生影响，因此需要合理进行控制和利用。

3）噪声控制难度大

地铁的噪声源主要有：地铁列车运行时的噪声，这是站台的主要声源，当列车以 60 km/h 运行时，噪声约为 100 dB（A），因此隧道内列车通过时噪声在 100 dB（A）左右，而当列车

进、出站台时使得站台噪声在 75 dB（A）以上，但时间不长。当然采用屏蔽式站台门后，车站里的噪声相对降低。其次为风机的噪声，它主要是站厅及地面风亭的声源，对站台影响较大，这部分噪声主要以中、低频为主的宽频带噪声，一般声功率级都在 100 dB（A）以上。其他如变压器、水泵、制冷机等为次声源。

在消声处理方面，对控制难度大的列车噪声只在建筑方面作相应处理，比如采用屏蔽式站台门把轨行区与站台区域隔开；对可控声源风机等在其进、出口上均设有消声器，以满足规范要求；对水泵、制冷机等次声源均设有减振措施。

另外，风亭是地下车站和区间空调通风设备集中对外的通风口，风亭出口的噪声也不容忽视。

4）通风排烟要求较高

由于地铁是人员密集的地下建筑，并且相对来说地下车站直接出入地面的出口较少，且距离地面较远。车站、列车上客流密集，当发生事故尤其是火灾事故时，救援和安全疏散难度大，必须考虑有效的应对措施。另外根据国内外的资料分析，发生火灾时造成的人员伤亡，绝大多数是被烟气熏倒、中毒、窒息所致。因此城市轨道交通车站的通风排烟设计在地铁中显得很重要。

当发生火灾事故时，启动地铁通风空调系统，提供迅速有效的排烟手段，给乘客和消防人员提供足够的新鲜空气，并形成一定的迎面风速，引导乘客安全迅速地撤离。

【想一想】 城市轨道交通内部为什么需要环控系统？

2．城市轨道交通环控系统的基本功能

针对城市轨道交通内部环境的特点，通过对影响环境的空气温度、湿度、空气流速和空气质量等进行控制，能够给乘客和工作人员提供一个舒适的乘车环境和工作环境，同时保证设备正常运行以及在事故发生时及时做好通风，排除烟气等应急处理。

相对应的城市轨道交通内部空气环境控制系统即车站通风空调系统（以下简称环控系统）（见图 2-1-1），是指对车站站厅、站台、区间隧道、设备及管理用房等处所进行空气处理的系统，系统能够创造适宜的空气环境，包括空气的温度、湿度、流动速度和空气品质等。

环控系统设置的必要性及其基本功能主要表现在以下几个方面：

1）列车正常运行时对城市轨道交通内部环境的控制

可以对车站站台、站厅、隧道、设备及管理用房和办公区进行空气处理，对新、回风中的粉尘和有害物质以及人员呼出的二氧化碳进行过滤和处理，为乘客和工作人员提供一个舒适的人工环境，满足地铁车站内各种机电设备正常运转所需的温度、湿度要求。

针对城市轨道交通内部环境的特点，通过对影响环境的空气温度、湿度、空气流速和空气品质等进行控制，能够给乘客和工作人员提供一个舒适的乘车环境和工作环境，保证设备正常运行以及在事故发生时及时排除烟气等。

2）列车阻塞在区间隧道内时，对城市轨道交通内部环境的控制

若列车阻塞在区间隧道内，需利用机械风机顺着列车运行方向向阻塞区间提供送、排风，以保证列车空调正常工作，从而维持车厢内乘客能够接受的乘车环境。

图 2-1-1　地下站环境控制系统

3）进入火灾事故运行模式时，对城市轨道交通内部环境的控制

发生事故时，尤其是在区间隧道或车站内发生火灾时，将会导致环境急剧恶化，需采取紧急有效的措施，提供有效快速的排烟，并向乘客和消防人员提供必要的新风量，指引乘客安全撤离。

当站厅或站台发生火灾时，要对火灾区进行迅速而有效的机械排烟，另一区域完成送风；当列车在隧道发生火灾时，要对发生火灾的隧道进行机械送风和机械排烟；当列车事故阻塞在隧道中时，要对事故点进行机械送风。

4）地铁列车运行时会产生"活塞效应"，对于产生噪声的控制

在地下隧道中，列车的运行就像一个活塞运动，列车作为"活塞"挤压前方隧道的空气，同时列车尾部引入大量新鲜空气，这种现象称为"活塞效应"。列车及设备运行过程产生的噪声需要消除。

因此，建立良好的环控通风系统是十分必要的，不仅能提供安全、舒适的乘车环境，减少能源消耗，而且能降低地铁系统的建设投资，提高运行效益。

二、环控系统的发展及应用

1. 地铁环控系统的发展及需求

中国地铁始于北京地铁，之后在天津、上海等几个大城市（见图2-1-2和表2-1-1）先后开通。

20世纪90年代至今是中国城市轨道交通快速发展的新时期。随着当前我国经济的快速发展，我国的城市化进程也在不断的向前推进，在这样的发展形势下，我国广大的民众们对自身的生活要求也变得越来越高。其中，在城市公共交通方面就能看出这一点，越来越多的民众们要求更加便利、快捷的交通运输条件，中国城市化进程的加快，轨道交通的作用愈发突出。

地铁车站通常包含站厅、站台等公共区以及车站办公设备区及列车隧道（地下站）区等多个区域，是功能目标明确的一类公共交通场站建筑。与普通办公楼、商场等建筑相比，地铁车站的运行使用时间更长，多为全年运行且全天运行时间近 18~20 h（如 05:00—23:00），对通风空调系统提出了较高要求。

图 2-1-2 国内各城市轨道交通标志
（图片来源：城市轨道交通蓝皮书《中国城市轨道交通运营发展报告（2020—2021）》）

表 2-1-1 国内各大城市轨道交通运营里程
（数据来源：城市轨道交通蓝皮书《中国城市轨道交通运营发展报告（2020—2021）》）

序号	开通年份	所在城市	线网长度/km	序号	开通年份	所在城市	线网长度/km
1	1971	北京	799.1	17	2012	昆明	139.4
2	1979	香港	214.6	18	2012	杭州	300.6
3	1984	天津	238.8	19	2013	哈尔滨	30.3
4	1995	上海	834.2	20	2013	郑州	244.0
5	1997	广州	531.6	21	2014	长沙	157.9
6	2002	长春	117.7	22	2014	宁波	154.3
7	2003	大连	181.3	23	2014	无锡	87.1
8	2004	武汉	387.5	24	2015	青岛	255.0
9	2004	重庆	343.3	25	2015	南昌	88.9
10	2004	深圳	422.6	26	2016	福州	58.5
11	2005	南京	394.3	27	2016	东莞	37.8
12	2010	沈阳	211.5	28	2016	南宁	108.0
13	2010	成都	652.0	29	2016	合肥	112.5
14	2010	佛山	28.1	30	2017	石家庄	59.0
15	2011	西安	239.0	31	2017	贵阳	34.8
16	2012	苏州	210.1	32	2017	厦门	71.9

因城市轨道交通环境复杂，人流密集，根据国家规范，地铁运营过程中需为乘客和工作人员提供舒适的乘车环境和工作环境；同时，需对城市轨道交通环控系统、给排水系统、安全门系统、电扶梯系统、人防门系统、门禁系统、PIS等实施全方位的管理，保障系统运行的可靠性和经济性，并在出现突发事故时，第一时间对环控系统、BAS、安全门系统、电扶梯系统、AFC系统、门禁系统、PIS等进行联动，及时排除险情，保障人员安全，降低设备率。

2. 地铁环控系统的研究现状及应用

1）地铁环控系统的研究现状

地铁系统是一个由车站、隧道、通风竖井组成的复杂三维结构，它与室内空气流动、公路隧道、铁路隧道以及矿井通风有着相似的分析方法。随着国内地铁工程开通运营线路的迅速增长，结合我国特有山区地形优点，国内科研工作者在深埋和中长隧道中地铁运营方面获得的研究成果已经远远超过世界平均水平，有些技术已走在世界前沿。

但是由于设计、施工、调试、运营等过程的粗放管理，导致部分已开通运营工程的通风空调系统存在控制系统失效、站内实际环境与设计偏差大、系统综合能效低等问题，需要进行通风空调系统改造。

正是由于民众们对当前地铁等交通方式提出了越来越多的要求，才使得地铁的设计者与建设者对地铁建设中存在的问题进行了更加具体、详细的分析与研究。只有不断的加强自身对地铁事业的建设，才能更好的满足当前我国民众们对地铁方面的要求，才能更好的促进我国交通运输行业的快速发展，从而在一定程度上促进我国的经济也得到十分迅猛的发展。

2）地铁环控系统的实际应用

为了给乘客和工作人员提供一个舒适的环境，保证各种设备能持续、正常地运行，在发生火灾等事故时能及时排除有害气体，必须在车站站厅、站台、隧道、设备及管理用房四个要求不同的环境中，通过强制通风进行散热、除湿和空气调节。

针对地铁上述需求，出现了一门新兴的地铁自动化系统——地铁环境与设备监控系统。环境与设备监控系统在地铁中称为 BAS 系统（Building Automation System），它是对地下建筑及区间内的环境参数、环控、AFC、人防门、EPS、PIS、大屏幕、信号等系统设备进行自动化监控、管理的系统（详细内容见项目三）。

3）地铁环控系统的功能

（1）列车正常运行时，调节车站站厅、站台、隧道设备及管理用房等空气环境，包括空气中的温度、湿度和空气质量，对新、回风中的粉尘和有害物质及人员呼出的二氧化碳进行过滤和处理。

（2）若列车阻塞在区间隧道内，当列车采用空调时应向阻塞区间提供一定的送、排风量，以保证列车空调的继续运作，从而维持列车内乘客能接受的热环境条件。

（3）列车在区间隧道或车站内发生火灾时，应提供有效的排烟，并向乘客和消防人员提供必要的新风量，形成一定的迎面风速，诱导乘客安全撤离。

（4）对车站内各种设备管理用房分别按工艺和功能要求提供空调或通风换气，公共区排风系统兼容排烟。

三、环控系统的分类和组成

1. 环控系统的分类

车站通风空调系统（以下简称环控系统）通过调节控制车站和区间隧道温度、湿度和风速等参数，为乘客提供一个舒适、安全的乘车环境，同时为出现火灾或者阻塞等突发事件时提供必要的应急救援措施。

城市轨道交通环控系统按照通风形式不同可以分为开式系统、闭式系统和屏蔽门系统。

按照城市轨道交通车站设置空间位置不同可以分为地下站通风空调系统、高架站通风空调系统以及车辆段通风空调系统。

1) 开式系统

开式系统是采用机械或"活塞效应"的方法使地铁内部与外界交换空气，利用外界空气冷却车站和隧道。这种系统多用于当地最热月的月平均温度低于 25 ℃ 且运量较少的地铁系统。

开式系统根据城市轨道交通车站自身的特点不同，一般采用自然活塞通风和机械通风组合的方式，首先我们来了解一下活塞通风。

（1）开式系统——活塞通风。

当列车的正面与隧道断面面积之比（称为阻塞比）大于 0.4 时，由于列车在隧道中高速行驶，如同活塞作用，使列车正面的空气受到挤压，形成正压区，而列车后面的空气稀薄，形成负压，由此产生空气流动。利用这种原理通风，称为活塞效应通风，如图 2-1-3 所示。

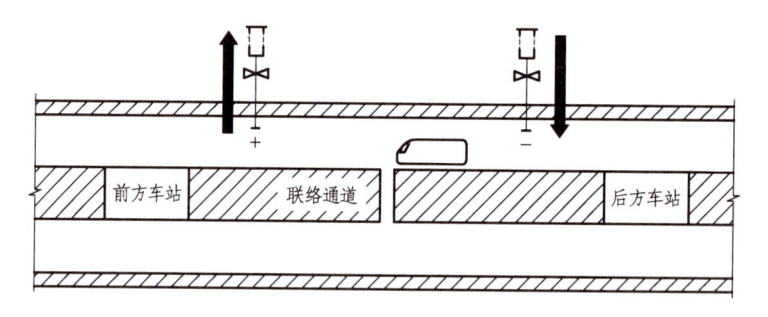

图 2-1-3　活塞通风示意图

【想一想】　利用活塞通风的作用是什么？

活塞风量的大小与列车在隧道内的阻塞比、列车行驶速度、列车行驶空气阻力系数、空气流经隧道的阻力等因素有关。利用活塞风来冷却隧道，需要与外界进行有效的空气交换，因此对于全部应用活塞风来冷却隧道的系统来说，应计算活塞风井断面尺寸及风井间距，使有效换气量达到设计要求。

实验表明，当风井间距小于 300 m、风道的长度在 25 m 以内、风道面积大于 10 m^2 时，有效换气量较大。在隧道顶上设风口效果更好。由于设置许多活塞风井对大多数城市来说都是很难实现的，因此全"活塞通风系统"只有早期地铁应用，现今建设的地铁多设置活塞通风与机械通风的联合系统，也就是说平时工况时风井（见图 2-1-4）用于活塞通风，火灾或列车事故停靠在隧道区间工况时，活塞风井就变成机械风井了。

图 2-1-4　风井、风亭

（2）开式系统——机械通风。

当活塞通风不能满足地铁除余湿与余热的要求时,要设置机械通风系统(国内较少应用)。根据地铁系统的实际情况,可在车站与区间隧道分别设置独立的通风系统（见图 2-1-5）。车站通风一般为横向的送、排风系统；区间隧道一般为纵向的送、排风系统。这些系统应同时具备防烟+排烟功能。

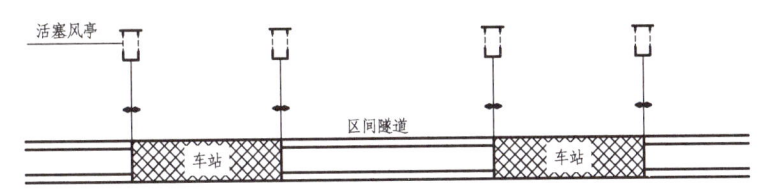

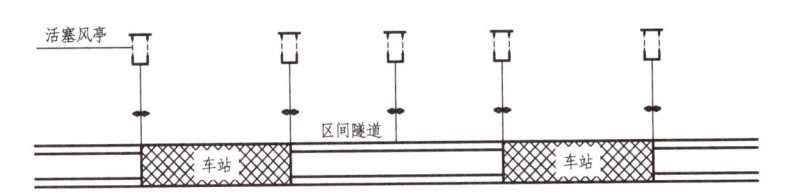

图 2-1-5　机械开式通风示意

区间隧道较长时,宜在区间隧道中部设中间风井。对于当地气温不高,运量不大的地铁系统,可设置车站与区间连在一起的纵向通风系统,一般在区间隧道中部设中间风井,但应通过计算确定。

【想一想】　在区间隧道中部设置风井的作用是什么？

机械通风：利用风机产生的压力,将外界空气有组织地送入地下车站及隧道等空间,并通过排风,形成循环通风,用以改善地下空间的空气条件。

将风机、风道、风阀（见图 2-1-6）等有机组合成的系统称为机械通风系统。

根据地铁系统的实际情况,可在车站与区间隧道分别设置独立的通风系统,车站通风一般为横向的送排风系统；区间隧道一般为纵向的送排风系统。这些系统应同时具备排烟功能。

图 2-1-6　风道、风机

利用风机对车站和区间进行通风。一般系统由 1 台送风机和 1 台排风机组成，平时负责车站公共区的通风换气，通过风阀切换，可对区间进行纵向通风。

开式系统的应用比较早，其优点是设备投资较少，运营费用低，但车站的舒适性、安全性较差，多为早期的城市地铁系统所采用，如伦敦、纽约、多伦多、莫斯科等。

2）闭式系统

闭式系统是地铁隧道通风与空调系统运行的模式之一，闭式运行时地铁内部与外界大气基本隔绝，只补充部分新风满足乘客所需空气新鲜度的要求。

闭式系统的车站一般采用空调系统，区间隧道的冷却借助于列车运行的"活塞效应"携带一部分车站的空调冷风来实现。这种系统多用于当地最热月平均气温高于 25 ℃ 且客运量较大、高峰时段每小时列车运行对数和每辆车的车辆数相乘之积大于 180 的系统。

在非空调季节，闭式系统采用开式运行。

当前闭式系统的设计主要有集成模式和分区模式两种设计思路。

（1）集成模式。

将车站空调系统和区间通风系统合并，通过风阀的切换，实现不同工况和开式或闭式运行的需要，如北京地铁、南京地铁 1 号线延伸段。

（2）分区模式。

根据负责的功能区不同，将隧道通风系统与车站通风系统分开，隧道通风系统由隧道风机、风道、风阀、迂回风道等组成，负责区间隧道的通风换气及事故、火灾通风。车站通风空调系统由空调机组、回/排风机、小新风机组成（见图 2-1-7），负责车站的环境控制。在南京地铁 1 号线、广州地铁 1 号线上有应用。

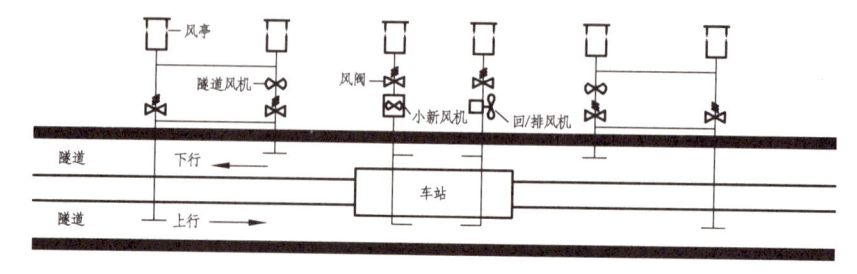

图 2-1-7　分区闭式系统车站部分示意

这种模式的优点是车站和区间隧道的温度和气流速度能在不同的条件下满足设计要求；缺点是车站的冷却量大、运营费用高，且舒适性和安全性较差，环控机房所需的面积和设备投入较大。

3）屏蔽门系统

闭式系统空调季节的冷负荷较大，且安全性和舒适性较差，再加上近些年发生了许多起地铁站台事故，地铁安全越来越引起人们的关注。

据有关部门统计，上海地铁自正式运营以来，共发生乘客掉下站台的事故约 20 起。广州地铁 1 号线运营后，2000 年全年发生的乘客掉下站台或跳轨事件共有 19 起，2001 年有 10 起。北京地铁类似的事故已经发生 50 多起。可见，地铁站台事故的发生，不仅对人们的人身安全造成伤害，也会对地铁的运营，产生非常负面的影响。

屏蔽门系统是通过在车站站台的边缘安装可开启的屏蔽门（见图 2-1-8），使站台和隧道分开，车站安装空调系统，隧道利用通风系统（机械通风或活塞通风，或二者兼有），以隔断隧道的热空气进入站台内的一种系统。

图 2-1-8　城市轨道交通地下车站全高闭式屏蔽门

【想一想】　屏蔽门系统有哪些优缺点？

安装屏蔽门后可以将站台区和轨行区分开，使得车站成为独立的建筑空间，它不受区间隧道内列车行车时活塞风的影响，车站成为独立的制冷、除湿区。此时，车站的空调冷负荷只需计算车站本身设备、乘客、广告、照明等发热体的散热，以及区间隧道与车站间通过屏蔽门的传热和屏蔽门开启时的对流换热。屏蔽门系统的车站空调冷负荷仅为闭式系统的 22%~28%，且由于车站与行车隧道隔开，减少了运行噪声对车站的干扰，不仅使车站环境较安静、舒适，也使旅客更为安全，有安全、节能和美观等优点。

地铁环控系统一般采用屏蔽门制式环控系统或闭式环控系统。屏蔽门制式环控系统形成了两个相对独立的系统——车站通风空调系统和隧道通风系统。

（1）屏蔽门系统的分类。

屏蔽式门系统从结构形式、安装方式等方面进行分类有全高闭式站台门、全高开式站台门和半高开式站台门。

常规全高闭式站台门是一道自上而下的全封闭玻璃墙隔断，沿着车站站台边缘设置，用屏蔽门将站台区域与列车区域分隔开来。

全高开式站台门与全高闭式站台门两者的结构型式基本相同，只是全高开式站台门系统的上部不封闭，门体的下部可以根据需要设置通风口。全高开式站台门系统除不能实现站台与轨道区间的密封隔离以外，和屏蔽式站台门系统具有相同的优点；可比较容易地升级为屏蔽式站台门系统。

半高开式站台门的高度一般为 1.2～1.7 m，安装在站台边缘，将站台区域与轨道区域分隔开来，主要目的就是提高安全性。

（2）屏蔽门系统的特点及主要功能。

采用屏蔽门系统主要的功能和特点有以下几个方面：

① 可以防止乘客掉下站台，保证乘客的安全。

② 可以提供良好的空气密封性，减少空调的能量消耗，降低运营成本。

③ 可以提供站台声音阻隔，降低车辆噪声和站台上的活塞风效应，为乘客构造一个舒适、安全、美观的候车环境。

④ 安全门运动动能的设计及防挤压模式能够保证乘客不被夹伤。

⑤ 安全门采用直流无刷电机驱动，实现无级调速，传动方式有丝杆和齿形带两种形式，安全门运动平稳。

⑥ 防滑门槛可以防止乘客跌倒。

⑦ 门体采用钢化玻璃和发纹不锈钢包边框架，门扇刚度好。

4）三种模式的对比

三种模式的对比见表 2-1-2 和表 2-1-3。

表 2-1-2　环控系统三种通风模式对比

类型	特点	应用程度	示例
普通开式系统	隧道内部空间多与外界大气相通，仅考虑活塞通风和机械通风，利用活塞风井、车站出入口等与外界进行通风	早期有所应用、地面线	重庆单轨 3 号线童家院子站
集成闭式系统	车站公共区通风空调系统和区间隧道的风道及风机等设备共用。在送风道内设置大型表冷器、过滤器等以代替组合式空调机组；风机配置变频器，在正常工况时低速运行对车站送排风	无封闭式屏蔽门车站多采用此种系统，应用较广	南京地铁 2 号线
集成闭式+半高开式安全门	车站站台设置 1.5 m 站台门，其他同集成闭式系统		北京地铁 9 号线、天津地铁 1 号线
集成闭式+全高开式站台门	车站站台设置 2.5 m 站台门，改变隧道与站台通风效果，其他同集成闭式系统		北京地铁 4、5 号线

续表

类型	特点	应用程度	示例
屏蔽门式系统	车站公共区通风空调系统和区间通风系统作为两套独立的系统进行配置。车站公共区通风空调系统需要设置空调进、排风道，配置组合式空调机组和回排风机。区间通风系统需要设置事故风道，配置区间事故风机，同时需要设置活塞风道（单活塞风道与双活塞风道两种）；车站轨行区还需要设置车站轨行区排热系统，设置排热风道和排热风机。站台需设置屏蔽门。车站公共区通风空调系统及排热系统风机设置变频器，根据需要调节风量	应用更加广泛	重庆轨道交通所有线路地下车站，上海地铁1号线、4号线，广州地铁2号线

表 2-1-3　环控系统三种通风模式优缺点对比表

序号	系统名称	优点	缺点
1	普通开式系统	活塞作用或机械通风，通过风亭连通地下空间与外界通风换气	标准低，无法有效控制环境、组织防排烟，只适用于当地最热月份的平均温度低于25℃且运量不大的轨道交通
2	集成闭式系统	① 车站空调冷风进入隧道起到降温作用；② 大系统送排风机兼容隧道通风机，减少设备初投资；③ 大系统设备置于风道内，减少了设备用房面积	车站空调负荷较大，车站大系统和隧道通风系统不能同时运行，活塞效应引起车站空气品质波动
3	集成闭式系统＋半高安全门	① 车站空调冷风进入隧道起到降温作用；② 大系统送排风机兼容隧道通风机，减少设备初投资；③ 大系统设备置于风道内，减少了设备用房面积；④ 阻挡了人员跌落轨道	车站空调负荷较大，车站大系统和隧道通风系统不能同时运行，活塞效应引起车站空气品质波动
4	集成闭式系统＋全高安全门（未封闭）	① 车站空调冷风进入隧道起降温作用；② 大系统送排风机兼容隧道通风机，减少设备初投资；③ 大系统设备置于风道内，减少了设备用房面积；④ 阻挡人员跌落轨道；⑤ 较集成闭式系统，车站空气品质提升	车站空调负荷较大，车站大系统和隧道通风系统不能同时运行；车站空气品质不高，部分区间隧道需加设活塞
5	屏蔽门系统	可以有效隔断隧道噪声、气流对车站区域的影响，减少车站空调负荷、机房面积、配电容量，阻挡人员跌落轨道，更加美观、节能	增加了工程和控制的复杂程度，设备用房面积较大，区间隧道主要靠通风换气实现降温

技能实训

环控设备室及环控机房安全检查模拟

详见实训工作页技能实训五。

练习与思考

项目二任务一练习与思考

任务二　　城市轨道交通车站环控风系统

通过项目一课程知识的学习，小倩认识到城市轨道交通车站内一旦发生火灾，造成的人员伤亡和财产损失都是巨大的，这些悲剧凸显了城市轨道交通车站内部环控与消防系统的重要性，吸取经验教训对于城市轨道交通建设有一定的警示作用。小倩认识到建立良好的城市轨道交通环控通风系统是十分有必要的，在与老师讨论时，老师向小倩提出了几个任务：
（1）了解城市轨道交通环控风系统概述。
（2）掌握隧道通风系统的组成及工作机理。
（3）掌握地下站通风空调系统的工作机理。
（4）掌握高架站通风空调系统的工作机理。

一、环控通风系统概述

1. 地铁环控通风系统设置的必要性

通过观看视频资料《韩国大邱地铁纵火案》，对可能造成地铁纵火案伤亡惨重的原因进行分析。

首先是乘客和工作人员消防意识淡薄，在当时地铁自身的防灾报警系统和控制指挥系统缺乏的情况下，个人是否具有消防安全意识和逃生自救知识至关重要。而事故发生之后，地铁工作人员未能采取适当措施处理紧急情况，是造成大量人员伤亡的主要原因之一。

其次设备方面的隐患，车站和车厢内安全装置不足。地铁车站内虽然安装了火灾自动报警设备、自动淋水灭火装置、除烟设备和紧急照明灯，但是这些安全装置在对付严重火灾时仍显不足。由于车厢上方是高压线，为了防止触电，车厢内均没有安装自动淋水灭火装置。这起灾难暴露出的问题还有地铁列车内使用的装饰材料和座椅并不防火，玻璃纤维和硬化塑料在遇到火焰和高温后起褶，然后冒出滚滚的有毒烟雾，这些烟雾在火灾之后几分钟内就使乘客看不清周围的环境而且被纷纷熏倒。

还有管理层面存在很大问题，地铁公司职工对待安全隐患麻痹大意、安全意识不强、安全保卫人员不足以及通信联络不完备等，也是造成此次地铁火灾大批人员伤亡的重要因素。特别是当时车站的中央控制室管理不力，没有及时阻止另一列列车进入已经失火的车站，造成了伤亡人员增加。

由于城市轨道交通内部环境的独特性，一旦发生火灾，如果不能及时排出产生的烟气，会使环境恶化，增加乘客逃生的难度。因此，在城市轨道交通内部必须通过通风空调系统创造舒适的人工环境，以满足列车、设备、人员和防灾的需求。

通过城市轨道交通地下站机械通风方式下事故风机的正常运转，有效地控制地铁系统内火灾烟气流的流向，避免"回流现象"的产生，并且及时排出烟气，减少旅客在列车内外接触过量的烟气，降低温度，尽量保持火灾区域有足够的能见度和清洁度，为及时疏散乘客、消防人员救火提供安全通道并尽可能减少损失。

2."回流现象"

发生火灾时,在浮力效应和扼流效应的影响下,会在车站或者隧道的顶部形成一层远离火源的烟层,向隧道区间两侧扩散,同时冷空气气流从隧道下部向着火点进行补充,火源两侧有对称的循环风流形成图 2-2-1 所示的典型的不通风隧道火灾烟气。

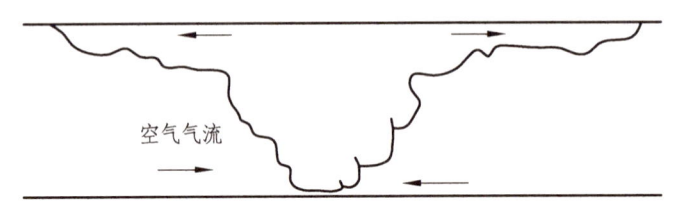

图 2-2-1 典型的不通风隧道火灾烟气示意

地铁机械通风是通过向火灾源送风以改变火灾源附近热气流的平衡,如果送风量充足,热烟气流会流向送风流下风方向,但当送风量不足时,附着在顶部区域的热烟气流将会向上风方向逆流,此现象称为"回流现象",如图 2-2-2 所示。

阻止隧道内出现"回流现象"的最小风速即为"临界速度"。能否发生回流现象,主要看送入空气气流速度是否大于临界风速。

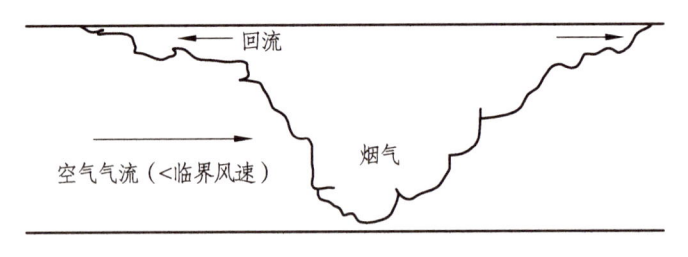

图 2-2-2 回流现象

当空气流速大于临界风速时,隧道内纵向风速越大,越容易将烟气控制在一起,但纵向风速过大时,不仅会带来设备投资的增大,而且加强了气流的紊乱程度,使烟气层较早地降至路面,使隧道断面提前充满烟气,如图 2-2-3 所示,影响乘客安全撤离。

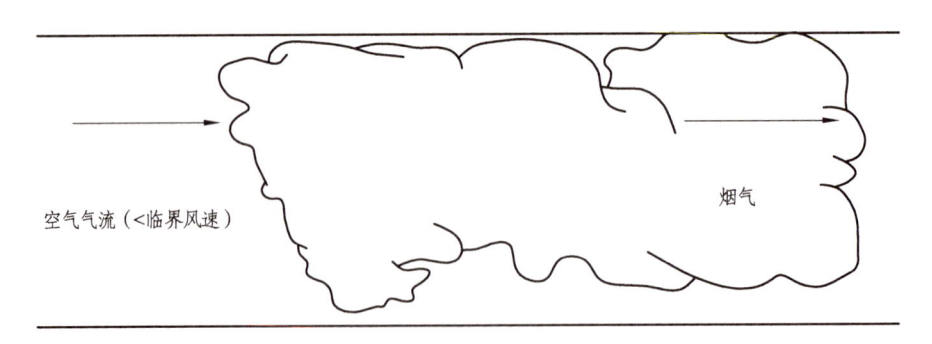

图 2-2-3 湍流现象(空气流速大于临界风速)

我国《地铁设计规范》(GB/T 50157—2013)规定区间隧道断面隧道风速不小于 2 m/s,但风速也不大于 11 m/s。

3. 空气质量调节机理

1）空气的温度

在城市轨道交通内部，影响空气温度的主要因素是地下机电设备的发热量，大量的车站设备持续运行，尤其是动力设备和照明设备，将产生大量热量，从而使车站内的空气升温。

2）空气的湿度

自然界中的空气都是含有水蒸气的空气，称为湿空气。湿空气由数量基本稳定的干空气（不含水蒸气的空气）和水蒸气两部分组成，其中水蒸气的含量较少，并且经常随着外界环境的变化而变化。

影响地下车站空气湿度的因素有许多，如季节、气温、雨季、地下含水层和地下水位等。

3）空气的舒适度

地下车站空气的舒适度主要是指地下车站的气象条件是否使车站工作人员和大量乘降旅客感到舒适。

一般在相同气温下，湿度大的空气要比湿度小的空气使人感到闷热；在相同温度与湿度条件下，有风要比无风感到凉爽。因此，舒适度是空气温度、湿度和流速三者综合作用的结果，是人体感应周围空气环境的适应指标。

4. 城市轨道交通环控系统组成结构

城市轨道交通环控系统主要包括隧道通风系统和车站通风空调系统，如图2-2-4所示。

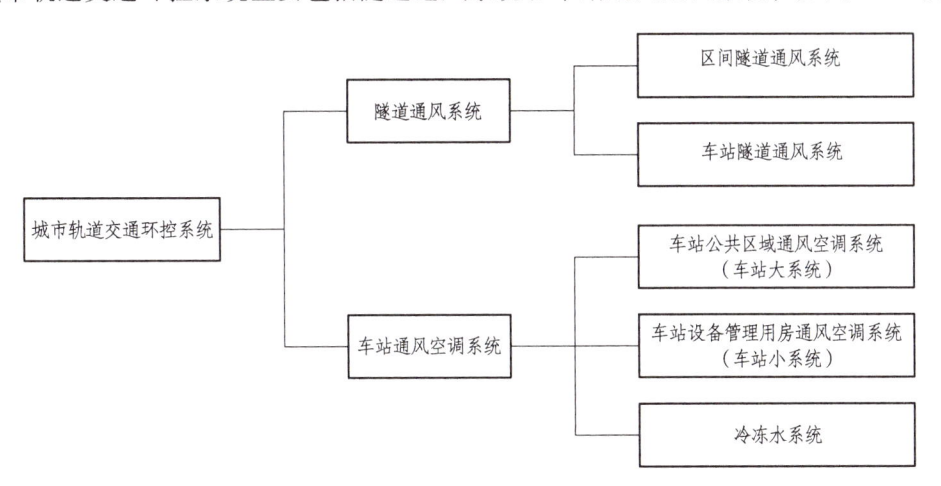

图2-2-4 城市轨道交通环控系统组成结构

二、地下车站通风空调系统

1. 地下车站区间隧道通风系统

隧道通风系统指主线上相邻站台之间隧道内的通风系统，根据通风服务区不同，又分为区间隧道通风系统和车站隧道通风系统，如图2-2-5所示。

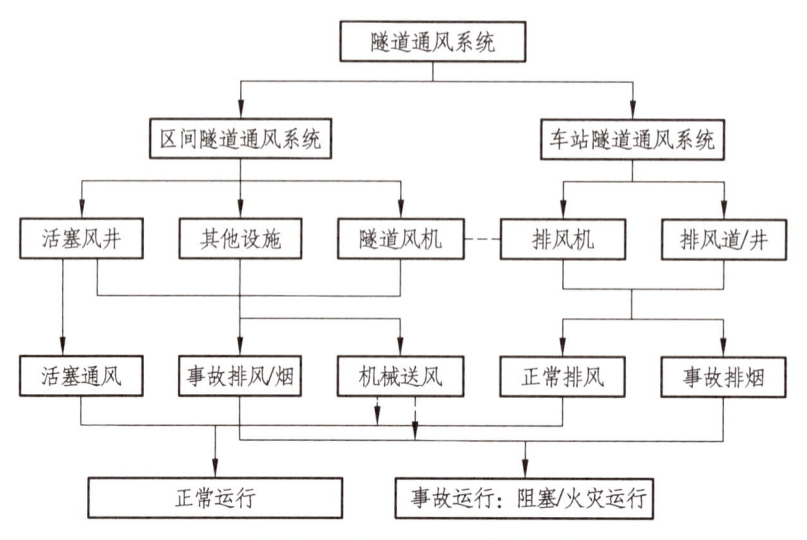

图 2-2-5　城市轨道交通地下站隧道通风系统的分类

区间隧道通风系统一般布置于车站两端，设置活塞风道和相应的隧道风机 TVF，以及与其相应配套的消声器、组合风阀、风道、风井、风亭等组件，其作用是通过机械送、排风或列车活塞风作用排除区间隧道内预热余湿，保证列车和隧道内设备的正常运行。

图 2-2-6 所示为地下站区间隧道双活塞风道通风系统结构示意，主要设备有隧道风机 TVF、推力风机、射流风机及相关的电动风阀。

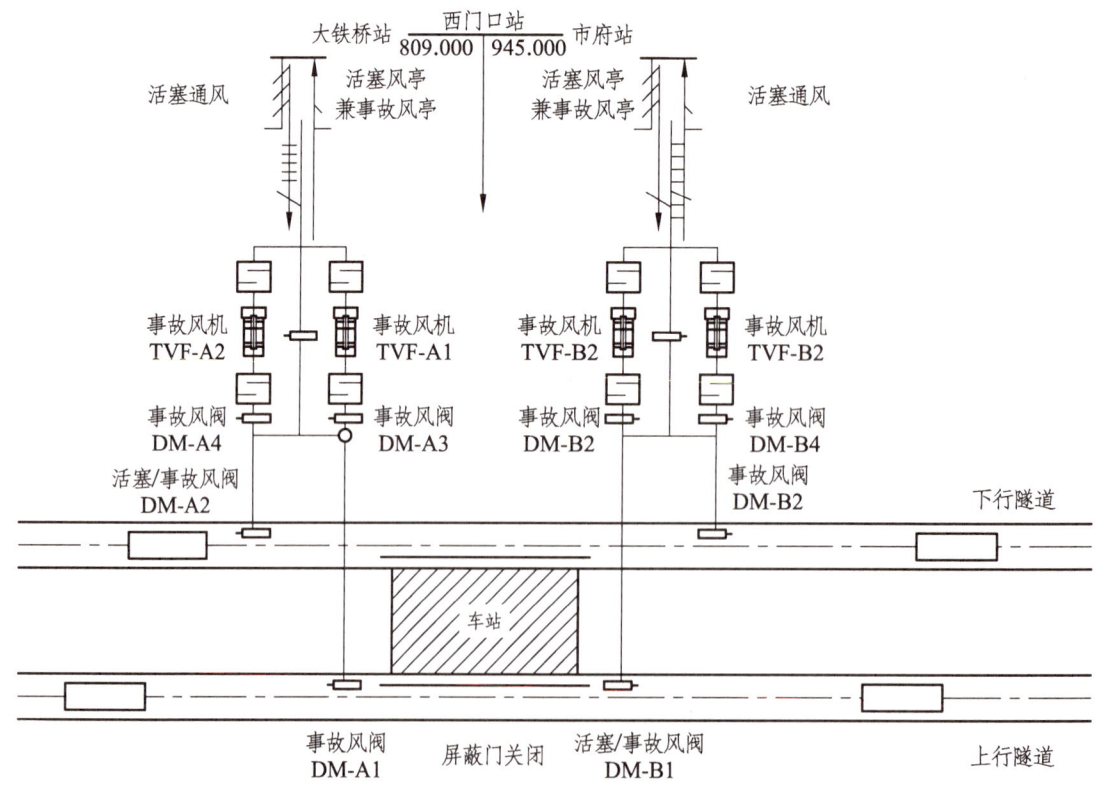

图 2-2-6　地下站区间隧道双活塞风道通风系统结构示意

110

车站两端上下行线一般各设有一个活塞风道及相应的风亭，作为正常行驶时依靠列车活塞作用实现隧道与外界通风换气的通道。同时，在隧道与其相对应的活塞风井间再设置一套隧道风机装置，该装置在无列车活塞作用时对隧道进行机械通风，如图2-2-7所示。通过对设于活塞通风风道以及机械通风风道上的各个组合风阀的开闭与隧道风机启停的各种组合，构成多种运行模式，满足不同的运营工况要求。

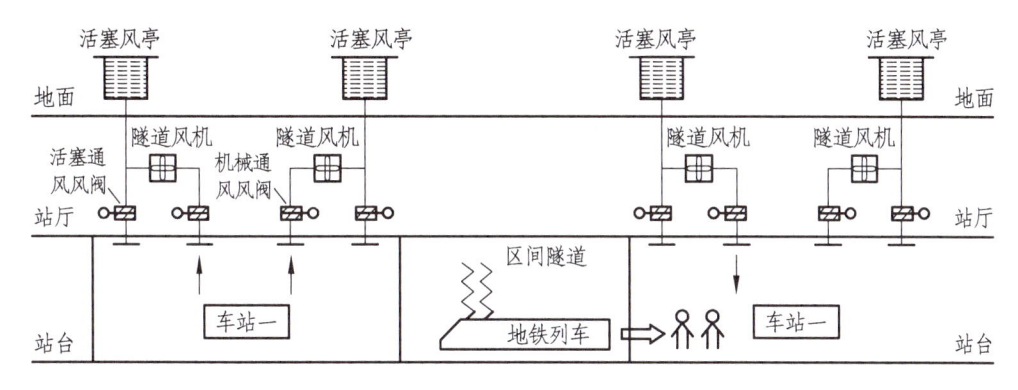

图2-2-7　区间隧道通风系统示意

1）区间隧道通风系统的运行模式

区间隧道通风系统包括三种运行模式：正常运行模式、阻塞事故运行模式和火灾事故运行模式。

（1）正常运行模式（见图2-2-8）。

自然开式系统中，外界焓值小于车站空气焓值时，打开隧道风井，由于列车的活塞作用，列车后方隧道风井为进风方式，列车前方隧道风井为排风方式。

机械开式系统中，外界焓值小于车站空气焓值时，自然开式不能满足隧道内温湿度的要求，隧道风机启动，进行机械通风。

自然闭式系统中，外界焓值大于车站空气焓值时，关闭隧道活塞风阀，打开车站内迂回风道，区间隧道内由列车运行的活塞作用进行通风换气。

正常情况下，每日地铁运营前30 min和运营结束后30 min运作风机，作早晚间清洁通风换气用，排除车站内部空气异味，提高空气质量。

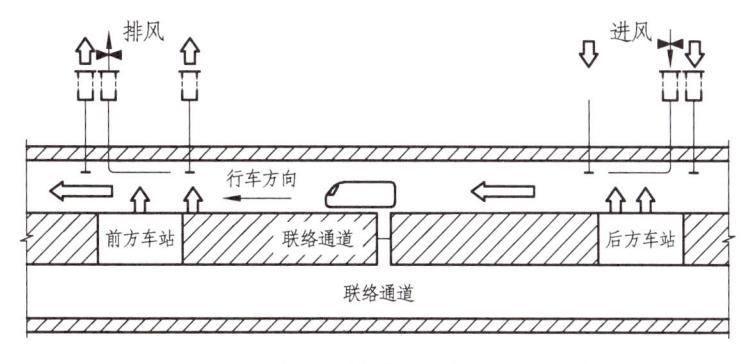

图2-2-8　正常运行模式下区间隧道通风效果

注：焓值是温度和湿度的综合，是一个能量单位，表示在单位空气中温度和湿度综合后

的能力刻度，比如在过渡季节对新风阀的开关控制，当室外空气的焓值低于室内空气的焓值，说明不需要制冷就可直接引入。

（2）阻塞事故运行模式（见图2-2-9）。

列车在正常运行时由于各种原因停留在区间隧道内，此时乘客不下列车，这种状况称为阻塞事故运行。

在车站空调、通风系统中，当列车阻塞在区间隧道内时，车站空调、通风系统按正常运行，当隧道风机需运转时，车站按全新风空调通风运行。在运行隧道风机时，该端站台回、排风机停止运行，使车站的冷风经隧道风机送至列车阻塞的隧道内。

在区间隧道通风系统中，在闭式机械运行环境下，当车站自然闭式运行时，若发生列车在区间隧道内阻塞，隧道风机运转，将车站冷风送至隧道内；在开式机械运行环境下，当车站开始运行时，若发生列车在区间隧道内阻塞，隧道风机按机械开式的模式运行。

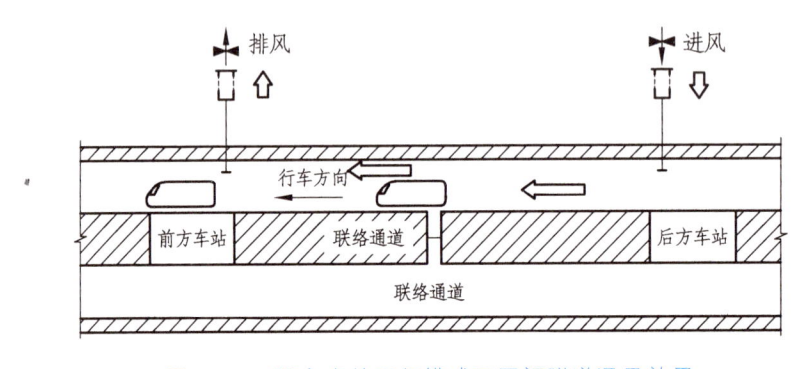

图 2-2-9 阻塞事故运行模式下区间隧道通风效果

（3）火灾事故运行模式。

地下铁道空间狭小，一旦发生火灾，乘客疏散和消防条件较地面更为恶劣，因此，应在设计中作为重点解决的问题。火灾时一切运行管理都应绝对服从乘客疏散及抢救工作的需要，将人的生命安全置于首位。

【想一想】 如果在城市轨道交通车站内发生火灾，我们应该怎么处理？

列车在区间隧道内发生火灾时，应首先考虑将列车尽量驶入车站站台区，如因故只能停在区间隧道时，应首先判断列车着火的部位（车身中部、车头还是车尾）以及列车的停车位置，按火灾运行模式向火灾地点输送新鲜空气并利用隧道风机排除烟气，让乘客逆着送入新风的方向撤离事故现场，同时让消防人员顺着送风方向进入现场灭火抢救，保证乘客疏散和救援工作有序进行。

① 列车停靠站台车内中部发生火灾时，驾驶员开启客室门和屏蔽门，并通过列车广播安抚乘客情绪，引导乘客疏散和使用列车上的灭火器进行灭火自救，同时确认着火的具体位置向车站和控制中心报告。车站接报后立即广播通知乘客火灾情况，暂停列车服务，同时组织工作人员进行灭火，开启站台下排风道和区间隧道风机有效排除烟气（见图2-2-10），保证乘客安全出站。

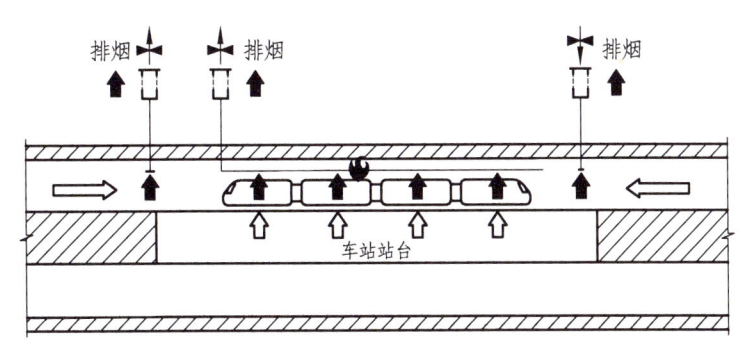

图 2-2-10　列车停靠站台车中部火灾运行模式

② 列车在隧道内列车车头或车尾发生火灾时，首先列车如果能够继续行驶，驾驶员可以将车行驶至前方车站停靠站台，这种情况的处理方法同①。若列车不能继续行驶，驾驶员应立即通过广播要求乘客保持镇定，告知乘客撤离的方向和方法，乘客撤离方向主要取决于目前列车着火位置，原则上通风排烟方向应与大多数乘客撤离的方向相反（见图 2-2-11 和图 2-2-12）。

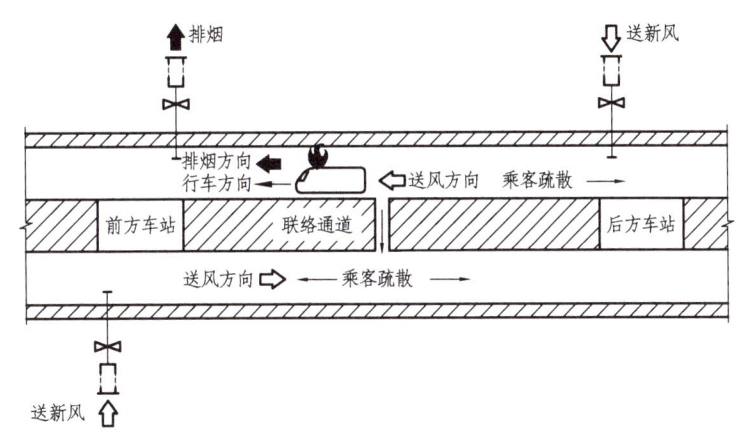

图 2-2-11　列车停在隧道车头火灾运行模式

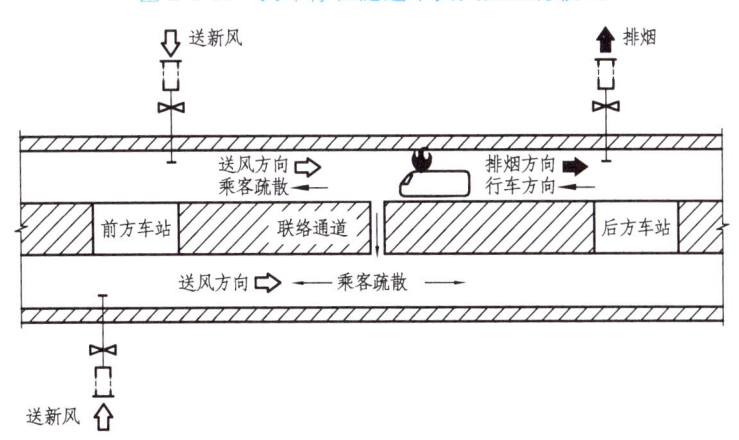

图 2-2-12　列车停在隧道车尾火灾运行模式

此外，驾驶员应迅速将火灾情况和乘客撤离方向报告至控制中心。在区间隧道内组织乘客下车沿着疏散平台撤离的时候，应切断牵引电流，打开隧道内应急照明灯；行车调度员应封锁火灾发生区间，停运有关车站。同时，相邻车站应派救援人员赶往火灾现场，协助乘客撤离和进行火灾扑救，及时对受伤人员进行救护，并将严重人员送往医院救治。需要注意的是，在应急处理过程中保护好现场方便后期公安调查取证。

隧道通风系统不同状态的设备通风方式如表 2-2-1 所示。

表 2-2-1　隧道通风系统不同状态的设备通风方式

运行状态	站台层	站厅层	隧道通风
正常运行	上送上回与下回结合	上送上回形式	正常回/排风
列车阻塞区间隧道	推力风机运行，全新风空调通风	上送上回形式	推力风机送风至隧道内
站厅火灾	送新风	全面排烟	排烟
站厅或列车火灾	排风、烟机排烟，其他大系统设备停运	站厅全面送新风	排烟

2）区间隧道通风系统设备

（1）风机类设备。

地铁通风空调工程的风机包括隧道风机 TVF、射流风机、推力风机、大小系统送风风机、排风风机、排烟风机，目前城市轨道交通中风机形式常见的有三种：贯流风机、离心风机和轴流风机。

① 隧道风机（TVF）——双向可逆转耐高温的大型轴流风机，设于车站两端的设备房、区间通风机房内，用于区间隧道和站台隧道通风、防排烟。隧道风机主要由叶片、电机、风机机壳、轮毂、轴、轴承、电机支撑板等组成（见图 2-2-13）。

② 射流风机是一种特殊的双向（正反转）轴流通风机（见图 2-2-14），其前后端均自带消声风筒，悬挂在隧道顶部或两侧。运行时，将隧道一部分空气从风机一端吸入，经叶轮加速后，由风机的另一端高速射出，使隧道内空气向设定方向流动，用于调节区间内某一段的压力、通风量并辅助排烟。

图 2-2-13　隧道风机（TVF）　　　　图 2-2-14　射流风机

（2）风阀类设备。

地铁通风空调工程使用的风阀包括调节阀和防火阀。调节阀又包括单体风阀、组合风阀，它是通过电动、手动调节风阀叶片的开启角度和开、闭调节风量；防火阀又包括防火调节阀，排烟防火阀等，它是通过温度熔断器自动或手动、电动关闭风阀叶片，隔离防火区。由于地铁通风空调工程的特殊性，风阀要求可靠性、耐用性、安全性高。

① 单体风阀。单体风阀主要由阀体、叶片、传动机构、执行器等若干部分组成，用于车站大、小系统相对截面不大的风道或风管上调节送风或排风量，控制方式为手动和电动。

② 组合风阀。组合风阀主要是电动组合风阀，它是组织城市轨道交通通风空调系统各种模式运行的主要部件，承担着不同模式下系统风量的分配，通过控制不同位置上风阀的开关状态改变气流路径，实现系统功能（排风、排烟、送风）的切换。

组合风阀主要由槽钢底框、单体风阀、传动机构、电动执行机构等配套部件组成（见图2-2-15）。

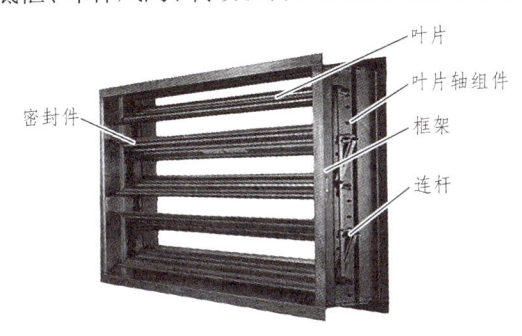

图 2-2-15　电动组合风阀的结构

2．地下车站隧道通风系统

1）车站隧道通风系统的概念

近些年新建设的地铁工程在车站站台公共区的边缘都设置了屏蔽门，使隧道空间从车站中被隔离出去，列车的停车位置形成了"车站隧道"。停站列车的产热不能像闭式系统一样由车站空调系统承担，通常是在通过轨顶和站台板下的风口及风道将列车发热量排到室外，常称之为车站隧道通风。

为保证列车停车时车载空调器的正常运行以及排除列车的制动发热量，车站隧道内设置轨顶回排风管（OTE）和站台下排风道（UPE）（见图2-2-16）。对应列车的各个发热点分别设置排风口，再通过轨道排热风机及相应的管道将热空气排出地面。根据《地铁设计防火标准》(GB 51298—2018)，在烟气温度达到280 ℃时，轨道排热风机应能持续工作至少1 h，以满足风道火灾运行工况的特殊要求。

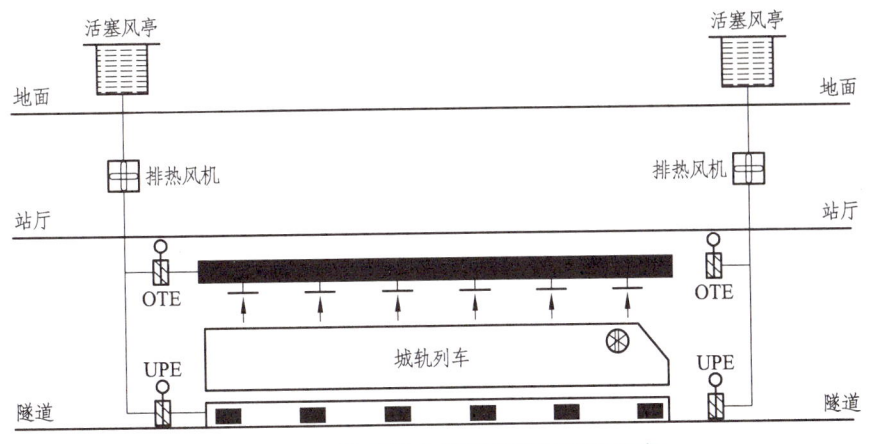

图 2-2-16　地下站车站隧道通风系统示意

2）车站隧道通风系统的工作原理

车轨上部排热风道风口正对列车空调冷凝散热器，站台下部排热风道风口正对列车制动电阻，有效提供列车停站散热。排热风机设置变频调节装置，可以使风机在不同列车运营密度下，配置不同排风量，节约区间的机械通风耗电量。如图2-2-17所示，排热系统机房设于站厅层两端排热风道内。系统将列车停站时散发的热量直接排到地面。列车顶排风管兼作排烟风管，气流组织为上送/下回方式。

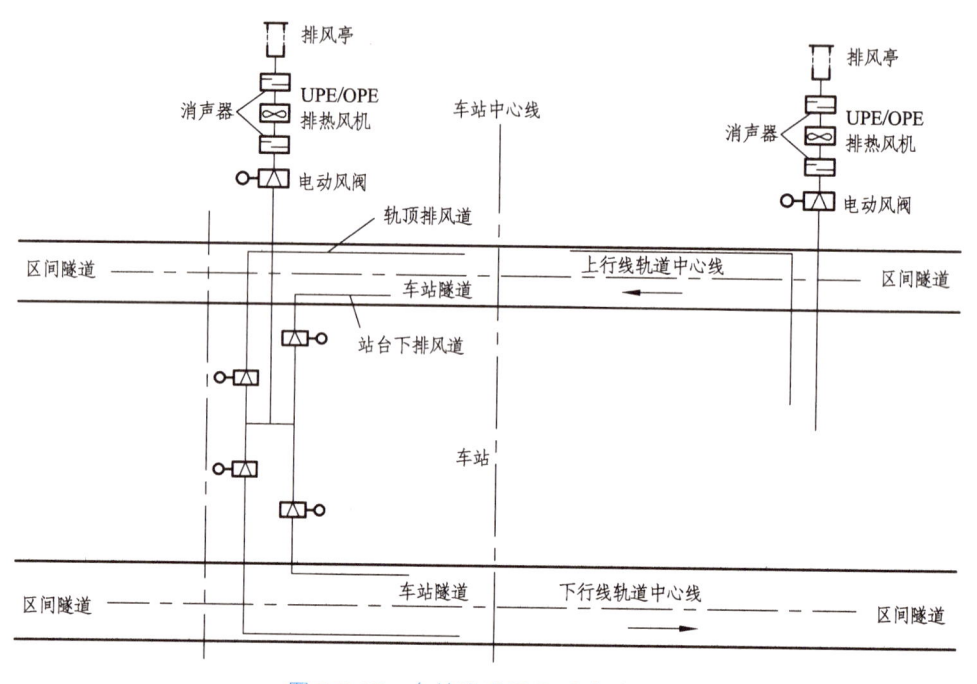

图 2-2-17 车站隧道通风系统的原理

同时，该系统与车站站台候车区通过风管（风阀）相连通，站台候车区火灾时，通过风阀切换，辅助站台排烟，以保证站厅到站台的楼梯和扶梯口处具有不小于 1.5 m/s 的向下气流。

在车站两端的排风道内各设置一台排热风机，与列车顶排风道相连接。正常运行时，列车在隧道运行形成的活塞风，通过隧道和隧道活塞风道进、出，或利用机械通风方式，对轨行区进行排热通风。

如深圳地铁1号线除国贸站和会展中心站外，各站均在站台层两端排热风机房内设有1台排热风机，各负责轨顶回排风管及站台下排风道内一半的热量。当站台公共区发生火灾时，利用排热风机对站台层公共区辅助排烟。站台层轨行区火灾时，利用车站排热风机通过列车顶排风道对轨行区进行排烟。

3）车站隧道通风系统设备

车站隧道通风系统设备有排热风机、消声器、风阀、排风道、风亭等。

（1）排热风机——采用单向轴流风机（见图2-2-18），具有风量大、风压低，工作效率高、节省成本，能实现排烟和排热的双向转动功能等优点。

结构：由机壳、叶轮、静叶支撑、整流罩、电动机、电源接线盒等组成。

作用：用于排除列车停站时空调冷凝器产生的热量。当车站车行区域发生火灾时，关闭下排热风道，运行排热风机，由上排热风道排烟。同时，隧道风机联合运行，参与排烟。

（2）防火阀。

设在空调系统中的防火阀、防烟阀和排烟阀是为了有效降低系统火灾的危险性所采取的措施。它们与空调通风系统紧密地联系在一起，是建筑防、排烟系统的重要组成部分，在此，将防火、防烟、排烟阀统称为防火阀（见图2-2-19）。

图 2-2-18　排热风机　　　　　　　　　图 2-2-19　防火阀

防火阀：用于自动阻隔来自火灾区的热气流、火焰通过的阀门。

防烟阀：借助烟感（温）器能自动关闭来阻断烟火通过的阀门。

防火阀主要由阀体、叶片、温度熔断器、传动机构、执行器等若干部分组成。各类防火阀的特点如表2-2-2所示。

表 2-2-2　各类防火阀的特点

种类	名称	功能特点	用途
防火类	防火调节阀	70 ℃时，易熔片熔断，阀门自动关闭，将0~90 ℃分为5挡调节可以输出关闭信号	用于通风空调系统风管内，防止火势沿风管蔓延，兼有调节作用
防火类	远控防烟防火阀带手动复位	70 ℃时阀门自动关闭，电信号DC 24 V关闭，或手动关闭，手动复位，可用钢绳远程复位，将0~90 ℃分为5挡调节可以输出关闭信号	用于通风空调系统风管内，防止火势沿风管蔓延，兼有调节作用，以及为消防控制中心提供信号
排烟类	排烟用防火调节阀	280 ℃时，易熔片熔断，阀门自动关闭，将0~90 ℃分为5挡调节可以输出关闭信号	用于排烟系统风管内，排烟用

（3）消声装置

地铁工程中使用的消声器一般有两种：一种为土建风道金属外壳片式消声器（采用现场组装结构形式）；另一种为通风空调小系统管道式消声器（一般为整体式）。吸声材料大多采用离心玻璃棉板或毡。

消声器的外观要求：消声器外观要求平整，壳体、肋板、法兰等金属件平整清洁，无锈痕污物，无切割毛口，无凹坑、划伤、损伤、缺角等明显缺陷。

消声器的结构要求：所用的材料必须符合国家或行业标准。消声部件连接应牢固、无松动、无漏焊点，表面光滑平整、无锈蚀，无毛刺，咬口搭接均匀。

目前，国内地铁通风系统中选用的消声设备一般以消除中、低频噪声的阻性消声器（见图2-2-20）为主。

图2-2-20 阻性片式消声器

阻性消声器利用声波在敷设于气流通道内多孔性吸声材料中传播，因摩擦将声能转换为热能而散发掉，使沿管道传播的噪声随距离而衰减，从而达到降低噪声的目的。

注意： 消声器内的吸声材料应不含任何易燃、可燃物质和有害、有毒物质，保持流阻适当。

（4）风亭、风道和风井。

地铁通风风道包括风亭、风道和风井，严格来说水平段为风道，竖直段为风井，出地面部分为风亭。

① 风亭。

车站通风道在地面口部所设的有围护结构的建筑称为地面通风亭，简称地面风亭。它是连接地铁地下部分和地上部分的建筑，是活塞风井、新风井以及机械通风风井的地上部分。风亭主要起换气作用，更换车站内的气体。

风亭按照使用功能的不同分为新风亭、排风亭和活塞风亭。

按照建筑形式来分，地铁地面通风亭大致可分为三种形式：独立布置的有盖风亭、独立布置的敞口风亭、与建筑物合建的风亭（见图2-2-21）。

图2-2-21 三种形式的风亭

② 风井。

风井是连接地铁车站和风亭的通道。一般采用混凝土浇筑而成，可以实现地下车站与外界地面之间的空气流通。

风井的作用大致有三个方面：

第一是能够充分排出地铁系统运行当中所产生的热量，使设备的预期寿命不会因为温度过高而老化下降。

第二是当发生火灾等意外情况时，能够尽快排出地下产生的烟气，并为乘客和消防人员提供必要的新鲜空气。

第三是风井的设置是为创造舒适和安全的地下环境服务的。

③ 风道。

风道包括活塞风道和机械风道（经风机），活塞风道长度一般小于或等于 40 m，净面积大于或等于 20 m²。风道应尽量顺直，活塞风道直角弯头不超过 3 个，机械风道应避免迂回（见图 2-2-22）。

图 2-2-22 地铁车站内的风道

有连通关系的风道在连通点处应相邻布置；前后均有连通的风道（同一条隧道的活塞风道与机械风道）应相邻平行布置，可水平、竖直或上下重叠布置。通风道和风井的风速不宜大于 8 m/s，站台下排风风道和列车顶部排风风道的风速不宜大于 15 m/s，风亭格栅的迎面风速不宜大于 4 m/s。

3．地下车站通风空调系统简介

1）地下车站通风空调系统的组成

地下车站通风空调系统主要包括车站大系统（站台、站厅等车站公共区域）、车站小系统（车站内设备及管理用房）以及环控水系统（见任务三）三部分组成。

2）车站大系统运行模式

（1）车站大系统设置范围。

车站站厅、站台公共区的制冷空调及通风（兼排烟）系统，简称车站空调大系统，如图 2-2-23 和图 2-2-24 所示。

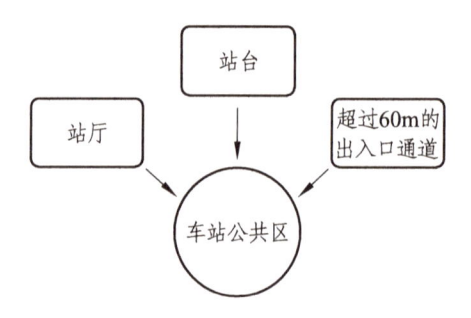

图 2-2-23　车站大系统设置范围

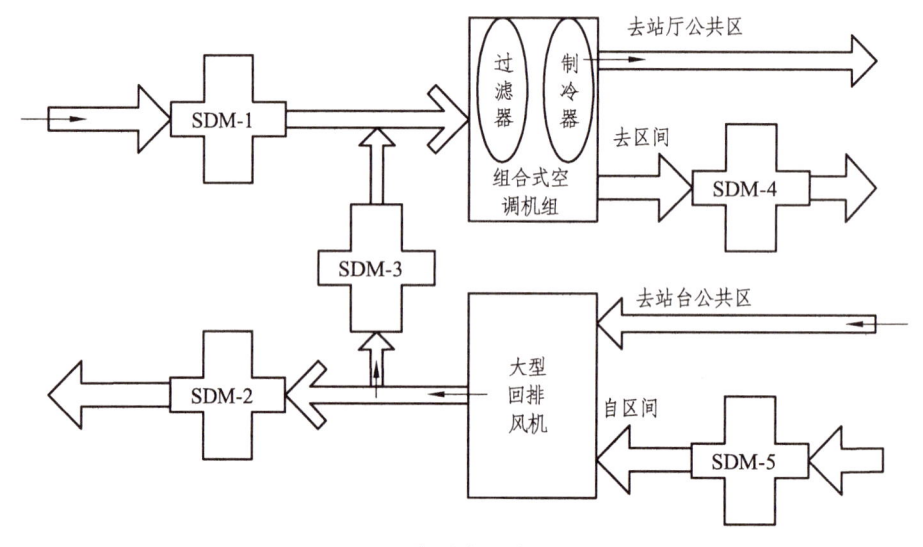

图 2-2-24　车站空调大系统示意

（2）车站大系统正常运行模式。

① 小新风空调。

如图 2-2-25 所示，当外界空气焓值（空气中含有的总热量）大于车站空调大系统回风的空气焓值时，采用小新风空调运行。此时，关闭电动风阀 1、6，全开电动风阀 2、5，调节电动风阀 3、4，一部分排风排出车站，另一部分回风循环使用。

② 全新风空调。

当外界空气焓值小于或等于车站空调大系统回风的空气焓值时，采用全新风空调运行。此时，关闭电动风阀 2、3、6，全开电动风阀 1、4、5，组合式空调机处理室外新风后送至车站公共区域，排风则全部排至车站外。

③ 全通风。

当外界空气温度小于空调送风温度时，停止水系统的冷水机组运行，采用全通风运行，此时，关闭电动风阀 2、3、6，全开电动风阀 1、4、5，室外空气经过组合式空调机送至车站公共区域，排风则全部排至车站外。

（3）车站大系统火灾模式

① 站台层发生火灾

车站站台着火时，应在站台排烟，由站厅送风，使站台的楼梯口处形成一股由站厅流向站台的气流，如图 2-2-26 所示。

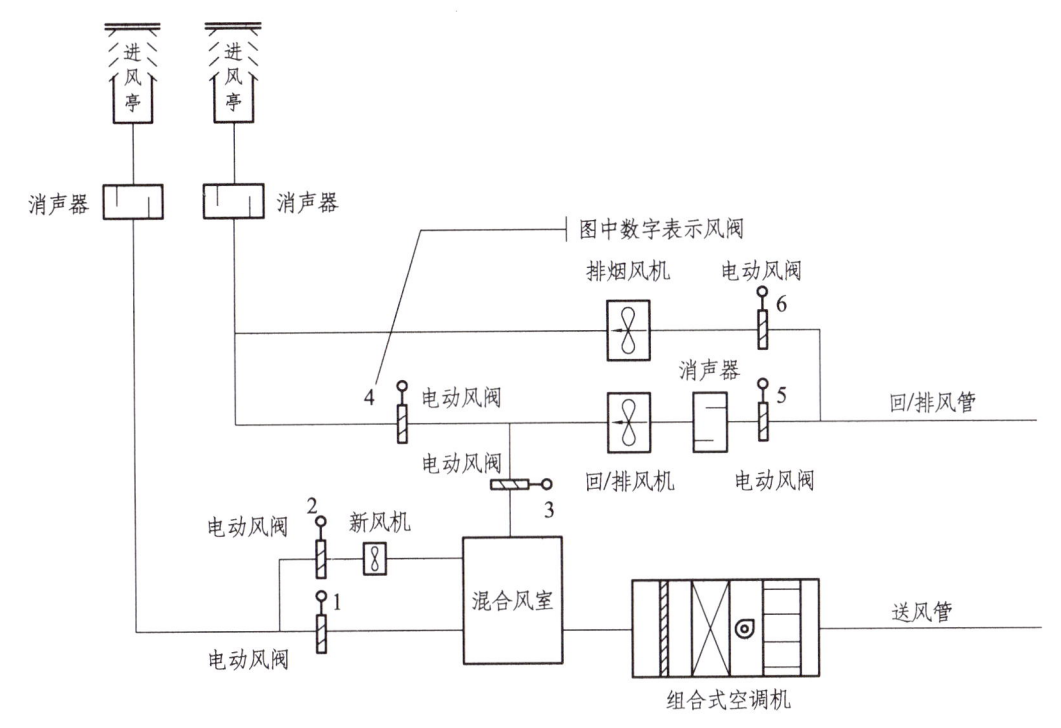

图 2-2-25 车站空调大系统示意

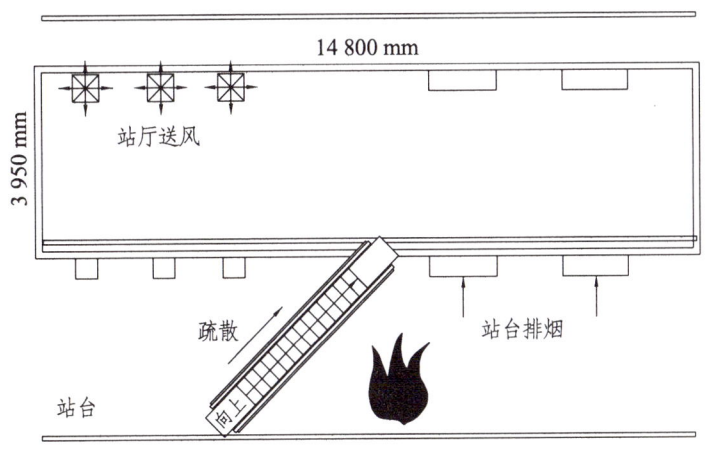

图 2-2-26 车站站台层发生火灾时的排烟

② 站厅层发生火灾。

站厅着火时，由站厅排烟，站台送风，使站台保持一定的正压，如图 2-2-27 所示。新鲜空气由站厅的出入口进入站厅，乘客迎着新鲜空气流进方向，由出入口向地面撤离。

（4）车站大系统的设备。

① 空气处理设备。

空气处理设备用于对房间空调送风进行冷却、加热、减湿以及空气净化等处理，常见的有风机盘管和组合式空调机组。

地铁通风空调工程中，组合式空调机组如图 2-2-28 所示。

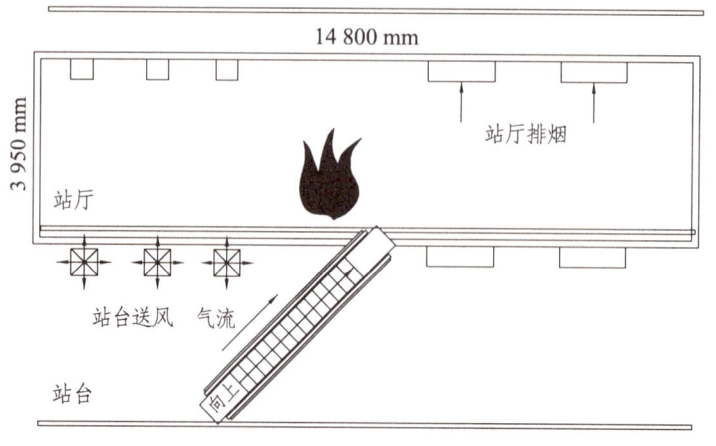

图 2-2-27　车站站厅层发生火灾时的排烟

图 2-2-28　组合式空调机组

a. 组合式空调机组——通常设于城市轨道交通地下车站的环控机房内，是用于车站公共区的空气处理设备。它由箱体、进风段、粗效过滤段、表冷挡水段、风机段（含检修门）、消声段、送风段和若干个中间段组成（见图 2-2-29）。由制造厂商提供预制单元，使用冷冻水为媒质，完成对空气的处理功能，并可在使用现场进行组装的大型空气处理设备。

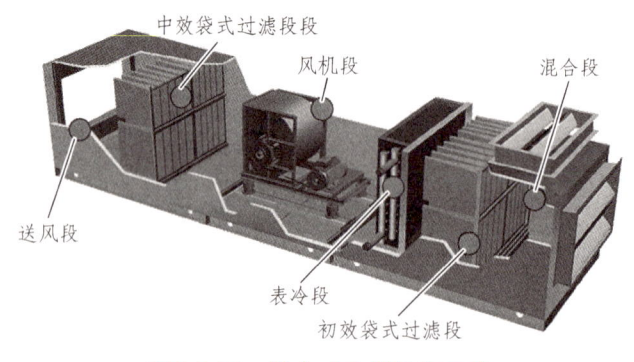

图 2-2-29　组合式空调机组示意

空调机组是地铁环控系统中空气进行集中处理设备。可完成对空气的多种处理功能，包括对其过滤、冷却、加热、去湿、消声、新风和回风混合等。地铁地下车站夏季空调工况时，通常由冷水机组提供 7～12 ℃ 的冷冻水送至空调机组的表冷器，经与空气进行热交换后，再回到冷水机组，完成一个冷冻水的冷却循环。经过空调机组表冷器冷却后的空气由空调机组内的离心式风机送至站厅和站台。

空调机组是箱式模块化结构（见图 2-2-30），由各功能段模块组装而成，在各功能段上还设有通道门，便于维修及运行操作人员进入检查和修理。其主要功能段如下：

图 2-2-30　组合式空调机组的外形

空调机组有两个进风段，一个进风段在空调季节投入运行，另一个进风段在通风季节投入运行。空调进风段上有两个进风口，分别与空调新风口及回风口相连接，在风口上安装有防火阀和电动调节阀。防火阀在正常运行时常开，一旦发生火灾，由防火报警系统给信号而关闭，也可由操作人员手动关闭。电动调节阀起风量调节作用。在通风季节，关闭空调新风口电动调节阀和回风口电动调节阀。在空调季节，关闭全新风电动调节阀，打开空调新风口电动调节阀和按一定比例开度的回风口电动调节阀。空调进风段位于空调机组表冷段的前面。通风进风段位于空调机组表冷段的后面。在通风进风段上有全新风口，风口上装有电动调节阀，此阀在通风季节时开启，在空调季节时关闭。

空调机组有两个过滤段，一个过滤段在空调季节投入运行时对空调新风及回风的混合风进行除尘过滤，另一个过滤段在通风季节投入运行时对全新风进行除尘过滤。

空调机组的表冷段内安装有表冷器，在表冷器的底部有冷凝积水盘，积水盘与存水弯相连接，便于冷凝水排出机组。表冷器的进出水管分别与冷冻水的进出水管相连接。在表冷器的后面还装有挡水板，以防止冷凝水流入机组的其他段内。在空调季节，表冷段投入运行，应打开进出水管上的阀门，以保证冷冻循环水的畅通。

空调机组的风机段内安装一台离心式风机，其作用是将经过表冷器冷却后的空气或全新风送至站厅、站台。离心风机通过传动皮带由电动机带动，离心风机支承在机架的带座轴承上。

空调机组的消声段内安装有片式消声器，其目的是降低送风噪声。

空调机组的送风段是将经表冷器冷却或新风送至站厅、站台。送风段与送风管相连接。在送风段的送风口上装有电动风阀，以平衡、调节站厅、站台的送风量。

b. 风机盘管是空调工程中广泛应用的空气处理设备，也常被称为空调末端装置（见图 2-2-31）。风机盘管根据安装形式可分为卧式暗装、卧式明装、立式暗装、立式明装等几种基本形式。风机盘管主要由盘管（管翅式换热器）和风机组成，并由此得名。

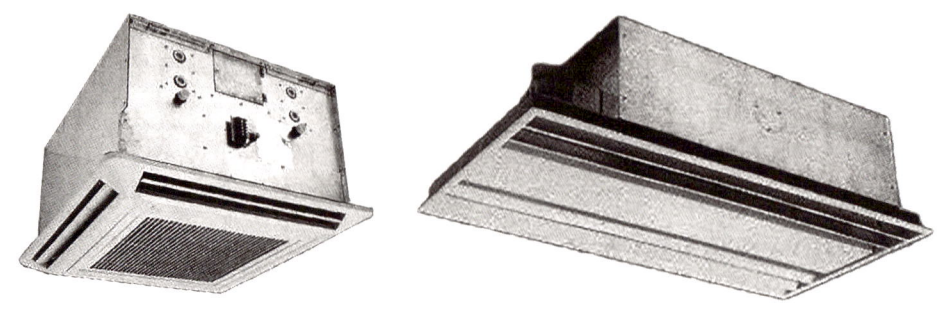

图 2-2-31　风机盘管

② 回/排风机——设于车站的环控机房内，为单向轴流风机（见图 2-2-32），用于公共区和设备及管理用房的通风、空调系统的回风与排风。其中部分兼用排烟风机，有的为双速风机，平时低速运行排风，火灾时自动投入高速运行排烟的风机，采用双速电机。

图 2-2-32　地铁专用回、排风机

③ 小新风机——设于车站的环控机房内，为单向轴流风机，用于公共区的新风输入。

④ 排烟风机——设于车站的环控机房内，为单向耐高温轴流风机，用于公共区（含长度超过 60 m 的出入口通道）和设备及管理用房火灾时的专用排烟。

3）车站小系统运行模式

（1）车站空调小系统范围及作用。

车站设备房、办公用房的通风、空调及机械排烟系统称为车站空调小系统，如图 2-2-33 所示。

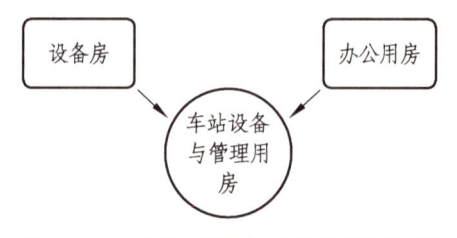

图 2-2-33　车站空调小系统范围及作用

（2）车站空调小系统的工作原理。

车站小系统由空气处理机（组合式空调机组）、送风机（空调小新风机）、回/排风机（排烟风机）、消声器（耐高温）、多种调节阀、防火阀和风管等组成，如图 2-2-34 所示。

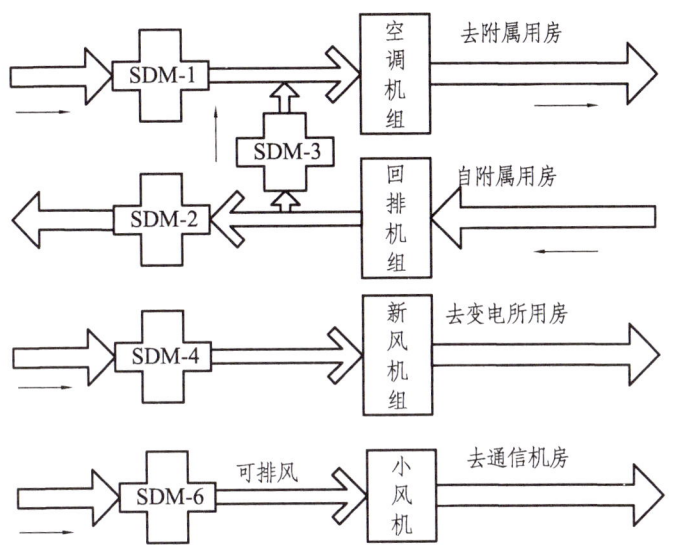

图 2-2-34　车站空调小系统示意图

车站小系统设备一般位于车站站厅层两端的环控机房和小系统通风机房内。根据车站管理及设备用房的功能要求不同，车站小系统分成空调、非空调和机械排风三种类型的若干个小系统。空调小系统配有空气处理机（组合式空调机组）、新风机、回/排风机（兼排烟），通道或小管理用房设风机盘管；非空调小系统配置机房送/排风机；不太重要、面积较小的机房，仅设有排风机或排气扇，即机械排风。

（3）车站空调小系统的运行模式。

① 正常运行模式。

正常运行时，设有通风空调系统的车站管理及设备用房，其空调系统采用大系统正常运行情况下的小新风空调、全新风空调、全通风方式进行控制；对只设通风系统的车站管理及设备用房，全年按设定的通风模式进行控制。本节介绍普遍采用的一种形式：

a. 厕所、泵房系统仅为排风系统、不排烟。

b. 环控机房（空调机房）、冷冻机房系统采用机械进排风/排烟系统。

c. 变电所系统设冷风降温系统。注意：变电所为气体灭火房间，故不排烟。

d. 其余房间通风空调系统采用双风机系统，设柜式空调机组送冷风，排风机排风，对有排烟要求的系统，排风可兼做排烟风机，空调机组兼做补风机。

地下站连续长度超过大于 60 m 的出入口通道、连接地下站或物业开发的地下通道连续长度大于 50 m 时，均应采取通风或其他降温措施，最远点到地下车站公共区的直线距离超过 20 m 的内走道，连续长度大于 60 m 的地下通道和出入口通道，应设置机械防烟、排烟设施。

② 火灾事故运行。

当车站管理及设备用房发生火灾时，车站空调大系统全部停止运行，空调小系统转入设定的火灾模式运行，即根据空调小系统的既定模式立即排除烟气或隔断火源和烟气，如与着火区相邻通道设有排烟系统的立即进行排烟，对着火区所在车站端设有加压送风的疏散梯以及车站控制室立即进行加压送风。

（4）车站空调小系统的设备。

① 吊（卧）式空气处理机——设于地下车站的环控机房内，由过滤器、表冷器、风机、壳体等组成的整体式空气处理设备（见图2-2-35）。

图 2-2-35　吊（卧）式空气处理机

② 送风机——设于车站的环控机房内，为单向轴流风机，用于设备用房的送风。

③ 排风机——设于车站的环控机房内，为单向轴流风机（见图2-2-36），用于设备用房的排风。

图 2-2-36　排风机

车站小系统风机包括车站小系统的送排风机、回/排风机，均为轴流风机，设于车站两端机房或设备层内，用于车站管理用房及设备用房区域通风空调。

防排烟系统风机包括排烟风机，为轴流风机，设于车站两端机房或设备层内，用于车站公共区、车站管理用房及设备用房区域等的排烟。

三、高架车站通风空调系统

1. 高架站通风空调系统的功能与组成

1）高架站通风空调系统的功能

（1）满足各种重要设备和管理用房的工艺和功能要求，提供正常所需的温湿度条件。

（2）在生产房屋设置局部或全面通风，为工作人员提供一定的工作环境。

（3）在站台候车室设置分体空调，为乘客提供一个往返于地面和地铁列车间的过渡性舒适环境。

2）高架站通风空调系统的组成

高架站通风空调系统的组成，如图 2-2-37 所示。

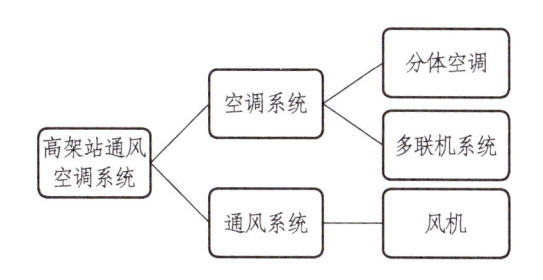

图 2-2-37　高架站通风空调系统的组成

2．分体空调

1）分体空调的组成（见图 2-2-38）

（1）四通换向阀：用来改变制冷剂的流动方向，制冷时，高温高压的制冷剂流向室外热交换器，制热时高温高压的制冷剂流向室内热交换器。

（2）压缩机：将低温低压的制冷剂压缩成高温高压的制冷剂。

（3）汽液分离器：将多余的液态制冷剂暂时存放在汽液分离器中，经过一段时间蒸发后再吸入压缩机。

（4）过滤器：滤去制冷剂中的杂质，同时吸收制冷剂中的水分。

（5）室外热交换器：制冷时向外界放出热量，制热时向外界吸收热量。

（6）室内热交换器：制冷时向外界放出热量，制冷时向室内放出热量。

（7）空调阀：是用来截止或关闭室内外制冷剂的流动，便于空调的装机移机。

（8）毛细管：节流降压。

2）分体空调的分类

分体空调可分为电热型、冷风型和热泵型三类，如图 2-2-39 所示。

图 2-2-38　分体空调室内机和室外机

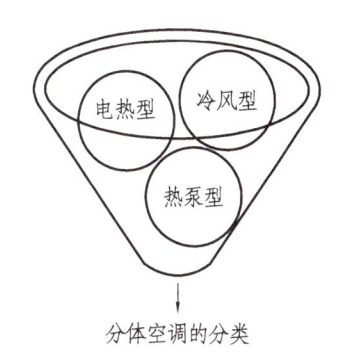

图 2-2-39　分体空调的分类

3）分体空调的工作原理

以夏季制冷为例，如图 2-2-40 所示，低压的气态制冷剂被吸入压缩机，被压缩成高温高压的气体；而后气态制冷剂流到室外的冷凝器，在向室外散热过程中，逐渐冷凝成高压液体，接着，通过节流装置降压（同时也降温）又变成低温低压的气液混合物。此时，气液混合的制冷剂进入室内的蒸发器，通过吸收室内空气中的热量而不断汽化，这样，房间的温度降低了，它也又变成了低压气体，低温低压的制冷剂气体经四通换向阀重新进入了压缩机。如此循环往复，空调就可以连续不断的运转工作了。

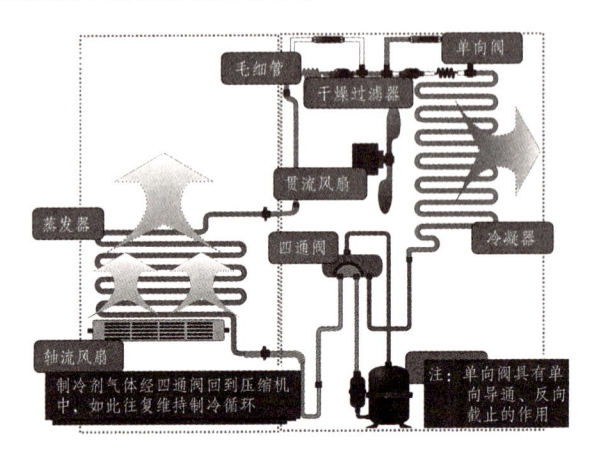

图 2-2-40　分体空调的工作原理

4）分体空调的维护保养

（1）定期清洗过滤网。

（2）分体机及时加注制冷剂。

（3）电源电压不能过低。

（4）室外机防止日晒雨淋。

5）空调器的故障检查分析方法

空调器的故障检查分析分为四步："一看、二摸、三听、四测"。

一看：仔细观察空调器的外形是否完好，各部件有无损坏；空调器制冷系统各处的管路有无断裂，各焊口处是否有油渍，如有较明显的油渍，说明焊口处有渗漏；电气元件安装位置有无松脱现象。

二摸：将被检测的空调器的冷凝器和压缩机部分的外罩完全卸掉。启动压缩机运行 15 min 后，将手放到空调器的出风口，感觉一下有无热风吹出，有热风吹出为正常，无热风吹出为不正常；用手指触摸压缩机外壳（应确认外壳不带电）是否有过热的感觉（夏季摸压缩机上部外壳应有烫手的感觉）；摸压缩机高压排气管时，夏天应烫手，冬天应感觉很热；摸低压吸气管应有发凉的感觉；摸制冷系统的干燥过滤器表面温度应比环境温度高一些，若感觉到温度低于环境温度，并且在干燥过滤器表面有凝露现象，说明过滤器中的过滤网出现了部分"脏堵"；如果摸压缩机的排气管不烫或不热，则可能是制冷剂泄漏了。

三听：仔细听空调器运行中发出的各种声音，区分是运行的正常噪声，还是故障噪声。如离心式风扇和轴流风扇的运行声应平稳而均匀，若出现金属碰撞声，则说明是扇叶变形或轴心不正。压缩机在通电后应发出均匀平稳的运行声,若通电后压缩机内发出"嗡嗡"声,说明是压缩机出现了机械故障,而不能起动运行。

四测:为了准确判断故障的部位与性质,在用看、听、摸的方法对空调器进行了初步检查的基础上,可用万用表测量电源电压,用兆欧表测量绝缘电阻;用钳形电流表测量运行电流等电气参数是否符合要求;用电子检漏仪检查制冷剂有无泄漏或泄漏的程度。

3．多联机系统

1）多联机系统概述

多联机系统为制冷剂可变流量空调系统,一台室外机配置多台室内机,通过改变制冷剂流量适应各房间负荷变化的直接膨胀式空气调节系统。多联机是一种使用制冷剂的空调系统,它以制冷剂为输送介质,主要由室外机、室内机、制冷剂管、冷凝水管、风口和控制系统组成。

2）多联机系统的组成

(1) 室外机。

从构造上看它主要是由室外侧换热器、压缩机、电子膨胀阀和其他附件组成(见图2-2-41)。当系统处于低负荷时,通过变频控制器控制压缩机转速,使系统内冷媒的循环流量得以改变,从而对制冷量进行自动控制以符合使用要求。

(2) 室内机。

它是一个带蒸发器和循环风机的设备,与目前我们常见到的分体空调的室内机原理上是相同的。从形式上看,为了满足各种建筑的要求,它做成了多种形式,主要有落地机、壁挂机、风管机、嵌入机等。这些室内机可根据实际需要自由组合。

图 2-2-41　多联机系统室外机

目前,城市轨道交通通常用的是嵌入机,它外形美观、大方,制冷制热效果也不错,常见的有四面出风嵌入式、双面出风嵌入式、单面出风嵌入式(见图 2-2-42)。

(a) 四面出风嵌入式　　(b) 双面出风嵌入式　　(c) 单面出风嵌入式

图 2-2-42　多联机系统室内机

(3) 制冷剂管。

制冷剂管一般采用紫铜管(见图 2-2-43)。它由气管和液管组成,通过灵活的布置使室外机与室内机相连接。制冷剂管道需要保温。

（4）分歧管。

它将管道中的制冷剂分流到各个室内机中（见图2-2-44），起到分流作用。

（5）冷凝水管。

制冷设备蒸发器在制冷过程中就会产生冷凝水。冷凝水管道一般采用PVC塑料管，冷凝水管道需要保温（见图2-2-45）。

图2-2-43　多联机系统冷媒管 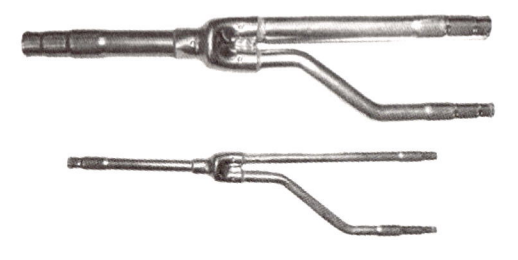　　　　图2-2-44　多联机系统分歧管

图2-2-45　多联机系统冷凝水管

（6）风管。

风管是用于空气输送和分布的管道系统。按截面形状，风管可分为圆形风管、矩形风管、扁圆风管等多种。按材质，风管可分为金属风管、复合风管、高分子材料风管。

（7）控制系统。

控制系统主要有以下几种形式：无线遥控器、有线遥控器、集中控制器、网络管理系统等（见图2-2-46）。

（a）无线遥控器　　　（b）有线遥控器　　　（c）集中控制器

图2-2-46　多联机系统控制器

3）多联机系统的工作原理

如图 2-2-47 所示，室内温度传感器控制室内机制冷剂管道上的电子膨胀阀，通过制冷剂压力的变化，对室外机的制冷压缩机进行变频调速控制或改变压缩机的运行台数、工作气缸数、节流阀开度等，使系统的制冷剂流量变化，达到制冷或制热两种方式随负荷变化而改变供冷量或供热量的目的。

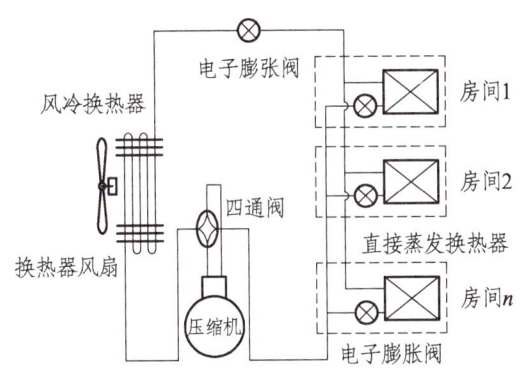

图 2-2-47　多联机系统的工作原理

4）多联机系统的日常巡检

多联分体空调系统的日常检查主要针对重要设备进行，包括多联机外机、内机、管道及隔热层、风机管件及附件等。

（1）设备巡查。

巡查运行中的空调设备要注意观察运行状态，听有没有异常声音；观察电压、电流是否在正常范围；巡查设备是否在规定时间内运行或停止。

（2）户外主机。

主机是否正常，有无故障代码显示，冷凝器散热风扇运转是否正常，制冷剂压力是否正常，三相电压是否正常。

巡查盘管状态，运转时压缩机声音是否正常，运行中有无过热现象，检查阀门、Y 形过滤器、软接头止回阀等是否损坏。

（3）风机等设备。

室内控制器，观察模拟屏有无故障指示。检查运行时有否发出噪声，启动盘指示灯是否正常，风口的风量是否足够，尘网有无堵塞，盘管尘网是否干净，运行有无噪声。制冷能力是否良好，冷凝盘去水是否顺畅。工作人员每日巡查空调机组和室内设备一次，并填写"每日巡检记录表"。

（4）检查记录。

对设备机组及其周围环境进行清洁，填写设备日常检查记录。

5）维护保养

（1）检修班组按空调系统保养计划做好设备保养。

日常检查维护人员对设备进行的经常、不定期的巡查，随时了解掌握设备的运行状况，填写相关的设备运行状态参数，对于发现的问题做好简单处理，不能及时处理的，做好预先处置措施，并将情况汇报到班组，等待集中安排人员处理。

维护部门应根据设备具体特点、工作时间及运行状态，及时调整对设备的巡视内容和巡检次数，以保证准确地掌握环控系统设备的运行工况，确保设备处于良好的工作状态。

（2）定期计划维护保养。

技术管理人员每年11月制订下年度的空调系统保养计划并负责组织实施。根据日常检查的结果，预先对设备制订维护保养计划，然后按照计划定期执行维护保养工作。

定期计划维护保养按保养内容和时间间隔分为月度维护保养和年度维护保养两大类。分别由设备主管班组预先安排好维护保养的具体内容，提交上一级管理部门批准后实施。

（3）故障检修。

故障检修（包括应急抢险）是对临时出现的设备故障进行的故障判断、故障排除、设备试用等作业，在执行时间的先后顺序上通常优先于日常检查和定期计划维护保养作业。

当值人员巡查发现系统设备故障，应立即进行维修。根据系统设备的特点，重点做好除尘、润滑、更换老化部件、紧固螺丝。注意用电、防火安全，如需焊接，须做好防范措施，并严格遵守规定。对突发性故障应在及时排除，逾期应向上级报告以便及时通知受影响的部门。

（4）设备大修。

重要设备设施在经过一定的使用时间后，可以进行计划性的设备大修，集中解决年度计划检修遗留的问题。

技能实训

组合式空调机组预防性维修

详见实训工作页技能实训六。

练习与思考

项目二任务二练习与思考

任务三　城市轨道交通车站环控水系统

通过前面一个任务的学习，小倩认识到城市轨道交通车站环控通风系统的重要性，在与老师讨论车站通风空调系统的工作原理后，小倩知道了环控冷水系统是为车站大系统和小系统提供冷源的系统，老师向小倩提出了几个重难点知识点。

（1）了解空调水系统的组成及工作原理。
（2）掌握制冷剂循环系统的原理及设备。
（3）掌握冷冻水及冷却水循环的原理及设备。
（4）掌握环控水系统相关设备的维护保养。

一、环控水系统的组成

环控冷水系统又称空调水系统，是为空调大系统和空调小系统提供冷源的系统。

环控冷水系统是为车站公共区、车站管理及设备用房空调器提供冷源的系统（冷源即冷冻水），由冷水机组、水泵、冷却塔、水阀与管路等设备组成，如图 2-3-1 所示。冷水机组、冷冻水泵、冷却水泵位于站厅层制冷机房。

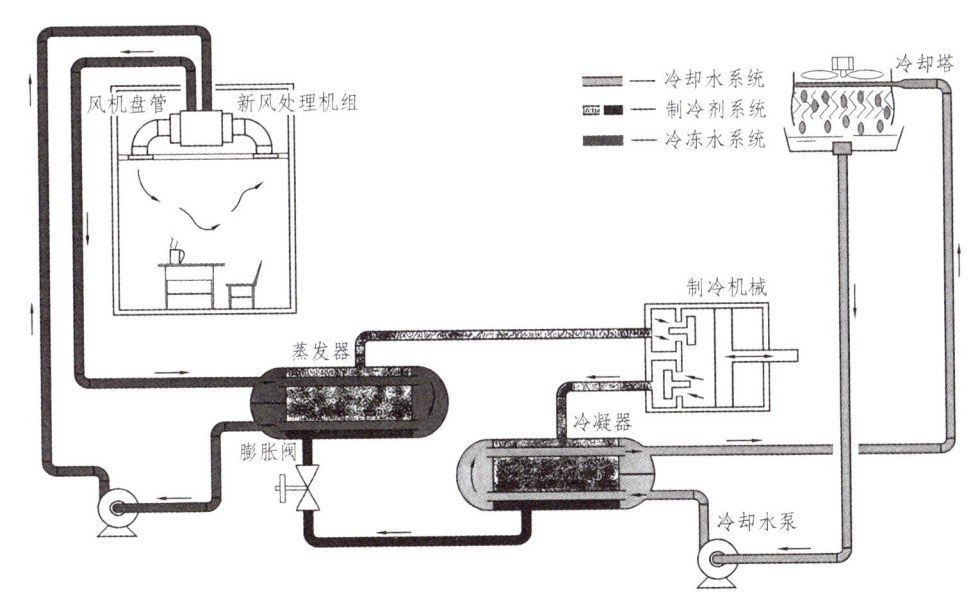

图 2-3-1　环控水系统的组成

二、环控水系统的工作原理

冷水系统可以分为制冷剂循环系统、冷却水循环系统、冷冻水循环系统三部分，这三部分各自独立工作，又相互联系，如图 2-3-2 所示。

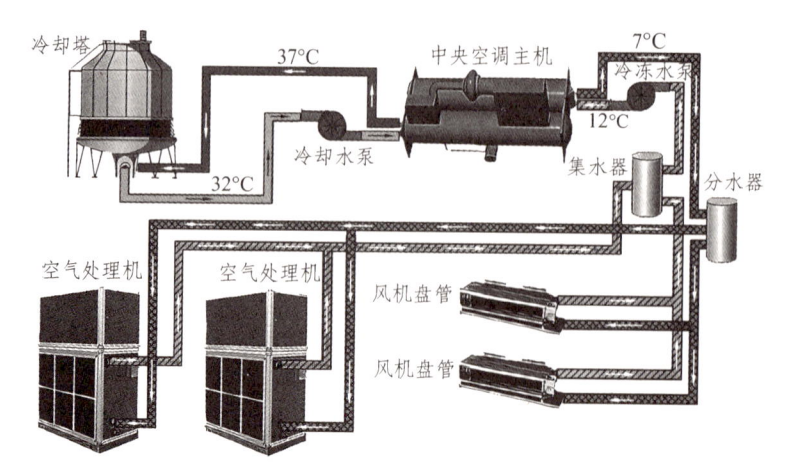

图 2-3-2　冷水系统的工作原理

1．制冷剂循环系统

1）工作原理

制冷剂在冷水机组里循环，也就是图 2-3-1 中浮点状部分，经过制冷机组中的压缩机时温度升高，经过冷凝器时，用冷却水将温度降下来。制冷剂被降到冷却水的温度后，经过膨胀阀，温度变得更低，再进入蒸发器，用冷冻水将冷量带走，温度上升后的制冷剂再进入制冷机组，构成循环。

制冷剂采用环保的 R134a。

【想一想】　制冷剂在冷水机组中的作用是什么？

2）制冷剂循环系统的设备——冷水机组

地铁通风空调工程冷水机组是为地铁车站空调大、小系统提供冷源的设备。冷水机组是环控系统中的主要设备，为地铁车站中央空调提供冷源。上海地铁按压缩机的压缩型式目前共有 3 种类型的冷水机组：活塞式冷水机组、离心式冷水机组和螺杆式冷水机组（见图 2-3-3）。

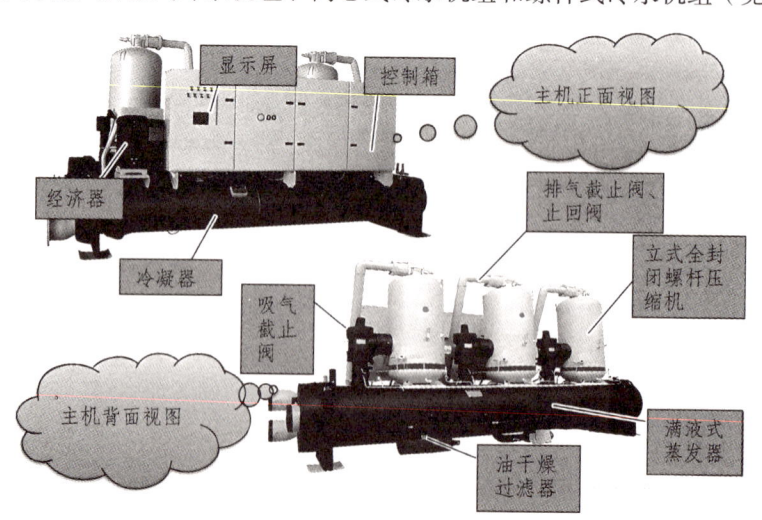

图 2-3-3　螺杆式冷水机组结构

备注：经济器是个换热器，通过制冷剂自身节流蒸发吸收热量从而使另一部分制冷剂得到过冷。

根据结构组成的不同，制冷机组可以分为螺杆式冷水机组和离心式冷水机组。

根据冷凝器散热介质不同，制冷机组可分为水冷式冷水机组（图2-3-4）和风冷式冷水机组。

轨道交通车站目前大部分使用水冷式螺杆冷水机组。

螺杆式冷水机组的关键部件——压缩机采用螺杆式，故名螺杆式冷水机组。它具有结构简单、制冷效率高、易损件少、体积小、质量小、占地面积小；运动部件少、检修周期长；振动小、对基础要求低；制冷量可在10%~100%内无级调节；机组可采用高精度大尺寸触摸屏，全数字化中文显示；可实现计算机多重控制功能，使螺杆式冷水机组操作更方便、更安全、更可靠，但运行噪声较高等特点。

图2-3-4 螺杆式冷水机组

轨道交通中使用的制冷机组通常是蒸汽压缩式制冷机组。WCFX螺杆式冷水机组采用多台全封闭螺杆压缩机，机组由双制冷回路组成，即使一个回路发生故障，另一个回路仍可运行。机组采用PLC控制系统，图形化界面显示直观、操作简便。冷凝器和蒸发器采用高效内外强化传热管，既增强了传热效果，又便于清洗管内的水垢。

压缩式制冷机组是一种使用压缩机将制冷剂压缩成高温高压气体，然后通过膨胀阀进入蒸发器，与空气接触吸收空气的热量并将其冷却的制冷设备。它能够快速制冷、制热，制冷效率高，制冷能力强，并且结构相对简单。该类型的制冷设备在轨道交通环控系统中应用广泛。其工作原理如图2-3-5所示。

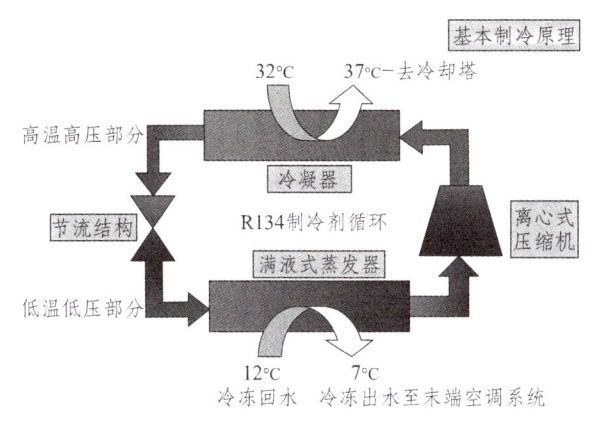

图2-3-5 制冷机组的工作原理

制冷机组的四大件：压缩机、冷凝器、节流机构、蒸发器，如图 2-3-6 所示。

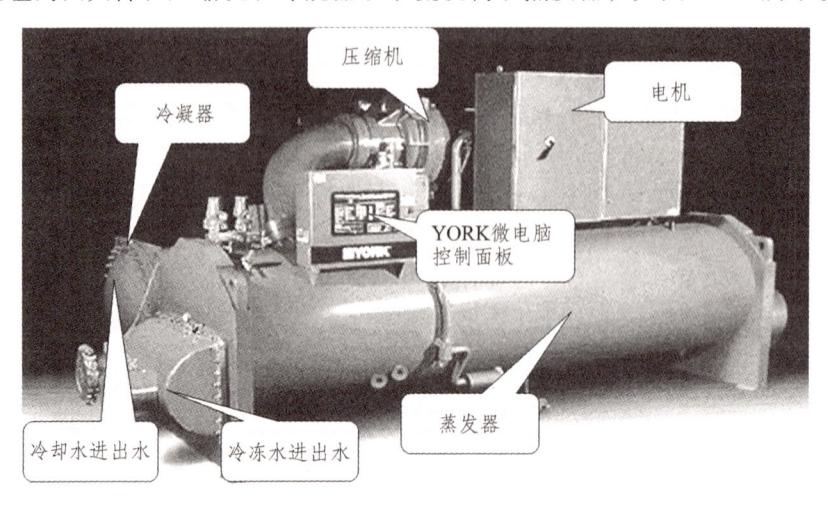

图 2-3-6　冷水机组四大件

压缩机——制冷系统的动力装置，起压缩和输送制冷蒸气的作用，促使制冷剂沿箭头方向不断循环流动。经过压缩机的压缩作用，蒸发器里的制冷剂蒸汽压力下降，冷凝器里的制冷剂蒸汽压力上升。

冷凝器——制冷剂由气态变成液态，需要释放大量的热量被冷却水吸收，使冷却水温度由 32 ℃ 上升到 37 ℃。

膨胀阀——对制冷剂起节流降压作用，并调节进入蒸发器的制冷剂的热量。

蒸发器——制冷剂由液态变成气态，需要从冷冻水中吸收大量的热量，使冷冻水温度由 12 ℃ 下降到 7 ℃。

2. 任务流程

冷却水循环系统

冷却水循环系统是将车站产生的多余热量带走的系统，冷却水吸收热量后，通过冷却水泵送到冷却塔降温后进行往复循环。

1）工作原理

如图 2-3-1 中浅色部分所示，冷却水通过冷水机组中的冷凝器，把制冷剂冷凝产生的热量带走，再经过冷却塔把这部分热量释放到空气中。从冷却塔出来后温度降低，经过冷却水泵再回到冷水机组，这样就构成一个冷却水循环系统。这个系统中的泵称为冷却水泵。

2）冷却水循环系统的设备

冷却水循环系统的设备由冷却塔、冷却水泵、冷凝器、水处理器及相应的水管及水阀等组成。

（1）冷却塔

地铁通风空调工程中冷却塔是为冷水机组冷凝器提供冷却水的设备，如图 2-3-7 所示。

冷却塔是利用水作为循环冷却剂，从系统中吸收热量排放至大气中，以降低水温的装置，一般为桶状，故名为冷却塔。冷却塔大多安装在地面上。

根据通风方式的不同，冷却塔可以分为自然通风冷却塔、机械通风冷却塔。自然通风冷却塔是靠塔内外的空气密度差或自然风力形成的空气对流作用进行通风的冷却塔。机械通风冷却塔是靠大功率风机强制空气与循环水对流作用进行通风的冷却塔。

图 2-3-7　重庆地铁 1 号线冷却塔

根据水流和空气的流动的方向不同，冷却塔可以分为逆流型冷却塔和横流型冷却塔两种。

① 逆流型冷却塔。

逆流型冷却塔内部结构如图 2-3-8 所示，它是在塔内填料中，水自上而下，空气自下而上，两者流向相反的一种冷却塔，其特点是配水系统不易堵塞、淋水填料保持清洁不易老化、湿气回流小、防冻化冰更容易。

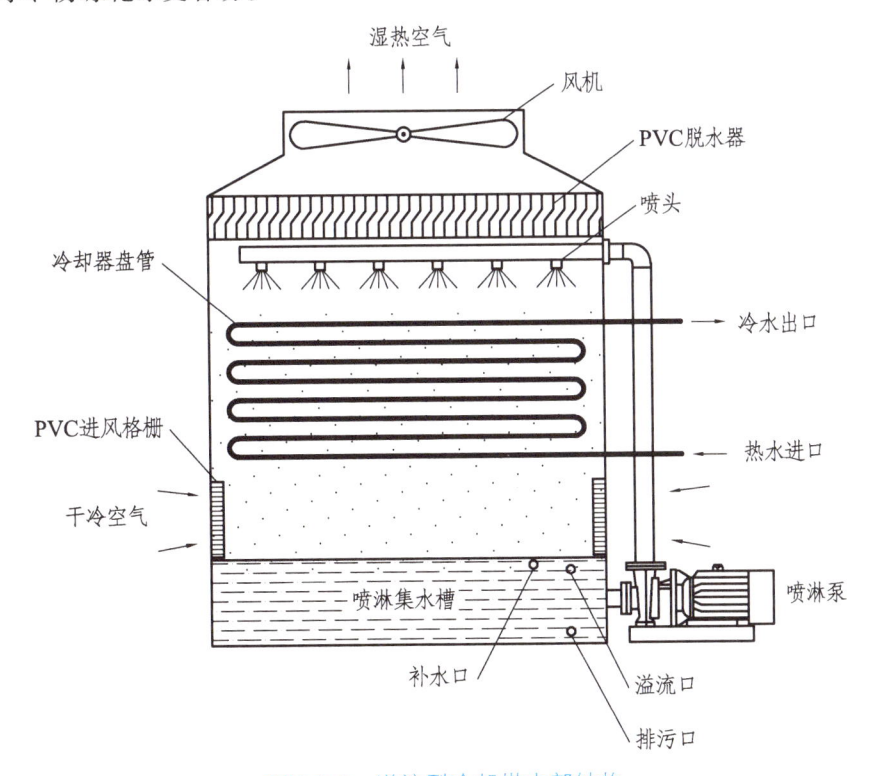

图 2-3-8　逆流型冷却塔内部结构

② 横流型冷却塔。

横流型冷却塔是在塔内填料中，水自上而下，空气自塔外水平流向塔内，两者流向呈垂直正交的一种冷却塔。其特点是节能、水压低、风阻小、配置低速电机，无滴水噪声和风动噪声，填料和配水系统检修方便。

横流型冷却塔主要组成部分有玻璃钢外壳、洒水盆、集水盆、填料、电动机、风扇、进水管和排水管。

地铁站内所用的冷却塔都为方形横流型冷却塔，如图 2-3-9 所示。

图 2-3-9　方形横流型冷却塔

冷却塔利用水和空气的接触，通过蒸发作用来散去冷水机组中冷凝器中产生的热。

冷却水的流动方向为：进水管（35 ℃）—洒水盆—两边填料—集水盆（30 ℃）—排水管。冷空气的流动方向为：冷却塔外部—两边填料—冷却塔内—风扇排出，如图 2-3-10 所示。高温的循环水进入冷却塔，在热交换器-填料处与外界来的冷空气发生水气热交换（主要为蒸发散热和接触散热），从而使高温的循环水降温，以达到冷却散热的目的。

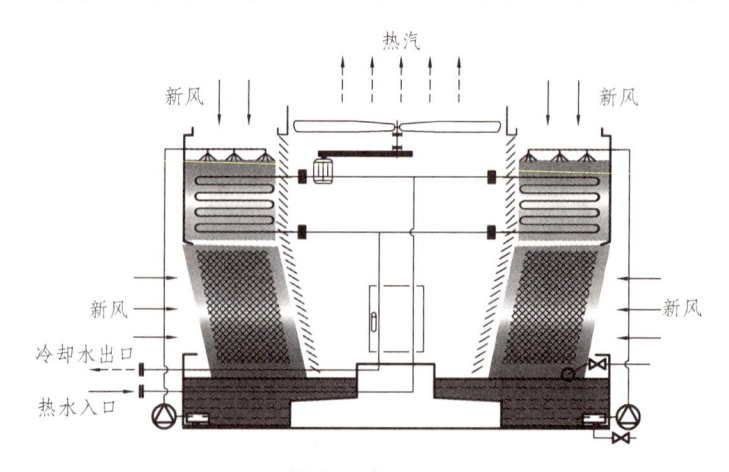

图 2-3-10　横流型冷却塔的工作原理

冷却水在冷水机组的冷凝器中吸热，温度升高，通过冷却水泵，送到冷却塔的布水器中，在布水器中，冷却水被喷淋，形成细小水滴，流经填料层时形成薄薄的水膜，最后流到塔底。水滴和水膜表面的饱和水蒸气分压力与空气中的水蒸气分压力差是热量传递的动力，热量传递的过程是部分液体水吸收气化潜热蒸发成水蒸气，扩散到空气中去的。

热量传递的总效果是大部分水被冷却。冷却后的水被冷却水泵输送到冷水机组的冷凝器中开始新的循环。每循环一次要损失部分冷却水，主要原因是蒸发和漂损。蒸发和漂损量一般占冷却循环量的1%~5%。机械通风式冷却塔由塔体、风机、填料、挡水板及布水器等部分组成。

冷却塔投入运营前的检查：

① 冷却塔风筒的检修人孔是否开启方便，密封良好。
② 填料堆放是否完成，排列是否整齐、均匀、完好。
③ 热水喷头是否安装牢固，喷洒方向是否正确。
④ 塔池是否清理干净、进水管路安装连接是否正确、牢固。
⑤ 除冬季极端天气外，内围配水闸板阀开启。

冷却塔的运行：

① 开启冷却塔补水阀，将塔池水位补至1.9 m。
② 循环水管道静压注水，启动循环水泵，待回水进冷却塔。
③ 检查冷却塔配水系统布水均匀，进水管路、塔壁无渗漏。
④ 塔池水位低至1.5 m补水阀自动开启，水位高至1.9 m补水阀自动关闭。
⑤ 定期巡视检查塔体，记录塔池水位、进水温度、出水温度。

（2）循环水泵。

① 循环水泵的组成及参数。

地铁通风空调工程水泵是为空调输送冷冻水、冷冻回水、冷却水的设备，主要是离心式水泵。外形如图2-3-11所示。

图2-3-11 离心式水泵的外形

离心式水泵的构造主要由泵体、叶轮、轴和轴承等组成。泵体为蜗壳形，以确保流体在蜗壳内流速均匀；泵体须以1.5倍工作压力的试验压力进行水压试验。必须对整个泵的转子进行动平衡，以确保泵的运行平稳。

离心式水泵的参数主要有流量、扬程、转速、有效功率，见表2-3-1。

表2-3-1 2200HLBK-25.7循环水泵的性能参数

项目	单位	冬季单高速	夏季双高速	春秋季两机三泵低速
流量	m^3/s	12.58	10.05	10.27
扬程	mH$_2$O	21.35	28.55	20.4
转速	r/min	370	370	330

| 泵的效率 | % | 87 | 88.5 | 89 |
| 必须汽蚀余量 | m | 11.2 | 9.6 | 8.3 |

② 循环水泵的工作原理。

地铁通风空调系统常用循环水泵为离心式水泵，离心泵启动前，一般泵壳内要灌满液体。当原动机带动泵轴和叶轮旋转时，液体一方面随叶轮做圆周运动，另一方面在叶轮高速旋转而产生的离心力的作用下，叶轮流道里的水被甩向四周，压入蜗壳，在叶轮入口处形成真空，水沿吸水管被吸入。吸入的水又被叶轮甩出经蜗壳而进入出水管，这样叶轮不断旋转，连续吸水、压水，输送水流，如图 2-3-12 所示。

冷却水泵用作冷却循环水的动力，起着输送热量的作用。在冷水机组的冷凝器内，冷却水吸收制冷剂蒸气的热量而使其冷却为液体，冷却水本身温度提高。通过冷却水泵，将冷却水输送到冷却塔，放出热量，再回到冷水机组的冷凝器内。由于冷却水泵的工作，冷却水不断的循环，将热量排放至地面大气中去。

地铁车站般设置 2~3 台 IS 系列离心水泵作为冷却水泵。设置 2 台时，通常冷却水泵的流量较大，1 台水泵能供 2 台冷水机组工作。设置 3 台冷却水泵时，一般为 2 台正常使用，1 台备用。冷却水泵的流量在 100~

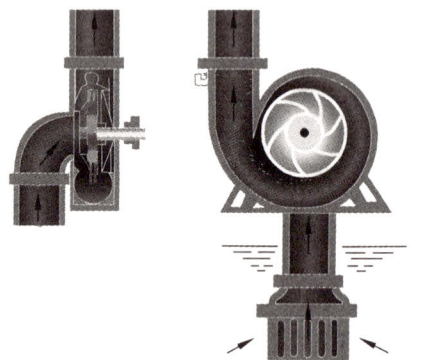

图 2-3-12 离心式水泵的内部结构

200 m³/h，扬程在 30~50 m，电机功率在 45 kW 以下，额定电流在 85 A 以下，转速一般为 1 450 r/min。目前新建线路不再设置备用泵，多采用并联运行方式。

冷却水泵应用于冷却水循环系统，相应的能力提升泵叫作冷却水泵，主要用来保证冷却水系统循环畅通，保证流量使用。冷却泵的两端主要连接冷水机组和冷却塔两大设备。因冷却水管运输的水温一般在 32~37 ℃，亚热带地区冷却水管无须保温，北方冷却水管需加保温措施。冷却水泵分为卧式和立式两种，如图 2-3-13 和图 2-3-14 所示。

图 2-3-13 卧式冷却水泵　　　　　　图 2-3-14 立式冷却水泵

③ 循环水泵启动前检查。

a. 检查确认循环水系统检修工作已结束，工作票终结，现场清理干净、设备系统具备投运条件。

b. 根据阀门检查卡确认各阀门状态正确无误。

c. 检查循环水系统电气、热工有关表计经过校验，指示正确。

d. 检查循环水系统电气、热工保护、联锁和信号装置试验合格。

e. 检查确认循环水系统各电动阀、液动阀开关校验正常，方向正确无卡涩。

f. 检查确认循环水泵出口液控蝶阀关闭严密，液压系统工作正常，液压油箱油位 1/2～2/3 全标尺刻度，油质良好；油泵工作正常，蓄能器投运并工作正常，油压 10～16 MPa，系统无漏油；当油压低于 10 MPa 时油泵自启动运行，油压达 16 MPa 时油泵自停。

g. 检查确认 A、B 循环水泵保护及出口液控蝶阀联锁投入。

h. 检查确认 A、B 循环水泵备用联锁开关解除。

i. 检查确认 A、B 循环水泵电机绝缘合格并已送电。

j. 冷却塔出水口及前池过滤器完好，循环水流道无杂物，冷却塔、前池补水至正常水位。

k. 检查转刷网篦式清污机具备启动条件，启动转刷网篦式清污机运行，确认投入自动控制正常。

l. 检查确认 A、B 循环水泵电机轴承油位正常在 1/2～2/3 全标尺刻度，油质良好。

m. 检查确认工业水压力大于 0.2 MPa，投入循环水泵电机及轴承冷却水，检查冷却水流量大于 45 t/h。

【想一想】 你知道地铁机电维修人员具体在做怎样的工作吗？他们的工作有什么意义呢？

④ 循环水泵投入使用。

a. 开启 A、B 凝汽器水室排气阀。

b. 开启 A、B 凝汽器循环水进、出口电动碟阀。

c. 开启循环水泵进水流道钢闸阀、循环水泵水泵出口压控蝶阀，向循环水泵及循环水母管注水排气。

d. 约 600 s 后，关闭循环水泵出口液控蝶阀，准备启动循环水泵。

e. 选择一台循环水泵高速或低速运行方式，检查循环水泵动力电源开关送到正确位置，DCS 顺控启动该循环水泵，检查其电流、振动、声音正常，出口液控蝶阀 5 s 自动快开至 15°，900 s 后自动全开，检查循环水泵电流、振动、声音及出口压力正常。在此期间，A、B 凝汽器前、后水室排空管见连续水流出后关闭相应排空手动阀。

f. 开启循环水母管至循环水泵电机及轴承冷却水阀，将循环水泵电机及轴承冷却水由工业水源切至循环水源，确认冷却水压力和循环水泵电机、轴承温度正常。

g. 根据需要启动另一台循环水泵，或投入另一台循环水泵备用。

⑤ 循环水泵运行维护。

a. 检查循环水泵电机轴承油位在 1/2 以上，油质良好，冷却水压力正常，回水畅通，电机振动及声音正常。

b. 检查循环水泵导轴承填料函滴水正常，循环水泵运行振动、声音正常。

c. 检查循环水泵出口压力及循环水供水母管压力正常，各轴承、定子绕组线圈温度正常。

d. 检查循环水泵电流稳定且不超过额定值。

e. 检查循环水泵出口蝶阀液压油的油位、油压、油质等正常，液压油泵自启动正常。

f. 检查冷却塔水池及循环水泵前池水位正常。

g. 循环水泵切换

3．冷冻水循环系统

冷冻水在蒸发器中带走制冷剂蒸发时产生的热量后，再到空调系统末端装置（如组合式空调机组或风机盘管）与空气进行换热，温度升高后再次回到冷水机组内通过蒸发器带走制冷剂的冷量，这样构成冷冻水循环系统如图 2-3-1 中深色部分所示。在这个系统中的水泵被称为冷冻水泵。

三、环控冷水系统的供水方式

环控冷水系统一般采用集中供冷的方式工作。集中供冷系统是采用集中制冷、分散供冷的方式，集中设置冷冻机房，通过敷设冷冻水管，依靠二次泵将冷冻水送至各相关站点的空调系统。该系统将多个站点的制冷设备集中在一起，可实现统一的运行。

1．集中供冷的组成

地铁集中供冷系统由冷冻水环路和冷却水环路组成。

1）冷冻水环路

（1）冷冻水一次环路。主要由冷冻水一次泵、冷水机组、冷冻水定压系统及附属设备组成。其主要功能为：空调季根据系统控制的时间表，运营前进行系统预冷；晚间营业结束前，提前关闭部分主机，利用余冷；正常运营制备空调大、小系统冷冻水。

（2）冷冻水二次环路。冷冻水二次环路由二次冷冻水泵、变频器和管网等组成，其主要功能是实现循环冷冻水的远距离输送，并通过监视末端阀门的开度和压力差，计算出末端的冷负荷，进而改变二次冷冻水泵的供电频率（变频），以满足车站实际冷负荷的需求。二次冷冻水泵的变频由末端差压控制。

由于管路长，水网的稳定性差，所以各站的分流管上要加装水力平衡阀进行水力平衡和减压处理。

（3）车站末端设备。车站末端设备主要由各车站的组合空调器、风机盘管及前后的控制阀门组成。组合空调器（或落地式风机盘管）的过水量受其出水管上的比例积分二通阀控制。而控制比例积分二通阀开度的信号是由设置在站台和站厅的温度探头经车站可编程序控制器（Programmable Logic Controller，PLC）计算后发出的。车站 PLC 可将站台、站厅及进、出水温度通过网络传给冷站控制室。

车站末端设备主要由大、小系统的组合式空调器、风机盘管、流量计、温度传感器压力传感器及相应的控制阀门组成。

2）冷却水环路

冷却水环路主要由冷却塔、冷却水泵、阀门及管道组成。冷却水通过冷水机组把制冷剂的热量带走，再经过冷却塔降温来把热量释放到空气中。

2. 集中供冷的特点

（1）集中供冷提供了一种新的供冷方式，可以通过集中冷站的选择使空调系统对周围城市环境的影响减少。

（2）减小了地铁建设与环保、规划的协调工作量，减少了对市民日常生活的影响。

（3）长距离输送冷冻水，输送能耗占总能耗的比率高。

（4）集中冷站便于将冷负荷集中，选用制冷能力大的设备，提高设备使用效率。

（5）集中冷站可以利用天然冷源冷却。

（6）为减少长距离输送反应的滞后性，集中供冷系统应进行集中自动控制。

集中供冷系统为轨道交通通风空调系统的供冷方式提供了一种新的方法，特别是在城市中心区很好地解决了规划、环保等难题。与分站供冷相比，市民不会在闹市区看到体形庞大的冷却塔，减轻了空调系统对城市环境和卫生的影响，提升了地铁线路的先进性。

四、环控冷水系统日常检修及典型故障

1. 冷水机组日常检修

冷水机组日常检查对象包括冷水机组、冷冻水泵、冷却水泵、水处理器、冷却塔、水管水阀及其附件、空调机组、吊式卧式空调柜、进出风管及其风阀等附件、紫外线空气净化器等。

（1）检查电源、接地是否符合要求，接线是否正确。

（2）探听机组运行中有无异常噪声和声响、振动。

（3）通过机组显示屏，检查机组各种参数、数据是否异常，检查油位是否正常，外观检查制冷剂有无明显泄漏现象。

（4）检查冷却水循环系统运转是否正常，有无异常温升、噪声振动。

（5）检查冷冻水循环系统运转是否正常，有无异常温升、噪声振动。

（6）检查水系统阀件位置是否正常，抽查个别阀件动作是否灵活，管路系统有无泄漏。

（7）检查水处理器工作是否正常。

（8）检查冷却塔工作情况是否正常，水位是否适当。

（9）检查空调机组、空调柜运行是否正常，外形有无明显锈迹或形变，探听有无异常噪声，电动机运行是否正常，检查过滤网有无脏堵，排水管排水是否顺畅，风管风阀有无异常。

（10）抽查站厅、站台、设备区域环境温度是否异常，目测布风器风量有无异常。

（11）检查紫外线空气净化器工作是否正常。

（12）认真填写设备日常检查记录本。

2. 典型故障

1）冷却塔结垢

（1）结垢的原因。

① 结垢。经过冷却塔的曝气，水中 CO_2 随空气从水中飘逸，使水中溶解度大的 $Ca(HCO_3)_2$

转化成浓度很小的 $CaCO_3$，从而析出，附着在填料表面成垢；由于循环水蒸发浓缩，使水中 Ca^{2+} 离子、Mg^{2+} 离子达到饱和状态，析出成垢。

② 灰尘。冷却塔通过使水与空气发生强制对流达到降温的目的，相当于水对富含灰尘的空气进行洗涤，从而使其进入系统沉积成垢。

③ 生物黏泥。由于冷却循环水温一般为 30～40 ℃，且氧含量、温度适宜，特别适于细菌的生长繁殖，从而在冷却系统内产生大量细菌、真菌等藻类，形成黏泥。黏泥积附在填料淋水间隙中，使冷却水的流量减少。

（2）冷却塔结垢的危害。

① 增大传热阻力、减少换热面积，降低塔的冷却效果。

② 腐蚀冷却塔，造成漏水、塔壁损坏。

③ 污垢进入凝汽器，造成凝汽器钢管堵塞、传热恶化，影响机组工作效率。

④ 死亡、脱落的细菌、真菌恶臭，污染环境，水的蒸发携带还可能造成周边居民感染，诱发疾病。

（3）防止冷却塔结垢的措施。

① 填料安装、冷却塔与循环水泵配水合理。

② 添加缓蚀阻垢剂。

③ 定期清洗。

④ 更换黏泥堵塞严重的填料。

2）循环水泵出口液控蝶阀故障

液控蝶阀是循环水系统的主要设备之一，它的可靠与否关系着循环水系统的安全与稳定，而循环水系统的运行状况直接影响着机组的真空品质和汽轮机效率，严重故障时可直接导致机组跳闸。例如，备用循环水泵出口液控蝶阀误开，导致运行机组循环水中断，故障停机。循环水泵跳闸，其出口液控蝶阀卡涩未关闭，导致运行机组循环水中断，故障停机。出口蝶阀误关导致循环水泵跳闸。

液控蝶阀故障原因通常有：模拟量反馈装置问题；开关量反馈装置问题；供电电源问题；控制柜安装位置问题。

（1）模拟量反馈装置问题。

液控蝶阀模拟量反馈装置采用滑动变阻器传送 4～20 mA 模拟量信号至 DCS，便于运行人员监视液控蝶阀的开度情况。循环水系统液控蝶阀模拟量反馈装置跑位、显示不准，也会严重影响运行人员对系统的监视工作。

（2）开关量反馈装置问题。

系统油压小于设定压力且油泵设置在自动状态，油泵会自动启动，给系统充压，直至系统油压达到 15.5 MPa。系统油压只有在设定压力范围内蝶阀才可以正常开关。手摇泵作为并联备用，容量较小，且受操作人的动作幅度、摇动频率所限，无法在短时间内充压正常，只能在液压系统调试阶段或检修后系统恢复阶段试验使用，实现蝶阀小角度开关，不能作为蝶阀全行程开关操作的动力源。循环水系统液控蝶阀安装在循环水泵地坑内，环境恶劣、阴暗潮湿，对设备的安全性影响非常大。每台液控蝶阀配备 4 个开关量限位开关装置。限位开关卡涩、进水短路、湿气侵入导致限位开关故障的案例时有发生。循环水泵运行且液控蝶阀出现关闭信号,循环泵将跳闸。

(3)供电电源问题。

循环水液控蝶阀控制柜电源发生故障,油泵无法启动,电源在短时间内不能恢复,PLC备用电源也无法维持继续供电,则液控蝶阀的油压将不能维持液控蝶阀正常运行。此时,如果循环水泵跳闸,则容易造成循环水倒灌,损坏循环水泵,甚至影响机组安全。

(4)控制柜安装位置问题。

液控蝶阀控制系统与电气控制系统共用一个控制柜,控制柜安装在液压油站上方,柜内空间较小,温度较高,对 PLC 卡件影响较大。尤其在夏天,控制柜的 PLC 卡件、接触器、电源空气断路器、UPS 电源等设备长期处于 60 ℃ 以上的高温中,严重影响设备的使用寿命,增加了整个循环水系统的安全风险。

技能实训

冷水机组的预防性检修维护

详见实训工作页技能实训七。

练习与思考

项目二任务三练习与思考

任务四　车站通风空调系统检查与维护

小倩在与老师讨论关于地铁环控系统控制功能及运行过程时，老师向小倩提出了以下几个问题帮助她完成学习。
（1）了解车站通风空调系统的控制方式。
（2）熟悉车站通风空调系统的日常检查。
（3）掌握车站通风空调系统的基本操作。

一、车站环控系统的控制方式

随着地铁工程的不断建设和发展，地铁自动化和智能化程度越来越高，其中地铁通风空调系统（以下简称环控系统）作为 BAS 智能控制的核心部分，起到非常关键的作用。环控系统设备的控制分为三个等级，分别为中央级、车站级和就地级。其中，就地级具有最优控制权。

【想一想】　采用控制分级有什么好处？

1．中央级控制

中央级控制设置在控制中心（OCC），通过网络系统与车站级相连。具有对全线重要的环控系统设备进行监测、遥控等功能，配置有中央级工作站、全线隧道通风系统及车站环控系统中央模拟显示屏，控制中心如图 2-4-1 所示。控制中心工作站可对隧道通风系统进行监控，执行隧道通风系统预定的运行模式或向车站下达大、小系统和环控水系统的各种运行模式指令。

城市地铁的运营调度中心主要包含环控调度、电力调度和行车调度等，其中环控调度主要负责监视所有车站环控设备的运行状态，控制所有车站环控系统设备的运行，下发各站模式号，控制各车站运行模式。

图 2-4-1　深圳地铁控制中心（OCC）

中央级控制的主要功能：

（1）可实现对全线通风空调系统、冷水机组、隧道通风系统的监视和控制。

（2）能自动显示并记录全线环控设备的运行状况和设备累计运行时间。

（3）能实时反映车站温度、湿度等数据。

（4）通过自动控制系统与火灾报警系统在中央级的接口，接收报警信息并触发环控系统的灾害模式，指令环控设备按灾害模式运行。

（5）通过自动控制系统与信号系统的接口，接收区间堵车信息，并对相应区间运行强制通风模式。

2．车站级控制

车站级控制装置位于各个车站的车站控制室（见图 2-4-2），它可以向中央控制转达本站设备信息，并执行中央级控制下达的各项运行指令。在中央级控制工作站的授权下，车站级工作站可以作为本车站的消防指挥中心，当车站工作站出现故障时，紧急后备盘（IBP，见图 2-4-3），可以执行中央级控制下达的所有防灾模式指令。

图 2-4-2　车站控制室

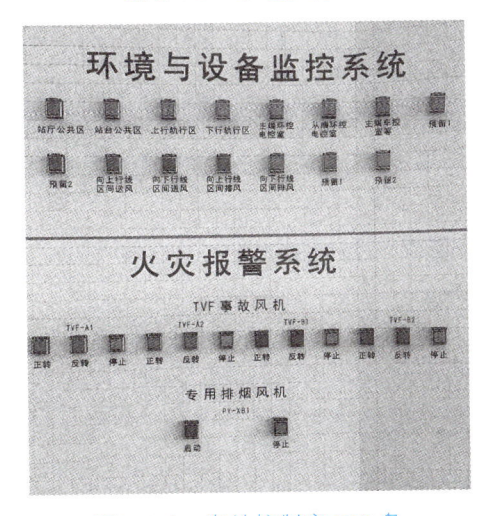

图 2-4-3　车站控制室 IBP 盘

车站级控制的主要功能：

（1）在正常情况下，监视控制本站空调系统；

（2）节能、自动、灾害模式的改变和运行；

（3）火灾时，接收报警信息，进入灾害模式。

3．就地级控制

就地级控制装置（见图 2-4-4 和图 2-4-5）设置在各车站的环控电控室，具有对单台环控设备进行就地控制的功能，便于对各种设备调试、检查、维修。单台环控设备同时设有就地控制箱。在中央级、车站级和就地级三级控制中，就地级控制具有优先权。就地级控制装置运行时，保持到远程状态；检修时，转换到就地状态。

图 2-4-4　就地控制柜

图 2-4-5　环控设备机房就地控制箱

二、车站环控系统的巡查与日常操作

车站环控系统的巡查与日常操作作为环控系统运行维护的基础工作，是实现地铁运营功能的前提保障。环控系统中的设备多为一级负荷，设备一旦出现故障都会影响地铁运营。因此，我们需要掌握车站环控系统的设备巡查与操作、日常运行管理等相关内容。

1．车站通风空调系统的日常巡查

由于城市轨道交通车站站点分散的特殊性，设备管理人员需要对所管辖范围内的机电设备位置、功能、系统结构等非常熟悉，并能掌握相关设备的一般操作、作业流程以及相关的安全事项，以满足设备的维护需求。

车站通风空调系统的设备主要安装在站厅层、站台层环控机房和集中冷站设备房。设备状态除了有车站环境与设备监控系统（见项目三）监控外，还需要车站工作人员进行现场安全检查，对设备状态、运行功能是否正常及时掌握和记录，确保设备安全可靠运行。不同地铁公司对安全检查的内容和周期要求不同。工作人员需要进行经常性、不定期的设备巡查，通过看、听、闻、摸、量、测试、记录等方式及时掌握设施设备的运行状况，准确记录设备的各种运行参数、数据，判断设备的可持续安全运转性能。

及时发现设备在运转中的各种问题，能够处理的及时处理，消除设备的运行缺陷和安全隐患，确保系统及设备能正常运转。对于不能立即处理的问题及时向班组汇报，做好先期处理工作，为以后集中处理提供条件。同时做好设备的清洁工作，清除设备本体、四周的杂物和积灰，保持设备整洁。

按照设备类别，日常检查分为送排风机/排烟机系统、风管风阀等附件系统、环控配电柜、冷水机组系统、多联分体空调系统5大类。

表 2-4-1 所示为杭州地铁公司的安全检查要求。

表 2-4-1　杭州地铁公司的安全检查要求

范围	需求	检查频率		
		值班站长	站长	站区经理
环控设备室及环控机房					
警告/危险提示	未受损/充足	每日（至少一次）	每周	每月
普通爬梯系统	爬梯上锁			
控制面板	正常			
门锁				
排水	无堵塞			
接地装置	状态良好			
设备运行	无异常			
灭火设施	正常			
房间整洁				
正常/紧急照明				
结构				
直通电话				
黄色荧光箭头				
通风	畅通			
所有电缆间	无障碍			

2．车站环控系统设备的巡视与基本操作

车站环控设备开机前的准备工作和基本操作、巡检、检修和操作等都须遵循相关规定，以冷水机组为例，其间要设备准备和操作流程如图 2-4-6 所示。

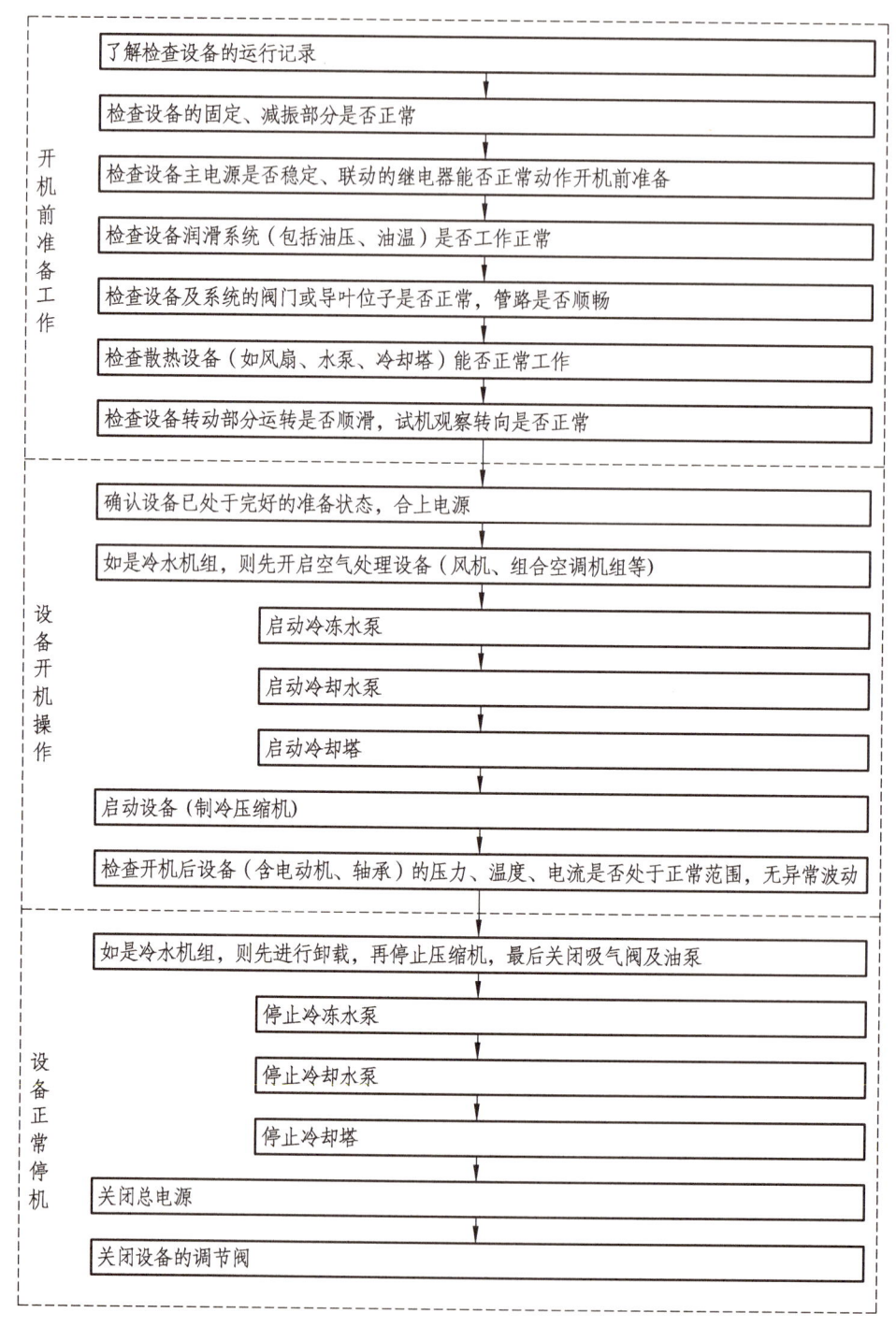

```
┌─────────────────────────────────────────────────────────────────────┐
│         ┌──────────────────────────────────┐                        │
│         │ 了解检查设备的运行记录              │                        │
│         └──────────────┬───────────────────┘                        │
│  开      ┌──────────────▼───────────────────┐                       │
│  机      │ 检查设备的固定、减振部分是否正常      │                       │
│  前      └──────────────┬───────────────────┘                       │
│  准      ┌──────────────▼─────────────────────────────────────┐     │
│  备      │ 检查设备主电源是否稳定、联动的继电器能否正常动作开机前准备 │   │
│  工      └──────────────┬─────────────────────────────────────┘     │
│  作      ┌──────────────▼─────────────────────────────┐             │
│         │ 检查设备润滑系统（包括油压、油温）是否工作正常  │             │
│         └──────────────┬─────────────────────────────┘             │
│         ┌──────────────▼───────────────────────────────────┐       │
│         │ 检查设备及系统的阀门或导叶位子是否正常，管路是否顺畅 │       │
│         └──────────────┬───────────────────────────────────┘       │
│         ┌──────────────▼─────────────────────────────┐             │
│         │ 检查散热设备（如风扇、水泵、冷却塔）能否正常工作 │             │
│         └──────────────┬─────────────────────────────┘             │
│         ┌──────────────▼─────────────────────────────────┐         │
│         │ 检查设备转动部分运转是否顺滑，试机观察转向是否正常 │         │
│         └──────────────┬─────────────────────────────────┘         │
│- - - - - - - - - - - - ▼ - - - - - - - - - - - - - - - - - - - - - │
│         ┌──────────────────────────────────────┐                    │
│         │ 确认设备已处于完好的准备状态，合上电源    │                    │
│         └──────────────┬───────────────────────┘                    │
│         ┌──────────────▼─────────────────────────────────────┐     │
│  设     │ 如是冷水机组，则先开启空气处理设备（风机、组合空调机组等） │   │
│  备     └──────────────┬─────────────────────────────────────┘     │
│  开              ┌──────▼──────┐                                    │
│  机              │ 启动冷冻水泵  │                                    │
│  操              └──────┬──────┘                                    │
│  作              ┌──────▼──────┐                                    │
│                 │ 启动冷却水泵  │                                    │
│                 └──────┬──────┘                                    │
│                 ┌──────▼──────┐                                    │
│                 │ 启动冷却塔    │                                    │
│                 └──────┬──────┘                                    │
│         ┌──────────────▼──────────┐                                │
│         │ 启动设备（制冷压缩机）      │                                │
│         └──────────────┬──────────┘                                │
│         ┌──────────────▼─────────────────────────────────────────┐ │
│         │ 检查开机后设备（含电动机、轴承）的压力、温度、电流是否处于正常范围，无异常波动 │
│         └──────────────┬─────────────────────────────────────────┘ │
│- - - - - - - - - - - - ▼ - - - - - - - - - - - - - - - - - - - - - │
│         ┌────────────────────────────────────────────────────────┐ │
│         │ 如是冷水机组，则先进行卸载，再停止压缩机，最后关闭吸气阀及油泵 │ │
│         └──────────────┬─────────────────────────────────────────┘ │
│                 ┌──────▼──────┐                                    │
│  设             │ 停止冷冻水泵  │                                    │
│  备             └──────┬──────┘                                    │
│  正             ┌──────▼──────┐                                    │
│  常             │ 停止冷却水泵  │                                    │
│  停             └──────┬──────┘                                    │
│  机             ┌──────▼──────┐                                    │
│                │ 停止冷却塔    │                                    │
│                └──────┬──────┘                                    │
│         ┌─────────────▼──────────┐                                 │
│         │ 关闭总电源                │                                 │
│         └─────────────┬──────────┘                                 │
│         ┌─────────────▼──────────┐                                 │
│         │ 关闭设备的调节阀           │                                │
│         └────────────────────────┘                                 │
└─────────────────────────────────────────────────────────────────────┘
```

图 2-4-6　环控设备准备和操作流程

3．螺杆式冷水机组的巡视与基本操作

1）开机前准备工作

① 认真检查机组运行记录，了解和分析机组技术状况和故障停机原因。对于存在的故障

应及时予以排除。若为长期停机后的首次开机，应先进行调试。

② 检查冷水机组控制柜、供液阀调节马达、油加热继电器、带状发热丝、主机、冷冻水泵、冷却水泵、补水泵、水塔风扇继电器等是否均在可送电状态；机组控制柜电源电压是否在允许值内，三相是否平衡。

③ 机组通电 24 h 加热，油温是否在 38 ℃ 以上或比制冷剂蒸发温度高 18 ℃（如果电阻低于 200 MΩ 时要对机组继续加热，使电阻值满足要求）。

④ 检查压缩机视窗的冷冻油液位是否正常。油位高度应达到油面线即油镜中间位置上。正常运行时，视液镜应看不到油位，检查制冷剂阀及冷冻油回路电磁阀是否处在可正常工作位置。

⑤ 检查蒸发器和冷凝器的水管管路上的控制阀门是否动作灵活，开关是否到位并处于可正常运转位置。

⑥ 检查冷却、冷冻水是否足够（风冷式冷水机组风道是否畅通），浮球及浮球阀是否能动作补水，检查冷却塔电源是否正常，水温是否超过 ℃。

⑦ 检查市政供水是否正常，补水箱、膨胀水箱水量是否足够。

（2）开机。

① 打开冷冻水泵，检查水泵电机的转向，并且校正通过蒸发器的水流量，使其达到指定的流速，排出系统内的空气。

② 打开冷却水泵，检查水泵电机的转向，并且校正通过冷凝器的水流量，使其达到指定的流速。排出系统内的空气。

③ 打开冷冻水水流开关。

④ 压缩机电路断路器接通。

⑤ 用户控制触点合上。

⑥ 接通控制开关及压缩机开关。

⑦ 在微机键盘上按"RESET"键 5 s。

⑧ 在主菜单上按开机键。

（3）关机。

① 回到主菜单。

② 在主菜单上按关机键。

（4）日常巡视保养。

螺杆式冷水机组日常巡视内容包括机组外观、状态及水系统检查。

① 操作人员在未经有关技术人员同意的情况下，不得擅自设定或更改有关参数。

② 从主画面上可读取冷冻水进出水温、冷却水进出水温、油压差、油温、负荷百分比、制冷剂蒸发温度及冷凝温度。

③ 从蒸发器、冷凝器的进出水管的压力表上可读取冷冻水进出水压力及冷却水进出水压力。

④ 读取轴承温度、制冷剂的蒸发压力及冷凝压力、运行电流及扇门开度。

⑤ 检查冷水机组电流是否在正常范围内。

⑥ 在水冷式机组的满液式蒸发器视窗上观察制冷剂沸腾液面。

⑦ 检查各级冷却水、冷冻水进出水压、压差是否在正常范围内，压力波动幅度是否过大；

检查冷却水量是否足够，冷却塔风扇运行是否正常，冷却塔电动机电流是否正常。

⑧ 正常运行时压缩机的视液镜中看不到油位，只要油压和油温在限制范围之内，冷冻油起泡仍可运行。

⑨ 留意冷水机运行时是否发出异响，如较大的浪涌等。

⑩ 检查冷冻（变频）水泵、冷却水泵是否发出异响，是否有漏油、漏水现象。检查水泵就地控制箱各指示灯是否正常等。

（5）注意事项。

① 在压缩机开机前，加热器至少要通电 24 h。

② 管网安装的各种水阀，在开机之前须首先确认是否处于工作状态。

③ 开机前 20 min，须打开冷冻泵、冷却泵、冷却塔，确认达到指定流量后，方可开机。

④ 在 15 min 内，开启压缩机的次数不能超过一次。

⑤ 发现异常，立即关机，并通知维修人员。

2）水泵的基本操作及巡检

（1）开机前准备工作。

当水泵停用时间较长，或是在检修及解体清洗后准备投入使用时，必须要在开机前做好以下检查与准备工作：

① 水泵轴承的润滑油充足、良好。

② 水泵及电动机的地脚螺栓与联轴器（又称靠背轮）螺栓无脱落或松动。

③ 水泵及进水管部分或全部充满了水，当从手动放气阀放出的水没有气时即可认定，如果能将出水管也充满水，则更有利于一次开机成功。在充水的过程中，要注意排放空气。

④ 轴封不漏水或为滴水状（但每分钟的滴数符合要求）。如果漏水或滴数过多，要查明原因，并检修至符合要求。

关闭出水管的阀门，以利于水泵的启动，如装有电磁阀，则手动阀应开启，电磁阀关闭。同时，要检查电磁阀的开关是否动作正确、可靠。对卧式泵，要用手盘动联轴器，看水泵叶轮是否能转动，如果转不动，要查明原因，消除隐患。

（2）开机。

① 确认现场水泵编号。

② 将空调电控室对应抽屉柜上控制钮切换到现场。

③ 在空调电控室抽屉柜或现场控制箱上，按下启动钮，确认运行灯是否点亮。

④ 确认设备工作状态。

（3）关机。

① 确认现场水泵编号。

② 将空调电控室对应抽屉柜上控制钮切换到现场。

③ 在空调电控室抽屉柜或现场控制箱上，按下停止钮，确认停止灯是否点亮。

④ 确认设备工作状态。

（4）巡检内容。

① 检查水泵就地控制箱各指示灯是否指示正常。

② 电动机不能有过高的温升，且无异味产生。

③ 轴承温度不得超过周围环境温度 35~40 ℃，轴承的最高温度不得高于 80 ℃。

④ 轴封处（除规定要滴水的形式外）、管接头均无漏水现象，填料型轴封的漏水应该是少量均匀的。

⑤ 有无异常噪声和振动。

⑥ 地脚螺栓和其他各连接螺栓的螺母无松动。

⑦ 基础台下的减振装置受力均匀，进出水管处的软接头无明显变形，是否都能起到了减振和隔振作用。

⑧ 电动机工作电流在正常范围内。

⑨ 进、出水压力表指示正常且稳定，无剧烈抖动。

（5）注意事项。

① 开机前确认水阀是否处于指定状态。

② 发现异常，立即关机，并通知维修人员。

4．冷却塔的基本操作及巡检

（1）巡检。

① 检查风筒周围应无异物。

② 检查风机末端与风筒内壁之间是否有足够的间隙，并且间隙均匀，风机叶片角度应一致，以免运转时造成损坏。

③ 传动带松紧调整适当，大小带轮之间必须保持同一水平。

④ 清除播水盆、喷头和塔体内部杂物，并检查各管道是否堵塞。

⑤ 间断性启动水泵，将管内空气排除，直到管道与底盆充满循环水为止。

⑥ 检查电路电压是否正确，确认电路开关、熔丝和接线规格是否符合电动机负载，同时避免缺相运转，以免烧坏电动机。

⑦ 检查外接水泵安装是否正确。

⑧ 检查各运转部件是否转动灵活，如有问题及时解决，以免造成损失。

（2）开机。

① 确认现场冷却塔编号。

② 将现场控制箱上控制钮切换到现场。

③ 在现场控制箱上，按下启动钮，确认运行灯是否点亮。

④ 确认设备工作状态。

（3）关机。

① 确认现场水泵编号。

② 将现场控制箱上控制钮切换到现场。

③ 在现场控制箱上，按下停止钮，确认停止灯是否点亮。

④ 确认设备工作状态。

（4）注意事项。

① 开机前一定要确认进出水阀门均已打开。

② 发现异常，立即关机，并通知维修人员。

5．组合式空调机组的基本操作

（1）开机。

① 确认现场机组编号。

② 将现场控制箱上控制钮切换到现场。

③ 在现场控制箱上，按下启动钮，确认运行灯是否点亮。

④ 确认设备工作状态。

（2）关机。

① 确认现场机组编号。

② 将现场控制箱上控制钮切换到现场。

③ 在现场控制箱上，按下停止钮，确认停止灯是否点亮。

④ 确认设备工作状态。

（3）注意事项。

① 风机启动前，操作人员必须离开风机段，关闭好检查门，方可启动风机。

② 手动停机时，应在风机完全停止运转后，再将进风风阀关闭。

③ 操作人员要进入风机段，必须先关风机，待风机停止运转后，方可打开通道门，进入风机段。

④ 在空调器出风口风阀关闭的情况下，严禁开机。

⑤ 确认进出口水阀是否在指定状态。

⑥ 发现异常，立即关机，并通知维修人员。

6．柜式空调机组的基本操作

（1）开机。

① 确认现场机组编号。

② 将现场控制箱上控制钮切换到现场。

③ 在现场控制箱上，按下启动钮，确认运行灯是否点亮。

④ 确认设备工作状态。

（2）关机。

① 确认现场机组编号。

② 将现场控制箱上控制钮切换到现场。

③ 在现场控制箱上，按下停止钮，确认停止灯是否点亮。

④ 确认设备工作状态。

（3）注意事项。

① 空调器出风口的风阀在关闭的情况下，严禁开机。

② 确认进出口水阀是否在指定状态。

③ 发现异常，立即关机，并通知维修人员。

7．回/排风机、隧道风机的基本操作

（1）开机前的检查。

① 检查润滑油的名称、型号、性能和加注量是否符合要求。

② 通过联轴器或传动等盘动风机，以检查风机叶轮是否有卡住或摩擦现象。

③ 检查风机机壳内、联轴器附近、带罩等处是否有影响风机转动的杂物，若有则应清除。同时，应检查（传动带转动时）传动带的松紧程度是否合适。

④ 检查通风机、轴承座、电动机的基础地脚螺栓或风机减振支座及减振器是否有松动、变形、倾斜、损坏现象，如有则应进行处理。

⑤ 检查风机的转向是否正确。

⑥ 关闭作为风机负荷的风机入口阀或出口阀。

⑦ 如果驱动风机的电动机经过修理或更换，则应检查电动机转数与风机是否匹配。

（2）开机。

① 确认现场风机编号。

② 将现场控制箱上控制钮切换到现场。

③ 在现场控制箱上，按下变频启动钮，确认变频运行灯是否点亮。

④ 确认设备工作状态。

（3）关机。

① 确认现场风机编号。

② 将现场控制箱上控制钮切换到现场。

③ 在现场控制箱上，按下停止钮，确认停止灯是否点亮。

④ 确认设备工作状态。

（4）注意事项。

① 开机前，确认风阀处于指定状态。

② 发现异常，立即关机，并通知维修人员。

三、车站环控系统的设备维护

1．车站环控系统设备维修计划编制依据

（1）设备的检修周期、间隔期、周期结构。

（2）上一年度、月度检修计划的执行情况。

（3）设备实际技术状况和缺陷项目、评估报告。

（4）设备的技术升级规划。

（5）设备检修的各项定额资料。

（6）设备历次检修记录。

（7）设备故障、事故资料。

（8）设备检修对生产的影响。

（9）设备检修的资金安排。

（10）其他影响通风设备检修计划安排的因素。

2．车站环控系统设备维修规程

1）维护管理制度

（1）安全规程。

为了确保巡视、检修作业过程中的人身和设备安全，结合专业特点，地铁运营公司编制

了《安全规程》，适用于相应专业设备维护维修活动的所有人员。

对维修人员安全能力进行综合评价，考核和考试认定评定安全等级，维修人员达到安全等级要求才能进行相应等级的检修作业。

环控设备检修作业前需向环调申请作业令，如需进入轨行区作业的还要向行调申请上线作业令，作业令经批准并在车控室进行登记后才能检修作业。

检修作业范围不能超出作业令规定范围，检修作业过程应符合安全规程规定。

检修作业完成后需向环调销令、在车控室销记。

（2）维修规程。

为了保证环控系统设备安全、可靠、优质运行，依据法律法规的要求，并结合设备维修、维护管理经验，地铁运营公司制定了《维修规程》。规程规定了环控系统的维护管理的一般原则，拟定了环控系统各类设备维护检修周期、内容及检修标准。

2）环控系统常见故障及维护分类

环控系统设备的计划检修按完成的时间、进度分为季检、年检、四年检、八年检。按设备维修的程度分为大修和维护保养。

（1）计划检修。

计划性检修是保障设备系统稳定运行、预防设备出现故障，进行的周期性检查检修。高一级的计划检修包含低一级的所有内容。每年年底前，设备维修部门应根据本规程内容及相关规范要求，制订下一年度的维修计划，报上级部门审批后执行。按站点、运行区间、设备子系统、单次能完成的作业量编排月计划，月计划再分解成周计划，分批次完成计划性检修。

下面以风机、防火阀、冷水机组和空调机组为例，说明计划检修的内容。

① 风机检修。

a. 工季检内容及标准。

检查设备周围环境、软接头、地脚螺栓或吊杆螺栓、检查减振器、检查风机电动机、叶轮及机壳。

检查电动机及风机进线端电缆绝缘，绝缘电阻应不低于 0.5 MΩ。

检查风机的运行电流，三相电流平衡率不超过 ±10%。

就地试运行 30 min 以上，运行时电动机和轴承温升、声音、振动、风速应正常。

b. 年检内容及标准。

- 包含季检全部内容。
- 风机吊杆及基础螺栓的紧固，紧固件、受力件应牢固可靠。
- 加注风机轴承润滑油，同时满足每运行 4 000 h 加注一次。
- 检查风机叶片、叶轮，应紧固可靠。
- 运行声音的检测，应满足设计要求。
- 风机外观局部除锈补漆，保持整机外观良好，无积尘、无油污、无锈蚀。

② 防火阀检修。

a. 季检内容及标准。

- 检查防火阀是否处于正常位置。检查阀框、阀片无变形损伤。
- 检查电动防火阀的电源箱应正常。检查执行器电动、手动动作应灵敏。清除阀体表面灰尘及杂物。

- 检查连杆传动机构，应无松动现象。
- 检查风阀开闭，应开、关到位，与单体风阀、风管的连接应无松动。
- 与风机熔断联锁的风阀应能实现联锁功能。

b. 年检内容及标准。
- 包含季检项目。
- 连杆传动机构关节的清洁。
- 检查风阀关闭后的漏风量处于正常范围。
- 检查风阀执行器防高温保护层，应完整。

③ 冷水机组检修。

a. 季检内容及标准。
- 检查控制箱内电气线路
- 检查机组制冷剂回路。
- 检查机组保温层，应完好无脱落。
- 校验水流开关动作灵敏度。
- 校验温度、压力传感器的灵敏度，温度传感器的年检内容及标准准确度。
- 检查热交换器的内部清洁，铜管内部应无水垢、淤泥等沉积物。
- 检查机组循环水回路应无泄漏现象。

年检内容及标准
- 测量压缩机绝缘电阻，不低于 0.5 MΩ。
- 检查机组运行电流，三相电流平衡率不超过 ±15%。
- 检查主机运行情况，振动值和噪声值应在规定范围内。
- 检查电动机保护器，应能控制灵敏。
- 检查安全阀，应无生锈、腐蚀、集灰、结垢、泄漏等现象。

c. 两年检内容及标准。
- 包含年检全部内容。
- 更换冷冻机油。
- 更换制冷剂过滤器、润滑油系统过滤器。
- 更换 PLC 电池，避免信息丢失
- 使用化学药剂清洗冷凝器、蒸发器。

④ 空调机组检修。

a. 季检内容及标准。
- 检查整机内外形态和密封度，机身外壳应无凹凸变形，基础支撑架无变形及锈蚀，软接无破损、开裂及漏风。
- 检查过滤网支架，应无松动、脱落，压差计无报警、能动作。
- 检查表冷器，换热面应整洁无灰垢，排水槽、容水弯应畅通、无锈蚀。
- 检查风机、电动机，紧固螺钉应无松动、移位，风机叶轮、支架清洁无尘。
- 检查风机轴承润滑，应润滑良好。
- 检查传动带挠度，皮带轮的平行度应满足技术标准，手动盘车时应无异响，振动无异常。
- 检查电动机及风机进线端电缆绝缘，绝缘电阻应不低于 0.5 MΩ。

- 检查风机的运行电流，三相电流平衡率不超过 ±10%。
- 就地试运行 30 min 以上，运行时电动机和轴承温升、声音、振动以及风速应正常。

b. 年检内容。
- 清洗表冷器外部翅片，对内部管路进行除垢处理。
- 紧固空调机组（柜）吊杆及基础螺栓，紧固件、受力件应牢固可靠。
- 加注风机轴承润滑油，同时满足每运行 4 000 h 加注一次。
- 检查风机叶片、叶轮，应紧固可靠。
- 运行声音的检测，应满足设计要求。

（2）故障检修。

故障检修优先于计划性检修。故障处理应本着"先恢复、后维修"的原则进行处理，当发现故障后，应立即停止工作，将故障设备屏蔽或隔离，进行处理恢复。若不能及时恢复，应做好防范措施并及时上报。

故障处理前应先分析故障，通过询问、观察、测量故障设备，分析故障原因，提出解决办法，确定维修方案，不可盲目处理故障设备。

若情况紧急需断电源，应立即断电，然后按程序报告。维修人员不能处理的故障，应立即向机电维修调度反映。故障维修完毕后，应进行运行试验，确保系统能可靠运行后，方可移交给使用部门。维修人员应及时、准确填写维修记录。

（3）设备大修。

设备大修的范围包括隧道风机（TVF 风机）、排热风机（OTE 风机）、射流风机、50 kW 以上的排烟风机、冷水机组以及精密空调。

这些设备根据统计的使用时间来确定大修的时间间隔。《维修规程》建议，设备累计使用时间达到 5 000 ~ 10 000 h，应该进行一次设备大修。

技能实训

车站通风空调系统故障分析与处理

详见实训工作页技能实训八。

练习与思考

项目二任务四练习与思考

项目三

车站环境与设备监控系统

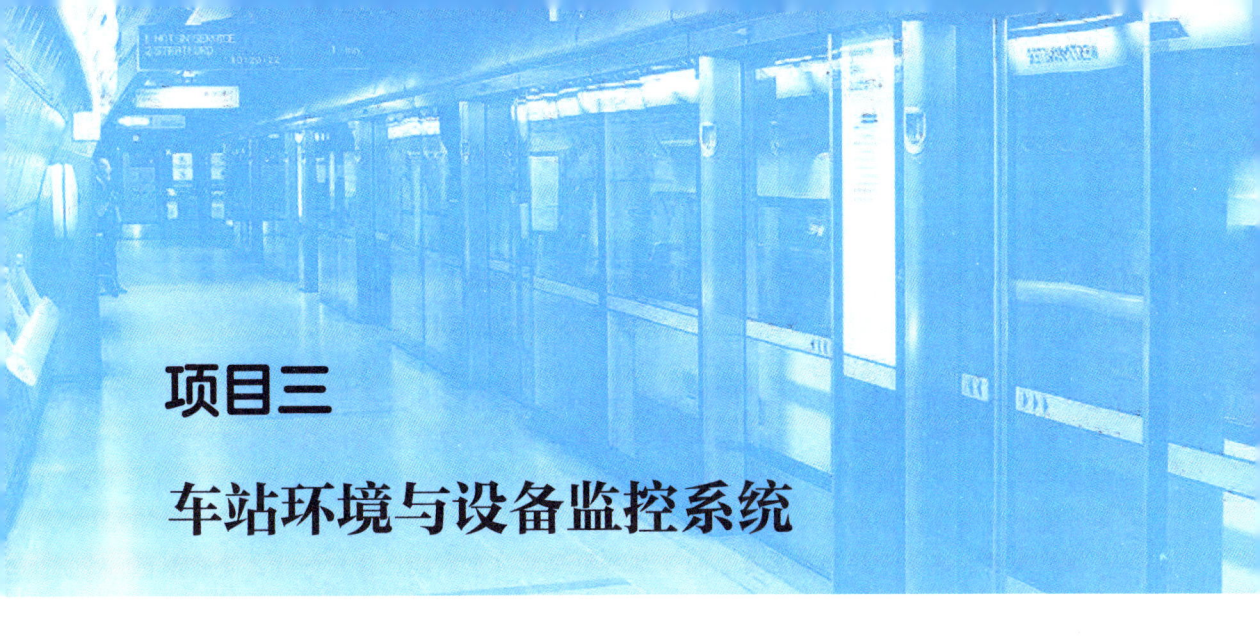

为了满足城市轨道交通的运营要求,在车站设置了可以保障正常运营的照明设备、通风空调设备、给排水设备、屏蔽门系统、自动扶梯等机电设备。同时,为满足在紧急状态的报警、乘客疏散、救灾等要求,在轨道交通车站还设置了火灾报警系统、水消防系统、气体灭火系统、防排烟系统设备等机电设备和系统。为了实施这些系统和设备相互间的有序联动控制和监视,在城市轨道交通线上设置了称之为"环境与设备监控系统"(Electrical and Mechanical Control System,EMCS 或 Building Automatic System,BAS)的自动控制系统,形成了一个强大的轨道交通运营保障系统。

知识目标

(1)认识车站环境与设备监控系统(BAS)的概念及功能。
(2)掌握车站环境与设备监控系统(BAS)的监控范围及网络结构。
(3)掌握车站环境与设备监控系统(BAS)的操作与运行管理。

技能目标

(1)能掌握车站环境与设备监控系统(BAS)的各层结构。
(2)能对车站环境与设备监控系统(BAS)的监控内容、监控模式进行分析。
(3)使学生具备城市轨道交通环控检修相关岗位的基本职业能力,掌握环控检修相关岗位的基本工作标准和工作要求,养成环控检修相关岗位的职业习惯。

思政目标

(1)通过城市轨道交通 BAS 的学习,使同学了解 BAS 的主要功能和组成,培养学生具有爱岗敬业、艰苦奋斗、遵纪守法、团结合作的品质。
(2)培养学生的爱国主义精神、职业素养、敬业精神、服务意识、担当意识、工匠精神。
(3)培养学生严肃认真的学习态度、严谨的学习作风。主动学习、合作学习。

引导案例

城轨信息化案例——基于云计算的综合监控系统实践

温州市域铁路 S1 线一期工程的综合监控系统,在国内首次采用了云技术架构,目前已取得初步成效。它创新性地实现了云构架综合监控系统的建立,系统稳定,满足轨道交通综合监控系统要求的各项指标,有效提高了各系统的协调配合能力,并能实现系统间高效联动,可提升轨道交通线整体的自动化水平。

简单来说,基于云计算的综合监控系统是把车站、车辆段、停车场的实时服务器迁移至中央,并通过虚拟化技术来进行搭建。即由位于中央的服务器群组虚拟出中央级和车站级服务器,综合监控系统通过全线的主干网络将各车站监控网的监控信息直接汇集到控制中心的服务器群组从而实现本线内多系统的综合监控管理。

采用基于云平台的综合监控系统可以提高系统的可用度、可维修性、资源利用率及数据处理能力,但最重要的,还是要提高系统的健壮性(高可靠性)。

对于集中在中央的云构架综合监控设备,运营过程中降低了运维难度,提高了故障处置速度,降低了维护人员工作负荷强度,通过报警故障统计归类分析,运营维护从计划检修向策略检修过渡。

(摘自 RT 轨道交通网)

任务分解

小谢是重庆市某职业院校的学生,作为热爱城市轨道交通专业的一员,他把学习"城市轨道交通消防与环控系统运行及维护"这门课程作为自己的重点内容。阅读完上面的案例,小谢认识到城市轨道交通机电设备监控系统(BAS)负责对全线各车站的通风空调设备、给排水设备、电梯和自动扶梯、车站照明设备、站台门设备、消防及环控设备等车站机电设备进行全面、有效的自动监控,确保设备可靠运行,从而保证乘客乘车的安全性与可靠性。因此通过本项目的学习,小谢需要掌握以下方面的知识与技能:

任务一:认识车站环境与设备监控系统的概念及功能。

任务二:学习车站环境与设备监控系统应急处理。

任务一　车站环境与设备监控系统概述

一、车站环境与设备监控系统的组成及功能

车站环境与设备监控系统的名称来源于智能建筑的建筑自动化系统（BA），于 2003 年 5 月的地铁设计规范中被正式命名。其他相应的名称还有机电设备监控系统（EMCS）。

1. 环境与设备监控系统的定义

《地铁设计规范》（GB 50157—2013）标准中将环境与设备监控系统定义为："对地铁建筑物内的环境与空气调节、通风、给排水、照明、乘客导向、自动扶梯及电梯、站台门、防淹门等建筑设备和系统进行集中监视、控制和管理的系统"。

车站环境与设备监控系统（Bulding Automation System，BAS）对地铁车站及沿线分布的环控及其他机电设备进行监控，保证机电设备安全有序地运行，使它们在正常运营时为乘客和工作人员营造良好舒适的环境，并在紧急情况下（如火灾）协调环控系统设备运行特定灾害模式，为站内人员人身和财产安全提供有力保障。

2. 环境与设备监控系统的发展过程

（1）1997 年，北京 1 号线，定制模式，环控自动化监控系统。

（2）1999 年，北京复八线，采用直接数字控制技术（DDC）。

（3）2003 年后，采用 PLC 的综合自动化系统（IAS），它更近似于 BA，是集成了 BAS、PSCADA、FAS、PA、CCTV、ACS 等专业功能的大型综合自动化系统。

（4）目前采用自动控制系统对车站风水电等环境控制系统进行监控，包括对车站的扶梯、给排水、照明等设备进行监视报警，控制车站及区间的环控设备及其他机电设备高效、稳定、安全地运行。

3. 车站环境与设备监控系统的设备组成

城市轨道交通环境与设备监控系统一般由两个子系统构成：一是对车站通风空调系统（简称环控系统）相关机电设备及防排烟设备进行监控的管理网络，其控制器采用冗余配置；二是对车站照明、自动扶梯给排水等设备进行监控的管理网络。

城市轨道交通环境与设备监控系统设控制中心和车站两级管理，控制中心为主控级，车站为分控级。控制结构分为控制中心、车站、就地三级控制，控制中心管理级的监控设备位于控制中心（OCC）的中央控制室，如图 3-1-1 所示。

图 3-1-1　控制中心中央控制室

1）中央级设备组成

中央级设备负责监视全线环控系统的设备状态和全线的环境状况并向各站发布控制命令，定时记录设备运行状态，记录车站温度、湿度等数据，同时可以根据工作人员的需要绘制曲线图、定制报表等。其硬件构成：中央实时服务器、中央历史服务器、操作员工作站、工程师工作站、打印设备、网络设备、大屏幕或模拟显示设备等。

2）车站级设备组成

车站级设备主要包括车站工作站、交换机、主控 PLC、UPS 电源等。

3）就地级设备组成

就地级也称现场级，设备主要包括现场 PLC、温湿度传感器、压力传感器、各种阀门等执行机构。

4．车站环境与设备监控系统的作用

设置环境与设备监控系统的作用就是对城市轨道交通车站内所有机电设备进行自动化监控与管理，为乘客和工作人员提供舒适的环境，同时节约能源，降低运营成本。

（1）对城市轨道交通建筑设备实现集中监控，并对其环境进行实时监测和优化控制。通过现代控制技术与网络技术，对现场机电设备运行状况实时进行集中监视、控制和报警，减少设备操作复杂性及操作难度，协调设备动作。以经济运行为目的，对车站环境进行检测，并据此控制环控系统的设备高效运行，以提高整体环境的舒适度，并通过相关算法实现系统能源管理自动化，提高节能效率。

（2）接受 FAS（火灾自动报警系统）和 ATS（列车自动控制系统）等的灾害信息，控制相关设备转向灾害模式，从而实现城市轨道交通防灾自动化。

（3）通过对设备、环境参数的采集记录，对车站设备运行情况进行统计、协助维修管理、提供趋势运行和维修预告，为设备管理决策提供科学依据，实现设备管理自动化。

5．车站环境与设备监控系统功能

车站环境与设备监控系统同时具备装置自动化和数据管理两方面功能。通过对城市轨道交通内部设备进行最佳控制，实现基于设备、面向工艺过程的过程控制自动化；以实时或历史的设备状态数据为基础的设备管理自动化；以环境状态检测为基础的，面向工况的防灾自动化；以节能降耗为目的的能量管理自动化。

1）BAS 系统总体部署与规划

（1）监控管理层功能概述。

BAS 基于大型的分布式监控软件平台，由计算机、服务器、网络设备、打印设备、大屏幕设备、数据接口设备（CIU）构成，包括通用的 SACDA 功能和 MES 功能，支持运营调度和运营管理。

（2）装置自动化层功能概述。

装置自动化层主要由 PLC 控制器、控制网络、本地或远程 I/O、控制柜等构成。

其主要功能包括但不限于数据采集、转换、传输；监控对象实时数据库；设备控制；模式控制；时间表控制；环境控制与节能运行；智能与优化控制；防灾联动控制；系统参数设置；报警及事件推送；时钟同步；系统自诊断功能；系统恢复与保护功能等

2）BAS 系统可以实现的基本功能

（1）监视功能。

① 数据监视。

数据监控与管理功能以实时生产过程数据信息为基础，面向的是运营指挥和管理人员，用于指挥调度、系统维护和设备管理的目的。监控与管理功能基于计算机系统和通信网络，并通过 SCADA 和 MES（制造执行系统）软件来实现，如图 3-1-2 所示。

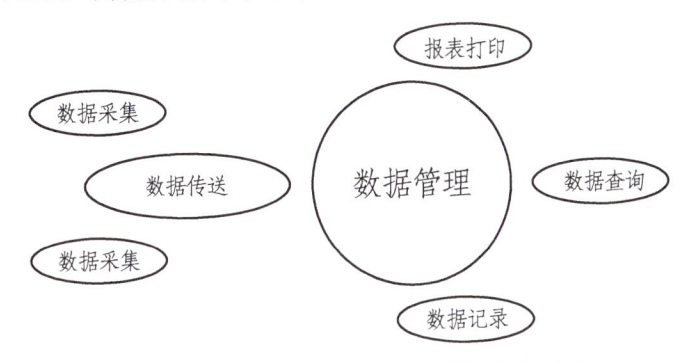

图 3-1-2 环境与设备监控系统数据管理功能

② 设备监视。

BAS 的人机界面具有设备动态图形显示功能可，操作员可以看到 BAS 设备的运行信息，设备的动态运行效果图，还可以通过鼠标进入设备的属性栏，看到设备运行的具体数据信息以及完成相对应权限的基本操作。

【想一想】 BAS 监控图与我们学习的哪一门课程知识相通呢？

（2）显示功能。

在 BAS 的人机界面中，系统的设备运行动态效果、设备运行参数、报警信息等都会在相应的画面中显示出来，操作员还可以在这些画面中下发控制命令。

① 分区域显示设备状态。

车站环控系统的界面包括公共区车站大系统图、站台层小系统图、站厅层设备房小系统图等画面，分区域显示不同地方的系统状况，如图 3-1-3 所示。操作员选择相应的画面，可以观察相应区域的设备运行状况。对于车站的各个机电系统，每个系统有各自的显示界面，如电力监控系统图、火灾报警系统图、信号系统图等。操作员选择不同系统的界面，可以观察对应设备的运行状况。

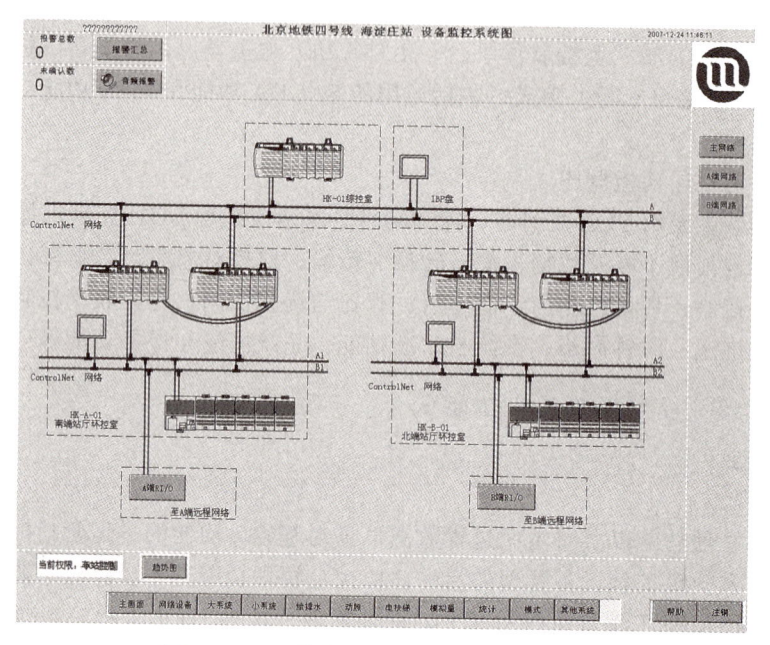

图 3-1-3　环境与设备监控系统监视功能

② 趋势图显示。

系统可以对设备的模拟量数据进行线性化处理，对实时数据处理得到实时趋势图，对历史数据处理得到历史趋势图。操作员通过趋势图预先判断设备运行状态的走势，提前下达相应的控制命令或者不操作。

③ 工艺图显示。

工艺图由地铁建设的工艺要求确定，体现了环控系统的工作原理和设备在地铁中的位置。

④ 控制方式显示。

系统或设备的控制方式，控制级别，都会在 BAS 的人机界面中体现出来。

⑤ 设备统计显示。

BAS 的主要设备的运行状态、运行参数等信息，由 PLC 统计，并能在相应的画面中显示出来。

⑥ 模式运行显示。

在车站级 BAS 的人机界面上显示模式的实际运行状态与预计模式运行状态，并用不同的颜色区分，方便操作人员方便查找模式运行时设备的故障等情况。

（3）控制功能。

① 设备控制功能。

对于机电设备的控制，操作员可以登录到车站工作站，执行与之权限对应的设备控制方式，控制方式包括：焓值自动控制、时间表控制、单体设备控制、设备群组控制。

② 模式控制。

模式控制就是对一组机电设备的控制，属于设备组控制。在 BAS 的人机界面中有模式控制的画面，操作员可以在这个画面中选择一组设备进行模式控制，如隧道的风机、空调系统的相关设备等，还可以对模式参数进行设置，由工作站下载到 PLC 中，使得相关设备进入相应模式运行。模式是由地铁的工艺要求决定的，模式控制可以人为进行操作也可以系统自动执行，模式控制方式包括：早晚换气模式控制、异常模式控制、阻塞模式控制、正常工况模式控制。

维护终端上需要具有火灾模式手动控制及设备的点动控制功能。

（4）故障报警功能。

系统的故障报警状态会实时、直观地显示在人机界面的相应位置，提醒操作员迅速地处理故障，使得系统快速恢复正常，保障正常运营。支持三种报警类型：模拟量设备的越限报警、开关量设备的动作报警以及设备状态报警。

BAS 紧急后备控制是作为计算机系统控制的一种备用手段，通常设置在车站，并直接和 BAS 装置自动化层或其他系统或设备的控制器接口。

IBP 被定义为具有最高调度控制权限的监控设备。

（5）其他功能。

BAS 的 PLC 具备以下功能包括但不限于：

① 通风系统风回路的保护（在正常、火灾、阻塞情况下要求不同）。

② 模式冲突判断功能。

③ 完成模式执行结果的判断。

④ 风机风阀的软件连锁控制。

⑤ 可对通风空调各子系统（风系统、水系统、隧道系统）进行参数预设、负荷调节、节能控制。

3）BAS 监控管理层应用扩展功能

（1）设备能耗监测。

城市轨道交通正在普及应用智能马达控制中心（IMCC），其每个智能单元都具备电量检测功能，为实现小粒度的能源监测提供了可能。

IMCC 属于低压 400 V 系统，受 BAS 管理，因此可对车站设备用电情况进行监管，实现能源消耗的监测、计划、统计、分析、报表、趋势等功能，为节能降耗设计提供依据。

（2）装置自动化层系统运行参数整定。

BAS 应是一个面向运营调度和维护的、可参数化的系统，或称之为用户可配置的系统。

在权限允许的情况下，BAS 的各级监控工作站均可以在线对各车站进行参数设置，主要参数有：设备操作参数、阈值参数、空气调节参数、时间表参数、水系统运行参数、设备组设定。

装置自动化层的 PLC 系统接收这些参数，根据这些参数完成设备控制、空气调节等任务。

（3）运行时刻表。

运行时刻表是正常工况下调度控制设备运行的一种常用方式，用来规划和管理一台或一系列设备，按照预定义的时间计划和方式进行。

BAS 多数被控对象在正常工况下均基于时间表运行，如环控系统、照明、导向、自动扶梯等设备。

① 时间表分类。

根据运行日期分日常工作日时间表等。

根据运行方式分当前（有效）时间表和备用时间表。

按工艺子系统来划分，如隧道风系统时间表、车站风系统时间表等。

② 时间表编辑调整、存储与上/下载。

这属于 BAS 监控管理层功能，通常由 BAS 各级监控工作站来完成。

③ 时间表的监控与执行。

各监控工作站均具备时间表监控功能，监控管理层的时间表运行不依赖装置自动化层系统。

（4）设备组及运行模式编辑。

（5）程序调度。

监控系统根据预先设定，自动或半自动地顺序或并行发布一系列调度指令的过程，如开站调度、关站调度、疏散调度。

（6）联动调度。

① 信号系统和隧道风系统的联动、信号系统和区间联络门的联动、车站火灾报警和车站排烟系统的联动。

② 隧道感温光纤和隧道区间照明的联动、电力监控系统和隧道区间照明的联动

③ 火灾报警和屏蔽门的联动、自动扶梯和导向的联动。

④ 自动售检票和导向的联动。

（7）运营决策支持。

决策支持系统（Decision Support System，DSS）的目的是当运营过程中出现紧急情况时，能为调度指挥人员提供指导、帮助和决策建议。它通过预先制定的处理规程和逻辑，自动或半自动地发出恰当的建议，协助调度指挥人员作出正确的决策和操作。

（8）数据点操作。

数据点操作主要指对实时数据点进行的一些强制性操作，如"点抑制""点强制"。"点抑制"又称扫描屏蔽，指停止对某个或一批 IO 点的扫描及刷新。

（9）短消息传递。

（10）设备管理。

设备管理设备档案管理、设备维修计划管理、维修工单管理

（11）系统维护与管理。

BAS 的资源档案库、系统自身的监控中心、远程诊断和维护中心。

（12）培训功能。

随着监控对象数量的增多，系统规模逐渐增大，功能越来越丰富，针对系统应用人员的培训支持，逐渐成为一个新的系统功能需求。它分为在线培训和离线培训。

二、车站环境与设备监控系统的监控范围

如图 3-1-4 所示,车站环境与设备监控系统的主要功能是监测车站及区间的环境探测设备,保证车站及区间具有良好的环境状态;对车站及区间机电设备进行监视和控制,有利于对设备的维护管理,也便于控制设备的启停状态,达到节能运行的目的;当在火灾模式或阻塞模式下的时候可以开启相应设备的指定模式,从而到达一个安全的运营状态。

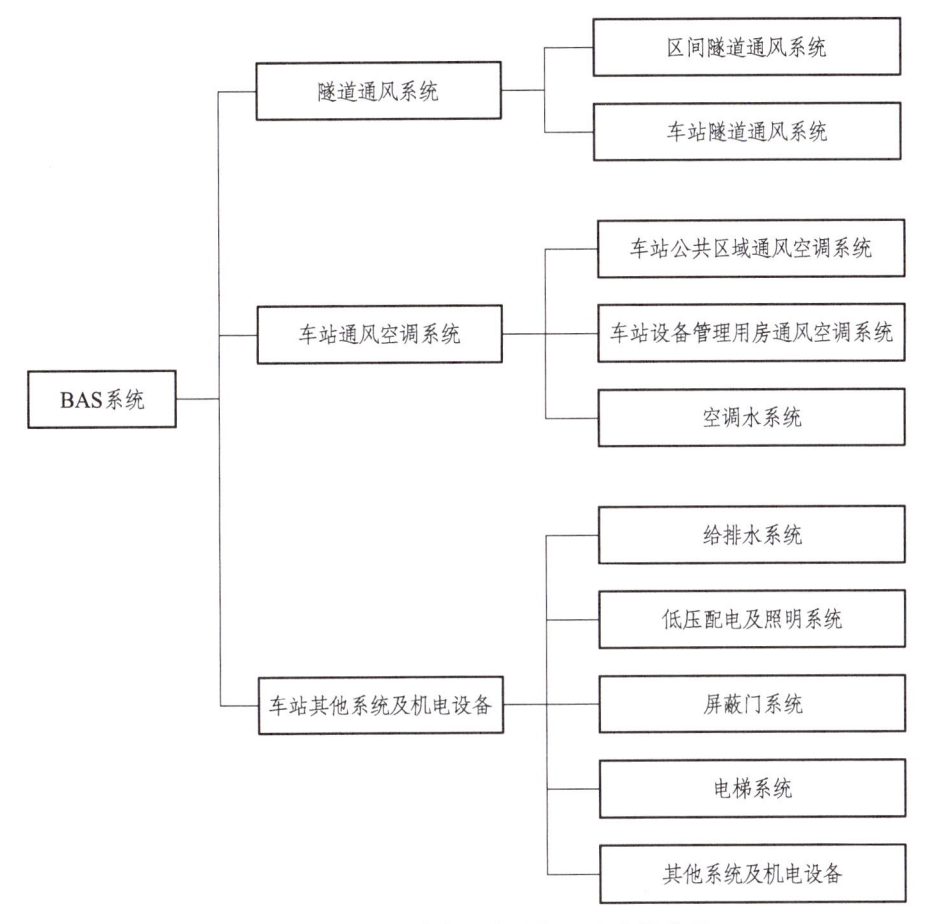

```
                          ┌─ 区间隧道通风系统
           ┌─ 隧道通风系统 ─┤
           │              └─ 车站隧道通风系统
           │
           │                  ┌─ 车站公共区域通风空调系统
           │                  │
BAS系统 ────┼─ 车站通风空调系统 ─┼─ 车站设备管理用房通风空调系统
           │                  │
           │                  └─ 空调水系统
           │
           │                      ┌─ 给排水系统
           │                      │
           │                      ├─ 低压配电及照明系统
           │                      │
           └─ 车站其他系统及机电设备 ─┼─ 屏蔽门系统
                                  │
                                  ├─ 电梯系统
                                  │
                                  └─ 其他系统及机电设备
```

图 3-1-4 车站环境与设备监控系统监控范围

1. BAS 的结构

BAS 的监控对象这么多,那么它又是如何将这些设备系统联系起来的呢?如图 3-1-5 所示,BAS 的网络系统图——大型分布式自动化系统包括车站 PLC、交换机及远程 I/O 通过光纤构成的环网。

其车站结构具备监控层和装置自动化层。

车站两端各设置一套冗余的 PLC 控制器和一套 IBP 盘 PLC 控制器,IBP 盘 PLC 控制器主要负责接收 FAS 的模式控制指令和有关 IBP 的逻辑显示和应急控制。根据最终被监控设备设置的具体位置进行优化组合,在相应的设备房设置远程输入输出模块 RI/O,负责监控车站动力和照明等设备。

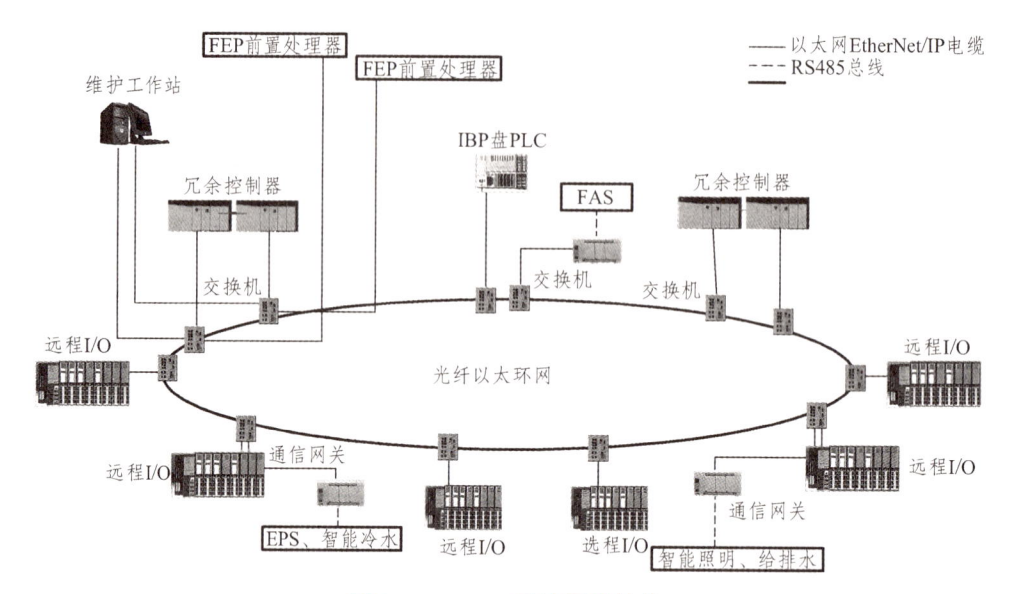

图 3-1-5　BAS 系统网络结构

两套冗余 PLC 和 IBP 盘 PLC 通过光纤以太网相连，构成车站 BAS 局域网，完成 A 端控制器、B 端控制器、IBP 盘之间的数据交换功能。同时，通过交换机的网络接口与综合监控进行信息互通。

如图 3-1-6 所示在地下车站 AB 两端各设置一套冗余的 PLC，两套冗余 PLC、IBP 盘 PLC、车站交换机通过双光纤以太网相连，构成 BAS 车站局域网。冗余 PLC 通过总线连接各远程 I/O 模块或现场 PLC 控制器等，现场的风机、空调、照明、水泵及各种阀类、传感器等通过硬线或 RS485 总线连接到远程 I/O 或现场 PLC。

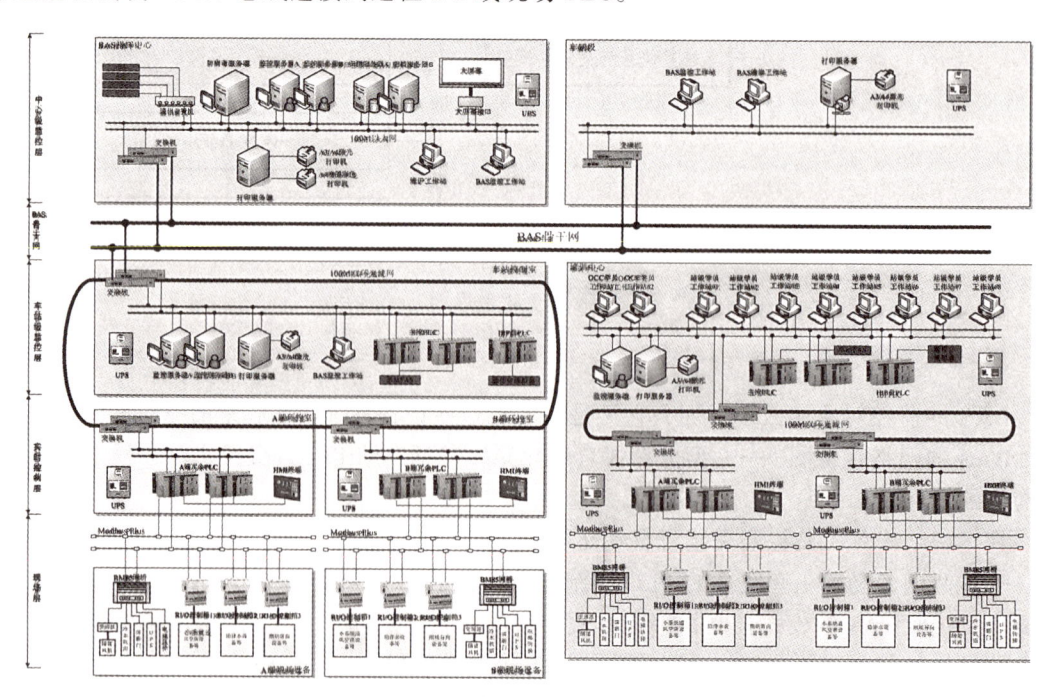

图 3-1-6　典型地下站 BAS 网络结构

BAS 与 FAS 系统的关系。FAS 直接联动方式下，配有专用联动控制盘，具有优先控制权，BAS 只要求监控相关设备。与 BAS 联动方式，BAS 承担防排烟联动控制功能，FAS 承担火灾探测、报警及联动命令发布。

BAS 与信号系统的关系，如阻塞工况下 BAS 调度相关的隧道通风系统工作。

2．BAS 系统的监控对象

环境与设备监控系统通过智能配电系统或其直接监控的对象，主要包括隧道通风系统、车站冷冻水系统、车站通风空调系统、自动扶梯、给排水系统、照明系统、电梯、人防门/防淹门等机电系统设备，具体如图 3-1-7 所示。

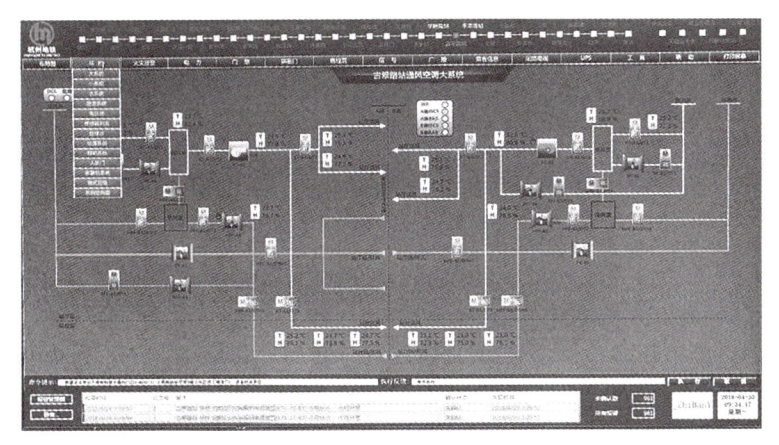

图 3-1-7 BAS 环境监控系统界面

1）对空调通风系统的监控功能

（1）空调机组的启停控制；风机状态显示；过载报警；过滤网状态显示及报警；就地/遥控指示；新、送、混、回风温度检测；新、送、混、回风湿度检测；空调机冷冻水流量调节；对变速风机进行变风量控制；接收 FAS 的指令，对风机联动控制；风机、风阀、调节阀之间的连锁控制及风阀的状态显示（见图 3-1-8 和图 3-1-9）。

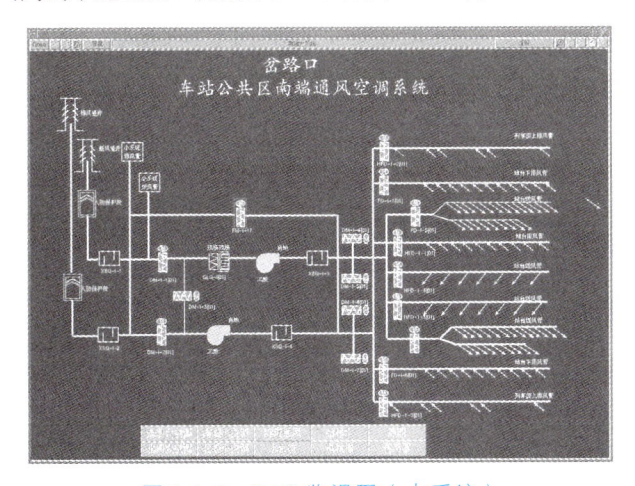

图 3-1-8 BAS 监视图（大系统）

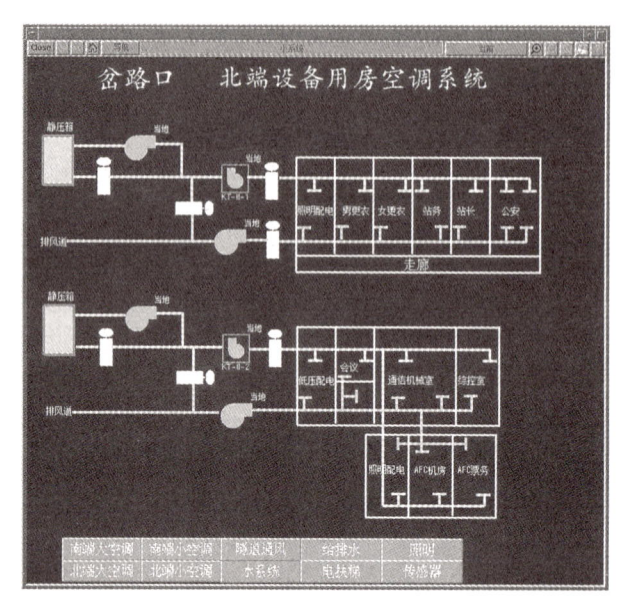

图 3-1-9　BAS 监视图（小系统）

（2）隧道风机的启停控制；正反转控制；风机状态显示；过载报警；就地/遥控指示；接收 FAS 的指令，对隧道风机联动控制。

（3）送排风机的启停控制；风机状态显示；过载报警；送风温度、湿度检测；排风温度、湿度检测；就地/遥控指示；接收 FAS 的指令，对送排风机联动控制。

2）对空调制冷冷水系统的监控功能（见图 3-1-10）

（1）冷水机组的启停控制；运行状态显示；过载报警；就地/遥控指示；冷冻水进出口温度、压力检测；冷却水进出口温度、压力检测；运行时间和启停次数记录。

（2）冷冻水系统的冷冻水泵启停控制及状态显示；冷冻水泵过载报警；水路电动阀开启、关断控制及状态显示；冷冻水泵、电动蝶阀就地/遥控显示等。

（3）冷却水系统的冷却水泵启停控制及状态显示；冷却塔风机启停控制及状态显示；冷却水泵、冷却塔风机过载报警；水路电动阀开启、关断控制及状态显示；冷却水泵、电动蝶阀就地/遥控显示。

（4）制冷系统的控制系统应预留数据通信接口，以获取冷水机组和水系统的有关参数。

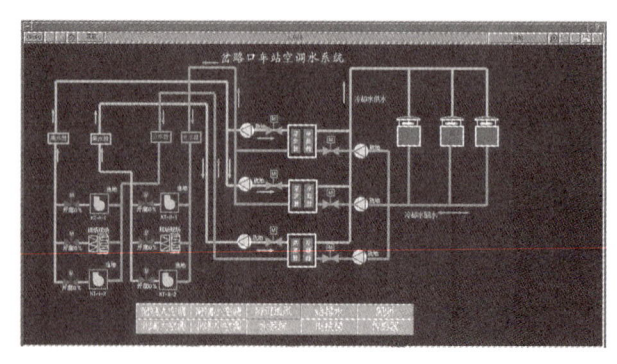

图 3-1-10　BAS 监视图（水系统）

3）对正常照明系统监控功能

对正常照明系统应能定时和实时控制其开、关状态，并接收其运行的反馈信号（见图3-1-11）。

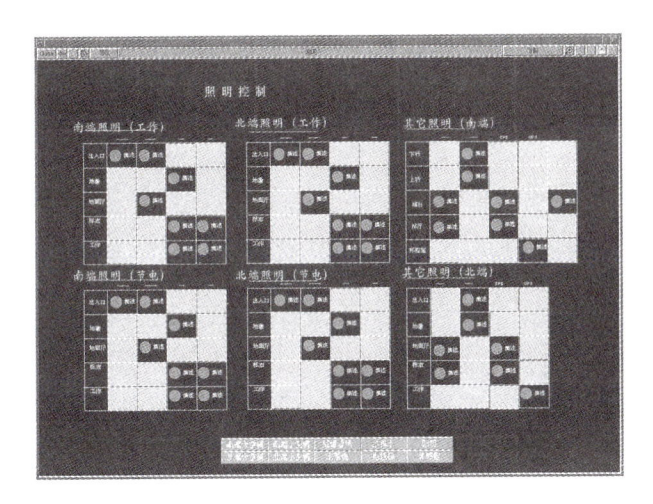

图 3-1-11　BAS 监视图（照明系统）

4）对给排水系统监控功能

给排水系统主要包括引入管电动蝶阀、区间给水管电动蝶阀、废水泵（含扶梯集水坑排水泵）、污水泵、雨水泵、区间排水泵等。

水泵启停控制；水泵运行状态显示；水泵故障报警；水位显示及危险水位报警；水泵运行时间统计，主、备泵运行切换控制；车站用水量记录（见图3-1-12）。

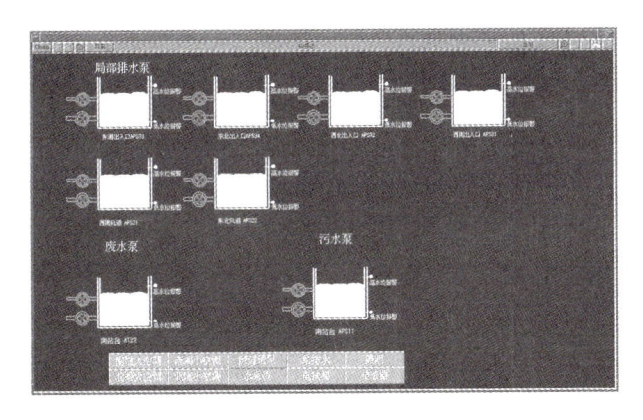

图 3-1-12　BAS 监视图（给排水系统）

5）对防淹门系统和兼顾民防系统的监控功能

人防门系统主要的监控对象是各地下车站人防门的状态。

（1）人防门监控点：开关状态（DI：开到位、关到位）。

（2）监控要求。

利用无源接点实现监控数据的采集，在车站控制室和中央控制室监视人防门的开关到位状态，进行危险报警。

显示防淹门、防护隔断门、防护密闭门、密闭门的开/关状态；接收防淹门、防护隔断门、防护密闭门、密闭门的故障报警信号，并将报警信号送 FAS。

6）对自动扶梯的监控功能

对自动扶梯，BAS 应对其进行控制，并具有运行状态显示和故障报警功能（见图 3-1-13）。

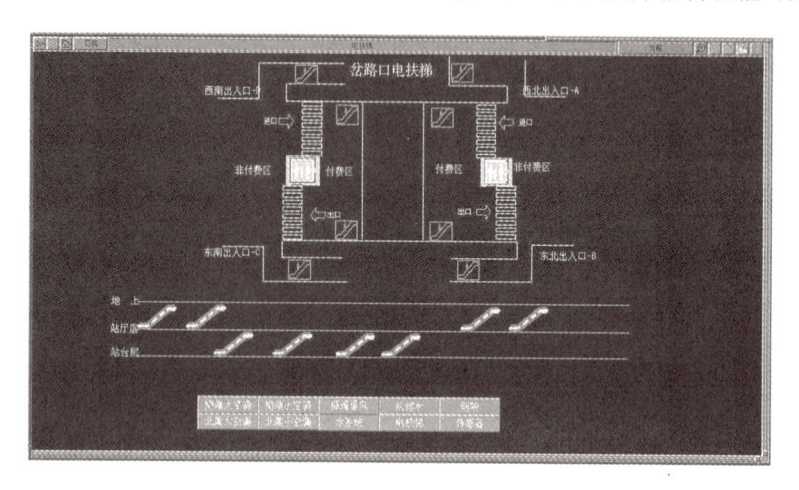

图 3-1-13　BAS 监视图（扶梯系统）

通过 RS232/RS422/RS485 接口与自动扶梯、电梯控制柜通信，完成数据采集。对各车站的自动扶梯、电梯的运行状态及故障进行车站级监视，显示报警信息与内容。扶梯状态（DI：上行、下行、故障、停运、就地紧急控制、分时段运行计划、维修状态、统计信息）；电梯状态（DI：运行/非运行、轿厢报警、紧急报警、故障、电源故障、维修状态、统计信息）。

7）对屏蔽门系统的监控功能

对屏蔽门系统，BAS 应具有运行状态显示和故障报警，在火灾等紧急情况下，应手动进行控制。

三、车站环境与设备监控系统的模式操作

1．BAS 的控制管理体系

由于 BAS 功能主要通过综合监控系统实现，因此 BAS 的控制管理仍然执行两级管理、三级控制的基本体系。

1）三级控制

中央级、车站级、就地级。

（1）中央级功能：中央级监控工作站具有良好和灵活的人机界面，使监控人员可监视全线各车站的通风、空调、给排水、电扶梯、照明、屏蔽门、人防门等系统的运行状态及对相关设备进行控制。操作员站具备完善的报警功能，可将报警信息进行分类、筛选、重组织，建立一个报警系统。同时，还具有 FAS 灾害报警下各系统启动火灾模式，进行连锁联动，组

成全系统的安全体系。中央级系统可对历史数据记录进行处理、裁剪、分析和统计，具有统计、文件处理、归档及报表功能。

（2）车站级功能：可以监视车站各系统设备运行状态和参数，具有 PID 调节控制功能、逻辑控制和模式控制功能。控制器根据环境参数对环控系统设备进行运行工况的转换，并进行最优化的控制，达到节能运行的目的。

（3）就地级功能：就地级控制器通过车站控制网与车站主控 PLC 通信，接受控制指令并对现场设备进行就地控制，同时将设备运行状态和参数传送到车站主控 PLC 上。

2）两级管理

中心级、车站级。

2．控制授权管理功能

BAS 的人机接口包括现场就地电气控制盘、现场操作平台（触摸屏）、IBP、中央及车站工作站。

不同地点的人机接口所提供的功能是不一样的，设备附近的人机接口主要是面向维护人员，以实现设备维护与调试为目的，并具备脱离系统远程控制的能力，能独立进行就地监控操作。

为了便于集中设备管理和监控，在控制中心还需设有系统级的人机接口，对系统进行集中监控。

根据越靠近设备的人机接口其调度优先级越高的原则，就地直接电气控制具有最高优先权，OCC 工作站的控制优先级最低。因此，从最高优先权开始遵从图 3-1-14 所示的次序。

就地控制（最高优先权）
车控室内的综合后备控制盘（IBP）
环控电控室内触摸屏
车站级综合监控系统工作站
中央级综合监控系统工作站（最低优先权）

优先级降低

图 3-1-14　BAS 控制优先级别

3．BAS 控制模式

控制模式的来源有综合后备盘 IBP、触摸屏、FAS 主机及 ISCS，主要分为正常和火灾两种模式，如图 3-1-15 所示。

BAS模式 → 正常模式 → 时间表控制 / 焓值控制 / 手动控制
BAS模式 → 火灾模式

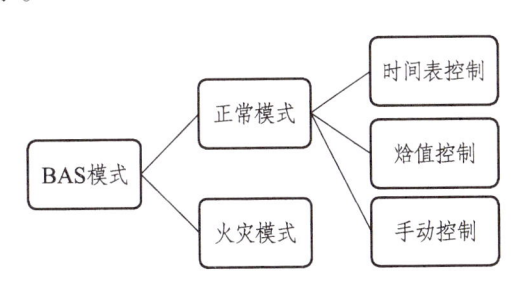

图 3-1-15　BAS 控制模式

1）正常模式

优先级较低，正常模式可由时间表控制、焓值控制和手动控制三种方式触发，正常模式的来源有 ISCS、触摸屏。若原来系统处于火灾模式时，需人工确认退出火灾模式后方可执行新的模式。

时间表控制将在 ISCS 中编辑好的模式运行时间下发到 PLC 中，当满足要求时，PLC 执行相应的模式号。

焓值控制将根据室外控制温湿度来调节相应的模式号。

（1）BAS 单点控制功能，如图 3-1-16 所示。

（2）限制点控制：修改闭环控制中的设备模拟量设置点，如图 3-1-17 所示。

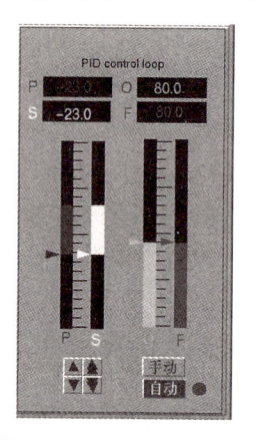

图 3-1-16　BAS 单点控制　　　　图 3-1-17　BAS 限制点控制

（3）BAS 时间表调度控制。

时间表调度指的是根据用户配置的时刻表启动控制命令。

时间表调度控制模块的具体功能有：

① 时间表控制模块同时可允许最多 100 个基本遥控和组控功能的执行。

② 操作员可查询、增加、删除和修改每个时间表程序。

③ 对于每个时间表，程序可以定时触发，如可按每 1 D 或每 6 h 触发一次，也可设置时间表特定的激活日期和时间，还可以禁止时间表程序。

2）火灾模式

优先级较高，无论系统处于何种模式下，当收到火灾模式号后，系统将马上执行火灾模式。若原来系统已处于火灾模式下，须人工确认退出火灾模式后方可执行新的火灾模式。火灾模式可由 IBP、触摸屏、FAS 主机或 ISCS 触发。

4．环控系统运行模式操作

1）运行模式

（1）大系统运行模式。

① 大系统设备组成。

大系统设备包括：风机（ZSF、ZPF）、电动风量调节阀（DT）、电动组合风阀（DZ）、表冷器（BLQ）、过滤器（GLQ）、消声器（XSQ）、防火阀（FD、FH、FPY、DPYF）。其中任一排烟防火阀及电动排烟风口（280℃）熔断，其联动风机停止运行，见表3-1-1。

表 3-1-1　各类防火阀动作

名称	编号	状态	复位方式	熔断	位置
电动防烟防火阀	FD	常开	电动、手动	70 °C	气灭保护房间进、排风管上
防烟防火阀	FH	常开	手动	70 °C	区间风口、小系统风路上
排烟防火阀	FPY	常开	手动	280 °C	根据建筑结构要求设置：站厅送、排风路上，部分站台送、排风路上小系统排风主干管上
电动排烟风口	DPYF	常闭	电动、手动	280 °C	部分车站站厅、站台设置

② 环控大系统运行模式概述。

地铁的车站大系统的控制方式主要采取的是开环与闭环控制。

开环控制：在车站控制系统中，预先设置了一系列的运行模式见表3-1-2，主要是根据车站内外的温湿度和当时车站旅客的流量制定的，模式的切换根据控制中的转换条件。

表 3-1-2　环控大系统运行模式

序号	模式名称	执行条件
1	空调季小新风	室外 $H \geqslant 60.05$，室内 $CO_2 \geqslant 1\ 500$ ppm
2	空调季小新风	室外 $H \geqslant 60.05$，室内 $CO_2 < 1\ 500$ ppm
3	空调季全新风	室外 $H < 60.05$，室外 $T \geqslant 8$
4	过渡季前期	$12 <$ 室外 $T < 18$
5	过渡季后期	$5 <$ 室外 $T < 12$
6	冬季	室外 $T < 5$，间歇运行，公共区温度 12 停风机，16 开风机
7	停运模式	

闭环控制（见图3-1-18）：每个车站首先会设置一些运行的固定模式，由于控制的机电设备主要为电机和风机，所以采用的是比较普遍的控制算法（PID）来通过变频器来调节车站内外风机的速度。

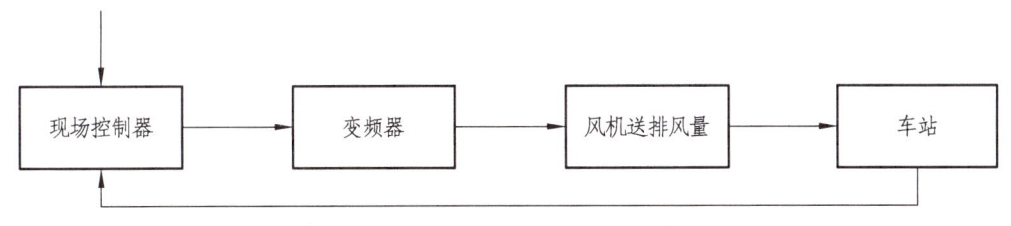

现场控制器 → 变频器 → 风机送排风量 → 车站

图 3-1-18　环控大系统闭环控制框图

③ 站台火灾模式。

送风机反转工频运行，联锁风阀开启；排风机正转工频运行，联锁风阀开启；送、排风道联通风阀打开；站厅层风路上的风阀关闭；轨底排风道风阀关闭；站台层轨顶排风道风阀全开，如图 3-1-19 所示。

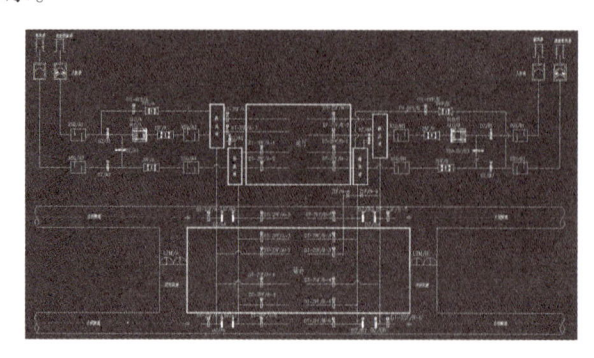

图 3-1-19　站台火灾模式运行

④ 站厅火灾模式。

两台排风机工频正转运行，相应连锁风阀开启；送风机及相应连锁风阀关闭；送、排风道联通风阀打开；站台层风路上的风阀关闭，如图 3-1-20 所示。

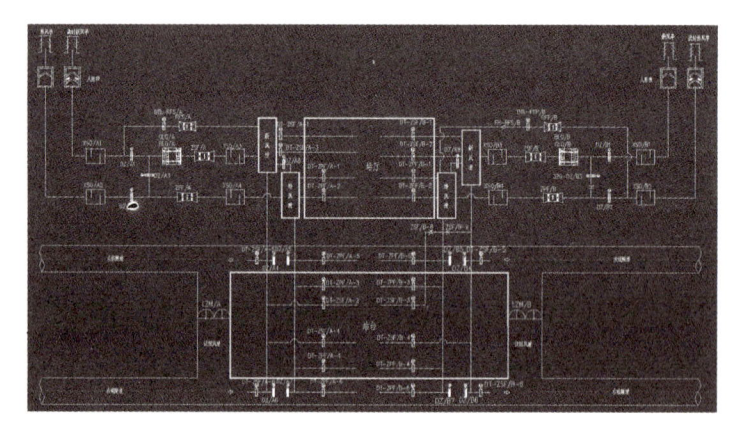

图 3-1-20　站厅火灾模式运行

⑤ 战时模式。

战时运行，平时不运行；人防专用送、排风机开启；送、排风机风机及相应的联锁风阀全部关闭。

（2）小系统运行模式。

① 小系统设备组成。

小系统的设备主要包括空气处理机组（K）、回排风机（HP）、送风机（SF）、排风机（PF）、风阀（DT、DTL）、防火阀（FH、FD、FPY）、排烟风机（PY）、加压送风机（JY）等，如图 3-1-21 所示。

② 小系统运行模式。

车站小系统主要是对车站的控制室等房间内部温湿度调节的控制系统。为了达到节能环保的目的，系统要分为空调季节和非空调季节。在不同的季节中，车站的小系统需要根据外部的温湿度传感器来判断所使用的控制方式，见表 3-1-3。

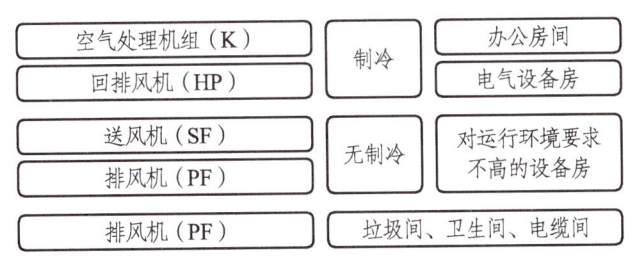

```
┌─────────────────────┐
│  空气处理机组（K）   │──┐    ┌─────────────┐
├─────────────────────┤  │制冷 │  办公房间   │
│   回排风机（HP）     │──┤    ├─────────────┤
└─────────────────────┘  │    │  电气设备房  │
                         │    └─────────────┘
┌─────────────────────┐  │
│    送风机（SF）     │──┤无制冷 ┌──────────────┐
├─────────────────────┤  │      │对运行环境要求│
│    排风机（PF）     │──┤      │  不高的设备房 │
└─────────────────────┘  │      └──────────────┘
┌─────────────────────┐  │
│    排风机（PF）     │──┘    ┌───────────────────┐
└─────────────────────┘       │垃圾间、卫生间、电缆间│
                              └───────────────────┘
```

图 3-1-21　小系统不同设备的应用场合

表 3-1-3　小系统的不同运行模式

序号	模式名称	执行条件
1	空调小新风	室外 $H \geq$ 回风 H，室外 $T \geq 27$
2	空调全新风	室外 $H <$ 回风 H，室外 $T \geq 17$
3	通风运行	$5 \leq$ 室外 $T < 17$
4	冬季	室外 $T < 5$
5	夜间运行	电动二通阀关闭
6	停运	电动二通阀关闭

在空调季节中，通过比较回风和设定的比较，来调节风阀的开度，从而改变送风温度，最终达到室温的调节，同时该控制系统采用的是闭环控制方式，如图 3-1-22 所示。

```
         回/排风温度设定
              │
              ▼
┌─────────┐   ┌────────┐   ┌────────┐   ┌────────┐   ┌──────────┐
│现场控制器│──▶│水阀开度 │──▶│送风温度 │──▶│室内温度 │──▶│回/排风温度│
└─────────┘   └────────┘   └────────┘   └────────┘   └──────────┘
```

图 3-1-22　空调季小系统控制框图

在非空调季节，整个空调系统只要按照外部新风和室内的回风之间比例调节好，就可以达到调节室内温度要求，如图 3-1-23 所示。

```
         回/排风温度设定
              │
              ▼
┌─────────┐   ┌──────────────┐   ┌────────┐   ┌────────┐   ┌──────────┐
│现场控制器│──▶│新/回/排风阀开度│──▶│送风温度 │──▶│室内温度 │──▶│回/排风温度│
└─────────┘   └──────────────┘   └────────┘   └────────┘   └──────────┘
```

图 3-1-23　非空调季小系统控制框图

③ 小系统火灾模式。

非气灭房间火灾，排烟风机动作，气灭房间火灾，相应防火阀关闭；加压送风机动作，其他风机、冷水系统停机，大系统停机。

做好通风设备运行管理是地铁运营管理中，保障设备运行环境、提高客运服务质量、降低灾害影响的重要一环。相关人员需要掌握好通风模式运行的原理，做到在相关模式执行或设备运行状态改变时，对其执行效果、影响范围有一定的把握，确保处理相关事件时，能够迅速找出应对办法。

（3）隧道通风系统运行模式。

① 隧道通风系统设备组成。

隧道通风系统与环控大系统共用风机、组合风阀、防火阀；部分区间设置射流风机。

② 隧道通风系统运行模式。

a. 区间阻塞模式

列车在区间阻塞时使用该模式，与列车行进方向一致送风，如图 3-1-24 所示。ATS 系统提供阻塞信号，OCC 调度通过 ISCS 工作站启动，车站操作人员通过 ISCS 工作站启动，车站操作人员通过 IBP 盘启动。

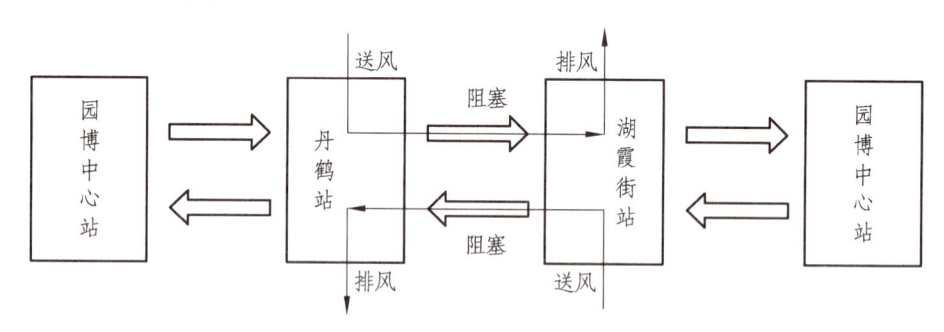

图 3-1-24　区间阻塞模式运行

b. 区间火灾模式。

列车在区间发生火灾时使用该模式，与乘客疏散方向相反送风，如图 3-1-25 和 3-1-26 所示。OCC 调度通过 ISCS 工作站启动，车站操作人员通过 ISCS 工作站启动，车站操作人员通过 IBP 盘启动。

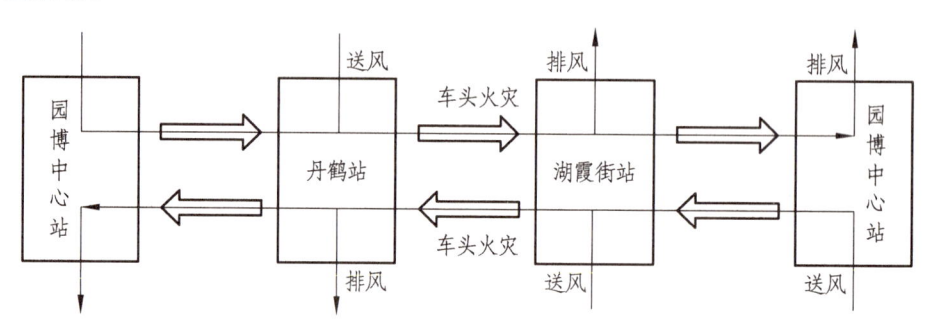

图 3-1-25　区间火灾模式运行（车头火灾）

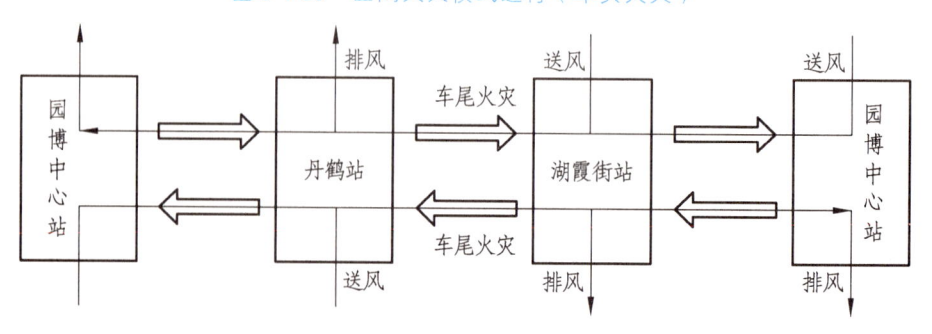

图 3-1-26　区间火灾模式运行（车尾火灾）

区间灾害模式设备动作情况如下：

送风车站送风机正转、排风机反转；排风车站送风机反转、排风机正转；站厅、站台风路上的风阀关闭；通往对应区间风路上的风阀开启；立转门关闭，如图 3-1-27 所示。

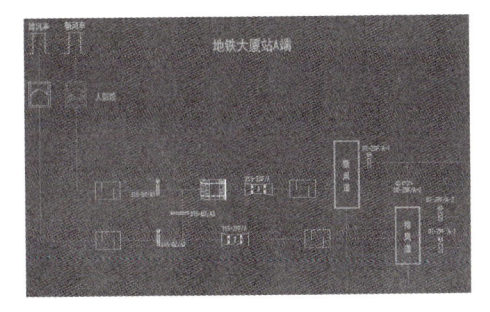

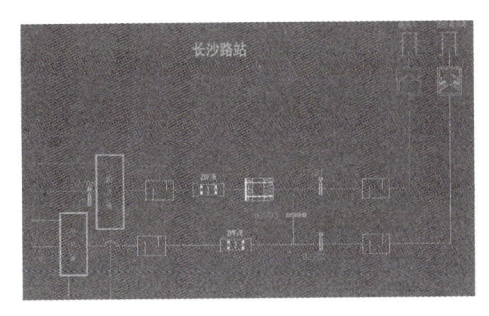

图 3-1-27　区间火灾模式设备动作情况

2）环控系统实际运行状态

以环控通风系统的运行方式为例，通常分为正常状态运行和非正常状态运行方式（列车阻塞模式和紧急情况运行模式）。正常状态运行可分为空调季节和通风季节两种运行方式。其中，空调季节又可根据新风、送风的干、湿球温度有多种运行方式。

由于地面车站和地面高架车站只设有小系统，因此，下文所述的公共区域和区间隧道环境控制系统的运行方式均指的是地下车站。设备和管理用房的环控运行方式地面车站和地面高架车站基本相同，除特指外后续不再加以说明。

（1）正常状态运行方式。

① 公共区域正常状态的运行方式。

a. 通风季节运行工况。

i. 运行条件。

当外界空气温度小于空调箱送风温度，且站厅、站台温度小于设计值时，应采用通风工况。

ii. 启用设备。

通风工况各类设备的运行是根据设计工况要求所确定，不同的设计有不同的要求：

屏蔽门式系统通常启用空调箱、全新风机、回排风机、排热风机、进风混合室、送风混合室、全新风阀、排风阀、回排风阀、空调箱进、出风阀等。

开式系统通常启用空调箱、全新风机、回排风机、进风混合室、送风混合室、全新风阀、排风阀、回排风阀、空调箱进、出风阀等。

上述设备组成公共区域站厅、站台的通风系统，进行送风和排风。

iii. 通风工况各类设备运行要求。

各类设备运行要求应根据设计工况、地铁运行时间、当地气候情况等而定。

b. 空调季节运行工况。

i. 运行条件。

空气温度大于或等于空调箱回风温度，且站厅、站台温度大于设计值时，应采用空调工况。运行亦可根据季节和气候的变化以及各车站内的温度、客流、设备状况等，由主管部门统一下达采用空调工况和各车站工况转换时间，以达到既满足环境要求又节省能源。

ii. 启用设备。

公共区域启用设备是根据设计工况要求而确定。

屏蔽门式系统启用设备有，冷水机组、冷却塔、冷冻水泵、冷却水泵、空调箱、空调新风机、回排风机、排热风机、进风混合室、送风混合室、空调新风阀、回排风阀、排风阀、回风阀、空调箱进、出风阀、风幕机及相关风阀、水阀等。

闭式（开式）系统启用设备有，冷水机组、冷却塔、冷冻水泵、冷却水泵、空调箱、空调新风机、回排风机、进风混合室、送风混合室、空调新风阀、回排风阀、排风阀、回风阀、空调箱进、出风阀、风幕机及相关风阀、水阀等。

iii. 工况各类设备运行要求。

各类设备运行要求应根据设计工况、地铁运行时间，当地气候情况等而定。表 3-1-4 所列为公共区域正常状态运行方式下设备在空调季节运行的要求时间。

表 3-1-4　公共区域正常状态运行方式下设备在空调季节运行的要求

工况	设备名称	时间 6:00	时间 23:30	要求
空调工况	冷水机组			按具体情况要求开、停时间
	冷却、冷冻泵			同上
	冷却塔			同上
	空调箱	开	关	
	空调新风机	开	关	
	回排风机	开	关	
	空调箱进、出风阀	常开		
	回排风阀	开		
	空调新风阀	开		
	排风阀	开		30%≥开度≥10%
	回风阀	开		70%≤开度≤90%

② 设备和管理用房正常状态的运行方式。

a. 通风季节运行工况。

只有排风系统的设备管理用房全年按通风工况运行。

共用独立的送排风系统的设备管理用房应按通风工况运行，可视设备用房的具体情况，当地气候条件等在满足设备环境质量要求的前提下灵活调整。

采用 VRV 各类小空调进行空气调节的设备管理用房，当室内温度低于 30 °C 时，应将 VRV 小空调机置于送风模式下运行。对有特殊要求的设备和管理用房除外。

有独立送排风系统且有小空调、VRV 等进行空气调节或采用变风量空调箱进行集中送排风的设备和管理用房，通常上海地区当外界温度高于等于 15 °C 或小于 30 °C 时，应采用通风工况。当送风温度低于 15 ℃ 时，可只开排风机，关闭送风机。也可视设备和管理用房的具体情况，当地气候条件等在满足设备和人员环境质量要求的前提下灵活调整。对有特殊要求的设备和管理用房除外。

b. 空调季节运行工况。

i. 运行条件。

当室外温度大于等于 30 ℃ 时，应采用空调工况。室内温度控制范围原则上设置在 27 ℃ ~ 28 ℃，特殊的设备用房根据要求可设置在 25 ℃ ~ 26 ℃。

特殊的设备和管理用房，可根据具体要求全年在空调工况下运行。

ii. 启用设备情况。

通风工况：各类小空调机、VRV、送风机、排风机、变风量空调箱及各类调节风阀。

空调工况：单冷空调机、热泵空调机、VRV、送风机、排风机、风冷单冷机组、风冷热泵机组、变风量空调箱及各类调节风阀等。

iii. 通风和空调工况各类设备运行要求。

设备运行要求应根据设备工况，设备和管理用房需求、当地气候情况等而定。

③ 隧道正常状态的运行方式。

a. 活塞风运行方式。

区间隧道正常状态下的通风，是利用列车在区间隧道运行所产生的空气前压、后吸活塞效应原理，通过活塞风井吸入和排出空气进行通风，称为活塞风运行方式。

b. 夜间隧道冷却方式。

当区间隧道由于各种因素（通常是夏季高温情况）导致区间隧道环境温度过高（高于 35 ℃ 时）需要在列车夜间停运后对区间隧道进行机械通风冷却。此时，根据调度指令按夜间隧道冷却方式运行环控设备。

i. 启用设备。

屏蔽门方式同上。

活塞风方式：机械/活塞风阀、活塞风阀、隔离风阀等；夜间冷却方式：机械/活塞风阀、机械风阀、隔离风阀等；前站或后站和本站 SG1、SG2、SG3、SG4 等。

非屏蔽门方式。

活塞风方式：机械/活塞风阀、活塞风阀、隔离风阀迂回风阀等；夜间冷却方式：机械/活塞风阀、机械风阀、隔离风阀迂回风阀等；前站或后站和本站 SG1、SG2、SG3、SG4 等。

ii. 区间隧道正常状态下各类设备运行要求。

区间隧道正常状态设备运行要求应根据设计工况、地铁运行时间等而定。

（2）非正常状态运行方式。

环控设备非正常运行方式是指发生下列情况：列车在区间隧道阻塞；列车在区间隧道内发生火灾；车站站厅发生火灾；车站站台层发生火灾；设备和管理用房发生火灾。当上述情况发生时（通风季节，空调季节相同），环控设备要根据相应的情况改变运行方式，对系统作出相应的调整。事故排除后，再恢复正常状态运行方式。

① 列车阻塞在区间隧道的运行方式。

当列车因故阻塞在区间隧道内时，必须对隧道内送入新风，送排风原则是沿着列车运行方向进行送排风。车站事故风机操作应根据调度的指令，在明确了列车阻塞后的位置（上行线或下行线），打开阻塞区间前方车站的事故风机、后方车站的事故风机或推力风机以及相关风阀的开关。通过事故风机或推力风机给前方阻塞区间隧道送入新风，前方事故风机进行排风。

车站内其他环控设备仍按通风季节或空调季节工况运行。故障排除后，根据调度的指令，恢复原状态运行。以上操作运行通常由调度在中央主机上进行操作，或根据调度指令在车站控制主机上操作，也可通过就地或环控电控室操作。就地操作具有最优先权。

在执行环调指令的过程中，如发生设备和执行过程异常，应立即向调度汇报并等候指令。

② 列车在区间隧道内发生火灾的运行方式。

当列车在区间隧道内发生火灾时，必须对隧道内进行送风和排烟，送排风原则是使疏散旅客迎送风方向。车站事故风机的操作必须根据总调度所环控调度的指令，在明确了列车所在的位置（上行线或下行线，靠近哪个车站）及火灾在列车上的位置后，按照指令关闭相应的活塞风阀、迂回风阀及非火灾区间的机械活塞风阀，打开机械风阀和隔离风阀，开启相应事故风机进行送、排风。以上操作运行通常由调度在中央主机上进行操作，或根据调度指令在车站控制主机上操作，也可环控电控室或就地操作，中央主机操作系统具有最优先权，哪个站进行送风或排风由调度员决定。车站的其他环控设备按相应要求运行。

在执行环调指令的过程中，如发生设备和执行过程异常，应立即向环调汇报并等待指令。

③ 公共区域站厅、站台发生火灾的运行方式。

地铁车站站厅、站台由车站两端的通风（空调）系统进行送风和排风（排烟）。送排风（排烟）原则是使火灾区域的气流为负压。

a. 站厅发生火灾。

当站厅层发生火灾时，环控系统根据相应站厅火灾工况运行。通常开启站厅排风（排烟）防火阀和站台送风防火阀。关闭站厅层送风防火阀和站台层排风（排烟）防火阀。空调箱回风阀关闭或回风防火阀关闭，排风（排烟）阀打开。对站厅进行排烟，火灾扑灭后，再恢复原状态运行（以上空调和通风工况相同）。

b. 站台发生火灾。

当站台发生火灾时，环控系统根据相应站台火灾工况运行。通常开启站台排风（排烟）防火阀和站厅送风防火阀，有排热风机则可同时开启。关闭站厅层排风（排烟）防火阀，站台层送风防火阀，对站台进行排烟。火灾扑灭后，再恢复原状态运行（以上空调和通风工况相同）。空调箱回风阀或回风防火阀关闭，排风（排烟）阀打开。

c. 启用设备：新风机、空调箱、回排风机、排热风机（屏蔽门系统站台发生有火灾时）等。

d. 关闭设备：冷水机组、VRV、冷冻泵、冷却泵、冷却塔等。

需要说明的是，不同车站由于设计思路的差异和设备的不同，启用和关闭的设备会有所区别。

④ 设备和管理用房发生火灾。

a. 有气体和高压细水雾灭火系统用房，当火灾发生时，关闭该房间送风防火阀和排烟防火阀以及相应送风机、排风机和房门，喷洒灭火气体灭火（正常情况下气体灭火系统应自动执行，但当自动失灵时，应手动执行）。在确认火已经扑灭后，打开上述风阀，先开启排风机排除室内气体，再开送风机，气体排除后，恢复原状态运行。

b. 没有气体和高压细水雾灭火系统用房。当火灾发生时,该用房的排风机或排烟机应打开(该用房排风机需处于运行状态),当有集中排烟系统时,应关闭非火灾房的排烟防火阀进行集中排烟。有送风机的用房应维持送风状态,当火灾排除后,恢复原状态运行。

需要说明的是,不同车站的设备用房的防排烟控制方式是不相同的,通常以具体的设计为准。

5．BAS 运行管理

1) BAS 操作

BAS 属于应用级操作系统,配置交互性操作界面,根据相应提示菜单即可完成操作。BAS 必须由专业人员(OCC 为环控调度员、车站控制室为行车值班员、维保人员)进行操作,操作时必须严格按相关规程执行。操作人员必须使用专用钥匙对设备进行操作,操作完毕后应将钥匙交由行车值班员保管,不得留在开关上,除指定操作、维修人员之外,不得借出。

操作人员接班时应了解上一班的设备的运行情况,每日必须填写设备运行情况记录。发现不安全因素时,应立即关停设备,并通知维修人员。设备故障或维修时必须在施工地点放置警示牌或护栏。爱护 BAS 设备,保持清洁,为设备正常运转创造良好环境。

以××城市轨道交通 1 号线 BAS 操作系统为例,其讲解报警信息的处理。当站务人员发现有报警信息时,应及时处理,点击相应菜单,确认是否需要报告环调。

一般原则：对于最低级报警,直接确认即可；对于设备故障报警,应报告环调,由环调根据实际情况处理；对于区间阻塞报警,主要依靠控制中心来处理,在自动失去作用时,要根据环调人员的要求开启相应的 TVF 风机,并注意风机的转向；当线路处于正常状态时,上下行列车显示为正常运行的动画,当阻塞事故发生时,列车停在对应事故区间位置,并闪烁,同时阻塞隧道也出现红色闪烁。对于区间火灾报警,在确认火情后,OCC 向车站发送相应的火灾模式号,启动排烟,在自动失去作用时,站务人员要手动按下对应 IBP 盘上的按钮。对于车站火灾报警,通过 FAS/BAS 接口程序接收 FAS 发送的火灾模式号,当接收到火灾信号时,对应的模式窗口会跳出,并变为红色,同时启动排烟,在自动失去作用时,站务人员要手动按下对应 IBP 盘上的按钮。上述各种报警状况消除后,应全面检查设备状态,使其恢复到原来状态。

2) 运行管理有关人员职责

运输调度生产组织系统如图 3-1-28 所示。

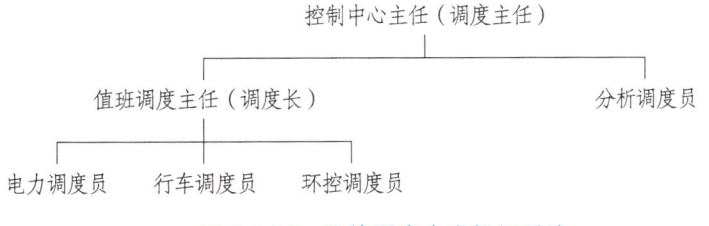

图 3-1-28　运输调度生产组织系统

(1) 环控调度对机电设备监控系统的运营管理。

环调负责对相关城市轨道交通线路辖下的车站及隧道环境的控制和调度,控制指挥环控设备按运营需要合理运作，以保证城市轨道交通环境的舒适性，环调还负责对城市轨道交通突发事件进行反应，调度城市轨道交通相关防灾设备执行灾害模式。

环调是机电设备监控系统以及 FAS 中央级的使用者，通过机电设备监控系统中央级工作站对全线车站及区间隧道内设备的运行状态、故障情况以及机电设备监控系统自动运行情况进行监视，控制全线环控设备动作。

① 主要职责。

a. 环调人员对全线环控系统进行调度控制，保证城市轨道交通环境的舒适性。

b. 监视并及时调整环控设备及其他车站设备的运行状态，出现故障及时报告维修调度。

c. 通过 FAS 系统中央级发现火灾报警、指挥执行火警处理程序，通过机电设备监控系统中央级工作站或下令车站人员执行相应环控灾害模式。

d. 授权车站站务人员通过机电设备监控系统对设备进行操控。

e. 对机电设备监控系统中央级设备进行设备表面清洁等日常保养工作。

② 基本要求

a. 必须熟悉机电设备监控系统操作方法，熟练掌握环控工艺模式。

b. 理解机电设备监控系统软件控制原则，处理简单的操作上的问题。

c. 熟练掌握火灾处理程序，组织相应的火灾模式。

（2）站务人员对机电设备监控系统的运营管理。

车站站务人员负责本站辖内的车站设备的操作，是机电设备监控系统车站级的使用者，通过机电设备监控系统车站级工作站对本站所辖设备的运行状态、故障情况以及机电设备监控系统自动运行情况进行监视，接受环调指令，控制车站内设备动作，并对设备执行情况进行确认。

① 主要职责。

a. 监视本站环控设备及其他车站设备的运行状态，通过工作站定时对设备进行巡视出现异常，通知环境调度，同时报告设备故障给维修（设备）调度。

b. 通过 FAS 车站级发现火灾报警并现场确认，执行火警处理程序，在环调指挥下，通过机电设备监控系统工作站或车站模拟屏执行相应环控防灾模式。

c. 在机电设备监控系统故障情况下在环控电控房对设备进行操控。

d. 对机电设备监控系统中央级设备进行设备表面清洁等日常保养工作。

② 基本要求。

a. 必须熟悉机电设备监控系统操作方法，包括工作站和模拟屏，熟练掌握环控工艺模式。

b. 必须熟悉车站设备现场操作方法，理解基本环控工艺模式。

c. 熟练掌握本站火灾处理程序，组织相应的火灾模式。

练习与思考

项目三任务一练习与思考

任务二 车站环境与设备监控系统应急处理

车站环境与设备监控系统是城市轨道交通重要的安全保障设施，必须严格地执行计划性维修制度，以保证系统良好运行。由于城市轨道交通环境的特殊性和其他非正常不可预测的因素，使得系统设备的故障不可避免，而快速、正确的应急处理方式是系统安全可靠运行的重要保障。

一、BAS 与其他设备的接口关系

通过 BAS 与车站和区间的环控、给排水、低压、电扶梯、FAS、照明配电、导向等系统设备的连接（见图 3-2-1），实现上述系统设备与 BAS 及综合监控系统协同运作，确保系统功能达设计标准，满足运营需求。

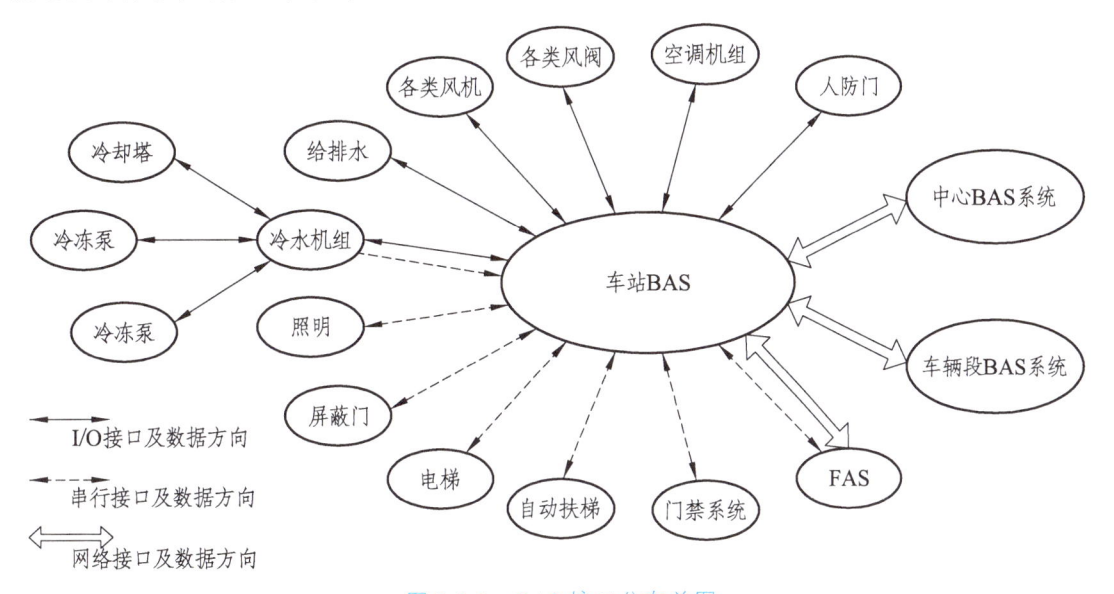

图 3-2-1 BAS 接口分布总图

车站 BAS 监控网络一般选择交换式快速（百兆）以太网，采用星形或环形拓扑结构（见图 3-2-2）。控制器之间的网络应用专用网络较多，一般分布在车站的两端。对于一个集成系统而言，接口形式有三种方式：硬线 I/O 接口、低速率异步串行接口和网络接口，如图 3-2-3 所示。

图 3-2-2 工业以太网环形结构

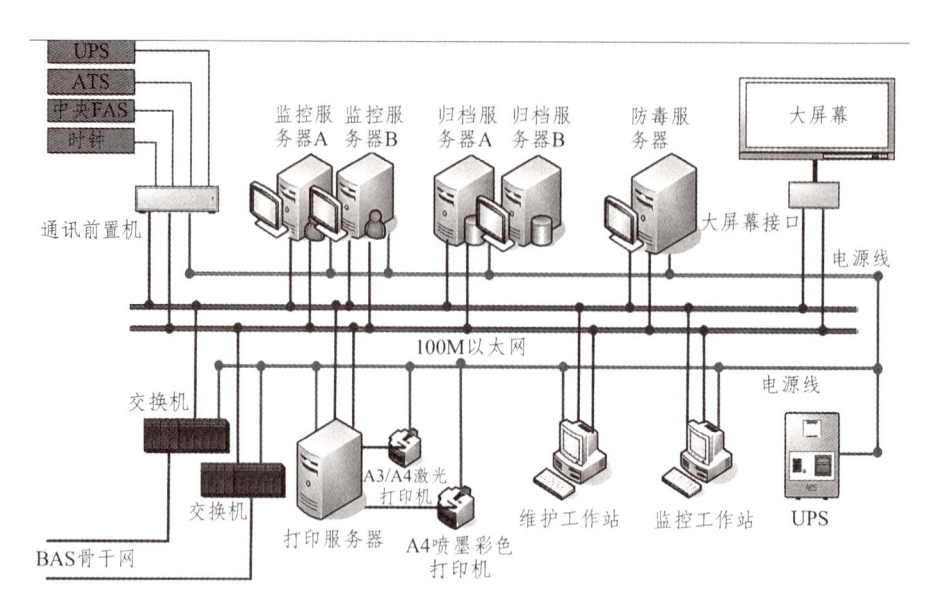

图 3-2-3　控制器之间的网络连接

1．接口位置

BAS 监控管理层和装置自动化层之间的数据交互功能，由 SCADA 软件的数据接口组件来实现。

上行数据：主动实时采集装置自动化层数据。

下行数据：实时向自动化层发布数据。

BAS 监控管理层还需要和若干其他系统或设备接口，如信号系统、FAS、AFC 系统、PSD 等。

1）综合监控系统

BAS 与综合监控系统的接口在综合监控系统（EP）的接口处。若 BAS 在中央级未设置专门设备，则一般利用综合监控中央级设备实现 BAS 的中央级监控功能。如果 BAS 集成于综合监控系统，则由综合监控系统实现对 BAS 中心和车站的监控功能。

2）冷水机组

BAS 与冷水机组的接口分界点在冷水机组控制器网关端子排上。

3）智能低压系统

BAS 与智能低压的接口在低压通信处理器的接口端子上。通过与马达控制中心（MCC）连接集中对风机、风阀进行电气控制，实现对环控系统设备的控制。

4）变频器

BAS 与变频器的接口在变频器网关端子排上。

5）EPS

BAS 与 EPS 的接口在 EPS 柜通信器的接口端子上。

6）FAS

BAS 在火灾工况下和 FAS 联动控制，承担了多项联动消防功能，与 FAS 的接口在车站综合 FAS 主机端子排处，BAS 和 FAS 主机通过通信方式进行接口。

7）导向、照明系统

BAS 与导向、照明的分界点在 EMCS/BAS 远程控制箱的端子排上。

8）自动扶梯系统

与扶梯的分界点在自动扶梯控制箱的端子排上。

9）电梯系统

与电梯的分界点在顶层厅门外电梯检修板上，控制电缆从检修板下开始预留 10 m。

10）给排水系统

BAS 与给排水的分界点在水泵控制箱的端子排上。

2．接口类型

接口类型主要分为硬线和通信接口两类。

1）硬线接口

硬线接口主要是开关量信号，包括开关量输入、开关量输出。

2）通信接口

通信接口分串行通信接口和并行通信接口，是以数据包的形式传递信息。常见的接口传输协议有 TCP、IP、RS485、RS422、 RS232 等。

二、BAS-FAS 联动测试

1．联调目的

（1）验证 BAS 对机电各系统设备之间的接口功能实现，可对机电设备进行监视、单控、模控。

（2）验证综合监控系统与 BAS 及机电各系统设备之间功能实现，可在综合监控系统对机电设备实现监视、单控、模控、时间表控制。

（3）通过综合监控系统、BAS 对车站和区间的 FAS 设备的监控功能，验证上述系统设备与 BAS 及综合监控系统协同运作，确保系统能完全满足设计要求，保证地铁运营工作的顺利进行。

（4）通过模拟联合调试，对运营操作及维修人员进行培训，确保地铁线路安全运营。

2. 联调流程

1）联调人员安排及职责（见表 3-2-1）。

表 3-2-1　联调人员安排及职责表

组别	人员	人数	位置	职责
	总指挥	1	控制中心/车站	全面主持联调工作
	副总指挥	1	控制中心/车站	配合总指挥开展各项联调工作，及时协调解决综合联调过程中发现的各种问题，负责调度相应监理、设计、施工单位、系统集成商、供货商等人力、物资设备以满足联调工作需要
	现场指挥	1	控制中心/车站	接收总指挥，副总指挥分配相关任务；负责下达联调开始、中止、结束命令；负责联调方案实施过程中的执行、调度、协调和组织管理，并在联调结束后，配合总指挥、副总指挥，组织调试成员对方案执行情况进行总结和评估
综合监控专业组	调试人员	2	控制中心/车站	负责核实综合监控系统是否具备联调前提条件；负责实施和监视联调过程中对调试相关系统的影响；根据现场指挥命令开展相关联调工作，负责填写调试记录表格，协助解决现场调试问题；组织开展每日调试评估总结会议
BAS专业组	调试人员	1	车站	负责核实 BAS 是否具备联调前提条件；负责实施和监视联调过程中对调试相关系统的影响；根据现场指挥命令开展相关联调配合工作，负责填写调试记录表格，协助解决现场调试问题；参与组织每日调试评估总结会议
机电专业组	调试人员	4	车站变电所	负责核实机电系统是否具备联调前提条件；负责实施和监视联调过程中对调试相关系统的影响；根据现场指挥命令开展相关联调配合工作，负责填写调试记录表格，协助解决现场调试问题；参与组织每日调试评估总结会议
环调	调试人员	1	控制中心	配合调试人员开展各项工作
建设分公司	调试人员	各1	控制中心/车站	负责调度施工单位、供货商、集成商、设计院各方人力，协调解决综合联调中发现的各种问题，确定责任方和整改期限，并跟进问题的整改
各系统厂家	调试人员	各1	控制中心/车站	负责确保所提供软硬件产品的质量和性能达到设计要求及运营需求。全程参与、协助综合联调，提供软硬件产品的操作指导、详细资料和技术分析，确认联调问题，提出可行的整改措施，并按业主要求进行整改，直至问题整改完毕
监理单位	调试人员	各1	控制中心/车站	负责核实跟踪设备施工质量问题。全程参与、协助综合联调，确认设备设施的施工质量问题及安全隐患，与接口专业监理单位做好协调沟通，跟进施工质量问题的整改，直至问题整改完毕
施工单位	调试人员	各1	控制中心/车站	负责确保设备设施安装质量达到设计要求和运营需求。全程参与、协助综合联调，确认设备设施位置和运行状态，提供施工图纸和必要的工器具，与接口专业施工单位做好协调沟通，及时跟进影响设备安全运行和综合联调的设备隐患和施工质量问题，直至问题整改完毕
设计人员	调试人员	各1	控制中心/车站	负责技术支持和设计问题的整改及其他问题的跟进。全程参与、协助综合联调，提供技术问题的咨询，确认联调结果与设计要求的一致性，跟进联调问题的整改直至系统软硬件达到设计要求

2）联调流程（见图3-2-4）

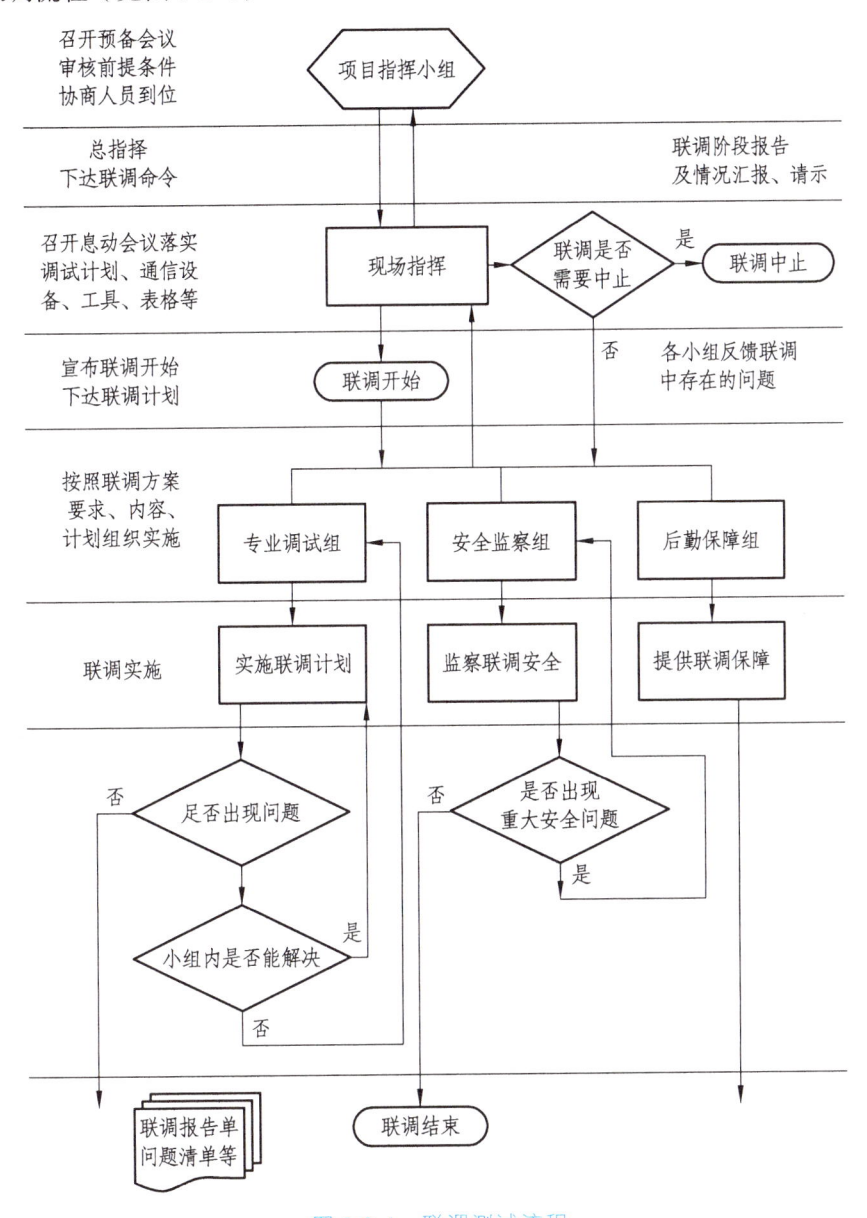

图 3-2-4　联调测试流程

3．联调内容及步骤

（1）综合监控接收 BAS 控制器设备点相关信号情况，并检查综合监控及数据库的响应情况。

① 此步骤开始前，现场指挥需确定：
a. 综合监控与 BAS 通信连接正常。
b. 综合监控设备均已送电并能正常运行。
c. BAS 系统设备均已送电并能正常运行。

② 测试步骤、人员组织及信息传递详见表 3-2-2。

表 3-2-2　BAS 控制器设备点位信息

序号	测试步骤	负责人	记录人	信息传递
1	各专业人员检查各自系统设备正常运行,可以进行测试	各专业		各专业人员向综合监控人员汇报
2	BAS 人员检查并记录所有 BAS 系统 PLC 主备情况	BAS 人员	BAS 人员	BAS 人员确认后向综合监控人员汇报
3	由 BAS 人员对一组主备 PLC 进行冗余切换	BAS 人员	BAS 人员	BAS 人员确认后向综合监控人员汇报
4	BAS 人员检查 BAS 一体机页面显示、事件、报警等是否正确	BAS 人员	BAS 人员	BAS 人员确认后向综合监控人员汇报
5	由车站级及中央级综合监控人员检查综合监控界面图符显示、报警、事件、菜单信息是否正确	综合监控人员、中央级综合监控人员	综合监控人员、中央级综合监控人员	综合监控人员检查完毕后向中央级综合监控人员汇报
6	重复 2-5 步骤,直至各组冗余 PLC 主备状态全部测试完毕为止			
7	由机电人员对一组智能低压接口进行冗余切换	BAS 人员	机电人员、BAS 人员	BAS 人员确认后向综合监控人员汇报
8	BAS 人员检查 BAS 一体机页面显示、事件、报警等是否正确	BAS 人员	BAS 人员	BAS 人员确认后向综合监控人员汇报
9	由车站级及中央级综合监控人员检查综合监控界面图符显示、报警、事件、菜单信息是否正确	综合监控人员、中央级综合监控人员	综合监控人员、中央级综合监控人员	综合监控人员检查完毕后向中央级综合监控人员汇报
10	重复 7~9 步骤,直至各组冗余接口全部测试完毕为止			
11	由 BAS 人员将一台 PLC 设为故障(故障清单按测试表所列)	BAS 人员		BAS 人员确认后向综合监控人员汇报
12	BAS 人员检查 BAS 一体机页面显示、事件、报警等是否正确	BAS 人员	BAS 人员	BAS 人员确认后向综合监控人员汇报
13	由车站级及中央级综合监控人员检查综合监控界面图符显示、报警、事件、菜单信息是否正确	综合监控人员、中央级综合监控人员	综合监控人员、中央级综合监控人员	综合监控人员检查完毕后向中央级综合监控人员汇报
14	重复 11~13 步骤,直至每台 PLC 全部测试完毕为止			
15	各专业人员负责各自系统的设备及现场的恢复	各专业人员		

（2）车站站内通风系统及隧道通风系统和水系统人工模式以及照明、导向系统人工模式控制的测试，及模式控制下人工干预的测试。检查 BAS 对综合监控模式控制命令的响应情况及 BAS 软件编程与低压工艺要求是否一致，模式间联动关系是否正确。

① 此步骤开始前，现场项目指挥需确定：

a. 所有设备均能正常运行。

b. 所有设备处于停止状态。

c. 所有设备打到测试位。

d. BAS 控制工作正常。

e. 综合监控控制工作正常。

② 测试步骤、人员组织及信息传递详见表 3-2-3。

表 3-2-3　模式测试

序号	测试步骤	负责人	记录人	信息传递
1	将所有设备切换为 BAS 控位	低压人员		低压人员完成后向综合监控人员汇报
2	由中央级综合监控人员从中央级综合监控工作站发出模式执行指令	综合监控人员	综合监控人员	综合监控人员操作完毕后向 BAS 人员汇报
3	由 BAS 人员检查 BAS 系统有无正确接收模式指令	BAS 人员		BAS 人员完成后向中央级综合监控人员汇报
4	若出现模式不符或设备故障，通报低压人员及机电现场人员并处理	BAS 人员、低压人员及机电现场人员		BAS 人员向低压人员及机电现场人员汇报
5	由中央级综合监控人员检查模式执行状态（模式联动状态、电梯控制输出、群控控制输出）	中央级综合监控人员		中央级综合监控人员操作完毕后向 BAS 人员汇报
6	待模式执行完毕后，由 BAS 人员依次模拟模式停止、成功、失败、执行中的信号。由车站级和中央级综合监控人员分别核对（本步骤中需待综合监控人员回复检查完毕后 BAS 人员方可发送下一个信号）	BAS 人员、综合监控人员	综合监控人员	综合监控人员和 BAS 人员相互反馈信息
7	重复 2~6 步骤，直至完成所有站内低压模式的测试（含大、小、隧道通风、水系统模式、照明、导向所有模式）			
8	将所有设备切换为环控位	低压人员		低压人员完成后向综合监控人员汇报
9	从车站级综合监控工作站发出模式指令	综合监控人员	综合监控人员	综合监控人员操作完毕后向 BAS 人员汇报

续表

序号	测试步骤	负责人	记录人	信息传递
10	由 BAS 人员检查 BAS 系统有无正确接收模式指令	BAS 人员		BAS 人员完成后向综合监控人员汇报
11	若出现模式不符或设备故障，通报低压人员及机电现场人员，由低压人员及机电现场人员处理	BAS 人员、低压人员及机电现场人员		BAS 人员向低压人员及机电现场人员汇报
12	由综合监控人员检查模式执行状态	综合监控人员		综合监控人员操作完毕后向 BAS 人员汇报
13	重复 9~12 步骤，直至完成所有站内低压模式的测试（含大、小、隧道通风、水系统、照明、导向所有模式）			
14	各专业人员负责各自系统的设备及现场的恢复	各专业人员		各专业人员向中央级综合监控人员汇报，中央级综合监控人员向现场指挥汇报

（3）FAS、BAS 的内部联动功能测试。

① 此步骤开始前，现场项目指挥需确定：

a. 断开 FAS 与三类负荷总开关接口，防止三类负荷误切断。

b. 隔离消防水泵等 FAS 受控设备，防止受控设备频繁启动，导致设备损坏。

② 模拟 FAS-BAS 通道故障，测试步骤、人员组织及信息传递详见表 3-2-4。

表 3-2-4　FAS-BAS 联动测试

序号	测试步骤	负责人	记录人	信息传递
1	各专业人员检查各自系统均处于正常工作状态、机电人员将现场机电设备置于测试位，发布开始测试命令	各专业		现场机电人员报告现场指挥，现场指挥下达测试开始命令
2	FAS 人员在现场用烟枪模拟一个火灾信号	FAS 现场组人员	环控电控室 BAS 负责人	现场人员报告环控电控室 BAS 负责人
3	FAS 车控室人员在 FAS 工作站（FAS 控制盘）上检查火灾模式发送情况是否正确	车控室 FAS 人员	环控电控室 BAS 负责人	车控室 FAS 人员报告环控电控室 BAS 负责人，环控电控室 BAS 负责人将信息反馈现场
4	BAS 人员在 BAS 界面上检查 BAS 系统是否执行相应的模式	环控电控室 BAS 人员	环控电控室 BAS 负责人	环控电控室 BAS 人员报告环控电控室 BAS 负责人

续表

序号	测试步骤	负责人	记录人	信息传递
5	车控室 FAS 人员模拟 FAS-BAS 系统通道故障（断开全部通道），并检查 FAS 系统是否出现相应的通道故障	车控室 FAS 人员	环控电控室 BAS 负责人	车控室 FAS 人员报告环控电控室 BAS 负责人
6	环控电控室 BAS 人员检查 BAS 模式执行情况。并检查 BAS 系统是否显示相应的通道故障。	环控电控室 BAS 人员	环控电控室 BAS 负责人	环控电控室 BAS 人员报告环控电控室 BAS 负责人
7	车控室 FAS 人员对 FAS-BAS 系统通道故障进行复位	车控室 FAS 人员	环控电控室 BAS 负责人	车控室 FAS 人员报告环控电控室 BAS 负责人
8	环控电控室 BAS 人员在 BAS 界面上检查 BAS 的模式执行情况	环控电控室 BAS 人员	环控电控室 BAS 负责人	环控电控室 BAS 人员报告环控电控室 BAS 负责人
9	车控室 FAS 人员及 BAS 人员复位 FAS、BAS（下一步模拟通道故障后出现火灾的情况）	环控电控室 BAS、FAS 人员	环控电控室 BAS 负责人	环控电控室 BAS、FAS 人员报告环控电控室 BAS 负责人
10	车控室 FAS 人员模拟 FAS-BAS 通道故障	车控室 FAS 人员	环控电控室 BAS 负责人	车控室 FAS 人员报告环控电控室 BAS 负责人
11	现场 FAS 人员用烟枪模拟火灾信号	现场 FAS 人员	环控电控室 BAS 负责人	现场测试人员报告环控电控室 BAS 负责人
12	FAS 车控室人员在 FAS 工作站（FAS 控制盘）上检查火灾模式发送情况是否正确	车控室 FAS 人员	环控电控室 BAS 负责人	车控室 FAS 人员报告环控电控室 BAS 负责人，环控电控室 BAS 负责人将信息反馈现场
13	环控电控室 BAS 人员检查 BAS 的模式执行情况	环控电控室 BAS 人员	环控电控室 BAS 负责人	环控电控室 BAS 人员报告环控电控室 BAS 负责人
14	车控室 FAS 人员将通道故障恢复正常	FAS 人员	环控电控室 BAS 负责人	车控室 FAS 人员报告环控电控室 BAS 负责人
15	环控电控室 BAS 人员检查 BAS 的模式执行情况	BAS 人员	环控电控室 BAS 负责人	BAS 人员报告环控电控室 BAS 负责人
16	FAS 人员及 BAS 人员对 FAS 系统及 BAS 系统都进行系统复位	BAS、FAS 人员	环控电控室 BAS 负责人	结果报告 BAS 负责人，BAS 负责人报告现场指挥
17	检查进入下一步	现场指挥		

（4）自动发送火灾模式测试。

① FAS 系统通过控制盘，自动发送火灾模式指令给 BAS，检查 BAS 能否正确执行相应的火灾模式。

② 测试前 BAS 受控设备处于测试位。

③ 测试步骤、人员组织及信息传递详见表 3-2-5。

表 3-2-5　自动发送火灾模式测试

序号	测试步骤	负责人	记录人	信息传递
1	环控电控室 BAS、FAS 人员检查 BAS、FAS 均处于正常工作状态、机电人员检查 BAS 受控设备是否处于测试位	环控电控室 BAS、FAS 人员、现场指挥		现场机电人员报告现场指挥，现场指挥下达测试开始命令
2	FAS 现场人员用烟枪模拟一个火灾信号	FAS 现场组人员	环控电控室 BAS 负责人	FAS 现场人员报告环控电控室 BAS 负责人
3	车控制 FAS 人员在 FAS 控制盘上检查 FAS 是否能正常报警，并发出正确的火灾模式指令	车控室 FAS 专业负责人	环控电控室 BAS 负责人	FAS 现场人员报告环控电控室 BAS 负责人
4	环控电控室 BAS 人员检查 BAS 能否正确接收执行相应的火灾模式指令，并查看 IBP 盘上模式灯显示是否正确	BAS 专业负责人	环控电控室 BAS 负责人	BAS 人员报告 BAS 负责人
5	FAS 系统进行火警复位后，BAS 进行复位	BAS、车控室 FAS 专业负责人	环控电控室 BAS 负责人	BAS、FAS 负责的人报告环控电控室 BAS 负责人
6	选择另一火灾模式，重复 3～5 步，直至模式全部做完	同步骤 3～5	同步骤 3～5	同步骤 3～5

4．安全注意事项

（1）测试过程中，如发现有危及安全的现象时，参与测试的任何人员都可在第一时间采取措施，暂停联调，向现场指挥报告。现场指挥上报总指挥，由总指挥决定联调中止或继续命令。

（2）当测试过程中出现设备故障时，调试人员应立即报告现场指挥，由现场指挥报总指挥决定是否继续进行测试。

（3）因系统等原因造成测试不能正常进行时，由副指挥责成问题责任方限期内完成整改。

（4）相关责任方在对问题整改后由现场指挥组织调试人员进行确认，检查确实符合测试条件后，再进行测试。

（5）测试区间水泵测试时，须封锁相应区段。

（6）风道内无杂物，避免风机开启时发生意外。

（7）所有风室、风道门关闭，避免人员误入发生意外。

（8）风路、水路畅通。

（9）水系统水路排气阀、排污阀关闭，避免喷水。

（10）各专业组需保证在联调过程中本专业组成员的人身和设备安全。根据测试的内容和步骤对本专业组设备的影响做好相应的应急和防范措施。

三、BAS 系统故障应急处理

地铁人员密集、结构复杂，一旦发生突发事件势必会对正常运营甚至乘客生命安全造成影响。因此，掌握地铁车站环境与设备监控系统的应急处理程序，熟悉环控系统在火灾等应急事件中的操作十分重要。

1．工作程序

1）风险预防及安全措施（见表 3-2-6）

表 3-2-6　车站环境与设备监控系统风险预防及安全措施

风险预防	1	进行维修工作前，通知车站值班站长和环控调度主任，并告知车站内受影响的范围；领取相应的钥匙（如有需要）
	2	确保设备在检查过程中不会联动其他设备（如将 FAS、气灭主机临时切换至手动位）
	3	如有必要，联系机电中心人员将设备转换为就地控制，确保底层设备不受影响
安全措施	1	光线不充足的地方工作时要使用便携式照明灯具
	2	根据现场情况需要，佩戴好必要的劳动防护用品，进入相关区域须具备相应的资格（如有限空间作业等）
作业结束注意事项	1	清点维修工具及材料，并清理工作现场
	2	确保所有硬件和软件正常运行
	3	通知车站值班站长和环控调度主任维修工作完成

2）作业材料及工具

车站环境与设备监控系统故障应急处理作业材料及工器具见表 3-2-7。

表 3-2-7　作业材料及工器具

序号	材料名单	数量	备注
1	电工维修工具	1 套	
2	钥匙	1 套	含箱/柜钥匙、配电柜钥匙、PLC 控制器钥匙及 IBP 盘钥匙
3	手电筒	1 把	
4	维修笔记本	1 台	已安装 BAS 软件

3）应急处理过程

车站环境与设备监控系统故障应急处理过程见表 3-2-8。

表 3-2-8　故障应急处理过程

步骤	行动
1	车站维修人员收到故障通知后，联系车站维修机电中心，携带好专业工具和常用 PLC 模块备件一同赶赴故障现场
2	到达现场后先向车站请点，再向环调请示维修工作，告知工作可能的影响范围，获得批准后开始维修工作
3	通知机电中心人员将本站受影响设备切换为就地工作模式以保证车站的正常运营
4	检查箱柜柜内指示灯（参照自动化各专业指示灯说明），判断故障模块及故障类型
5	若模块故障，通过热插拔的方式换上新模块（新模块地址码需要更改成与原模块一致才能插入底板）
6	检查网络、接线都无问题后，重启 PLC（注：①关闭顺序：应先关闭当前运行模式下的备 PLC，然后再关闭主 PLC；②启动顺序：先启动主 PLC，主 PLC 正常运行后再启动备 PLC，以确保模块更换后的验证确认）
7	重启后各模块指示灯显示绿色，系统恢复正常，故障处理完毕
8	若为程序故障，使用维修便携计算机上载程序检查程序是否报错，报错则尝试清除错误，若错误无法清除或清除后切换"run"继续报错，联系承包商进行下一步操作
9	故障处理完毕，通知机电中心人员逐台设备切换回远程控制，测试设备正常，故障恢复
10	通知值班站长或 DCC 值班员和环控调度员处理结果

2．工作危害分析

BAS 故障后的应急工作危害分析见表 3-2-9。

表 3-2-9　应急工作危害分析

工作活动/工序	失误描述助语	失误描述/危害	潜在成因/失误形成因素	后果	现行的控制措施	风险评估 概率	风险评估 后果	风险评估 风险等级
检查线路	错误工作步骤	未对设备断电便进行线路排查	意识不足	人员受伤	受训/合格人员进行监督/执行	不大可能出现	严重	R3

技能实训

车站 BAS 设备故障应急处理

详见实训工作页技能实训九。

练习与思考

项目三任务二练习与思考

综合模拟测试题

综合模拟测试题

参考文献

[1] 上海申通地铁集团有限公司轨道交通培训中心. 城市轨道交通车站消防系统[M]. 北京：中国铁道出版社，2012.
[2] 曲秋蒴，许波. 城市轨道交通车站机电设备[M]. 北京：人民交通出版社，2024.
[3] 周静. 城市轨道交通车站设备运行与维护应用[M]. 北京：高等教育出版社，2021.
[4] 赵丽，周佩秋. 城市轨道交通环境控制系统运行与维护[M]. 北京：北京理工大学出版社，2021.
[5] 朱宏，林瑜筠. 城市轨道交通概论[M]. 北京：中国铁道出版社，2011.
[6] 史陆星，贺文锦. 城市轨道交通 BAS 系统[M]. 成都：电子科技大学出版社，2021.

附　录　车站火灾模式查看和操作

操作员可通过菜单，通过点击系统按钮"BAS"，点击页面按钮"模式控制"进入大系统模式控制界面（见附图1），可看到当前操作场所、模式控制方式、模式执行状态、火灾提示及当前执行模式的设备到位情况；支持左上角对应系统图，可查看对应系统图的设备状态；支持右上角当前车站大/小/隧道/模式表切换。

附图1　模式对照表界面

模式执行操作，首先需确认操作权限是否在当前，控制方式是否在模式控制，当前用户是否具备模式控制权限，设备是否处于远方，当前是否还处于上一个火灾模式等信息。

当需要下发一个模式时，如还处于上一个火灾模式的话，则先执行退出火灾模式，如附图2所示。

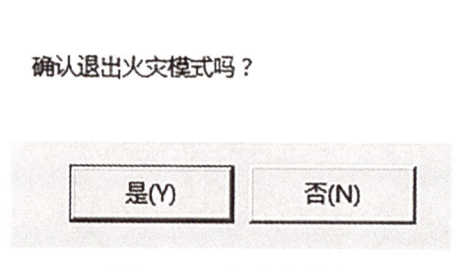

附图2　退出火灾模式

如选择"是"则执行退出火灾模式命令，如选择"否"则不做任何操作，当未处于上一个火灾模式时，点击模式编号对应的按钮，会提示是否执行下一个模式，如附图3所示。

技能实训一　FAS系统火灾模拟演示

项目名称	项目一　城市轨道交通消防系统	日期	
任务名称	FAS系统火灾模拟演示	班级	
学生姓名		学号	

任务内容及要求

1. 实训目标
知道FAS的设备组成及其作用。
掌握火灾发生时FAS的工作原理。
2. 实训内容
FAS的设备组成及其作用，模拟火灾发生时FAS的工作流程。
3. 实训要求
未经指导教师同意，严禁擅自操作

任务实施

1. 相关知识点
项目一　任务二　城市轨道交通火灾自动报警系统。
2. 实训场地
工业控制实训室D505。
3. 实训设备
建筑智能工业控制盘。
4. 实训过程设计
第一步：温习相关知识点，掌握FAS的设备组成和工作原理；
第二步：教师演示火灾发生时FAS的工作流程；
第三步：学生分组进行操作；
第四步：教师进行验收打分、学生进行自评、互评

考核内容与评价标准

评价内容	标准及要求	配分	得分
1. 指认FAS的设备	能准确说出FAS中各设备部件的名称,将设备名称与实物联系起来	15	

续表

评价内容	标准及要求	配分	得分
2. 说出 FAS 各设备的作用	准确说出 FAS 中各设备的作用或者工作原理	15	
3. 会以模拟发烟的方式引发火警信息	利用发烟试验棒诱发烟感报警，或者按下手动报警按钮进行报警，知道确认火警的条件	20	
4. 观察确认火警后，相关设备的动作	观察声光报警器是否动作，观察有哪些联动设备动作了，是如何动作的？	30	
5. 报警结束完成灭火后，进行系统复位	将各联动设备进行手动复位后，确认功能正常使用，设置在自动状态；将 FAS 主机恢复到自动状态	20	
学生自评		小组评价		教师评价		综合评价	

任务实施中的收获和建议

技能实训二　灭火器的正确操作使用

项目名称	项目一　城市轨道交通消防系统	日期	
任务名称	灭火器的正确操作使用	班级	
学生姓名		学号	

任务内容及要求

1. 实训目标
会正确使用手提式灭火器进行灭火。
2. 实训内容
正确操作使用手提式灭火器。
3. 实训要求
未经实训教师同意，严禁擅自操作设备

任务实施

1. 相关知识点
城市轨道交通移动灭火系统。
2. 实训场地
城市轨道交通车站机电设备实训室。
3. 实训设备
干粉灭火器、二氧化碳灭火器、清水灭火器、泡沫灭火器各若干。
4. 实训过程设计
第一步：教师演示各类灭火器的正确操作；
第二步：学生分组进行操作；
第三步：教师进行验收打分、学生进行自评、互评

考核内容与评价标准

评价内容	标准及要求	配分	得分
干粉灭火器的操作	1. 先将灭火器上下颠倒几次,使筒内干粉松动。 2. 使用时应先拔下保险销,如有喷射软管,需一只手握住其喷嘴,另一只手提起灭火器并用力按下压把。 3. 在喷射过程中应始终保持直立状态,不能横卧或颠倒使用	25	

续表

评价内容	标准及要求	配分	得分
二氧化碳灭火器的操作	1. 在距燃烧物 5 m 处。 2. 一手扳转喷射弯管，将喷筒对准火源，另一只手提起灭火器并压下压把。 3. 要连续喷射，防止余烬复燃。 4. 喷射过程中不可颠倒使用	25	
清水灭火器的操作	1. 在距离着火物 5~6 m 处。 2. 将清水灭火器直立放稳，摘去保险帽，一只手紧握喷射软管前的喷嘴并对准燃烧物，另一手握住提把并用力压下压把。 3. 灭火时，随着有效喷射距离的缩短，使用者应逐步向燃烧物靠近，使水流始终喷射在燃烧物火焰根部处，直至将火扑灭。 4. 在使用过程中切忌将灭火器颠倒或横卧	25	
泡沫灭火器的操作	1. 提至火场距燃烧点 6 m 左右的地方。 2. 拔下保险销，一手握住喷射软管前端的喷嘴处，另一手握住开启压把，将压把按下。 3. 若在室外灭火，需在上风位置	25	
学生自评	小组评价	教师评价	综合评价

任务实施中的收获和建议

技能实训三　车站火灾模式的查看和操作

项目名称	项目一　城市轨道交通消防系统	日期	
任务名称	车站火灾模式的查看和操作	班级	
学生姓名		学号	

任务内容及要求

1. 实训目标
会在 ISCS 人机界面上查看和操作车站火灾模式。
2. 实训内容
车站火灾模式的查看和操作。
3. 实训要求
未经实训教师同意，严禁擅自操作设备

任务实施

1. 相关知识点
屏蔽门制式下车站防排烟系统的运行模式。
2. 实训场地
城市轨道交通车站机电设备实训室。
3. 实训设备
ISCS 工作台。
4. 实训过程设计
第一步：教师演示如何在 ISCS 人机界面上查看和操作车站火灾模式；
第二步：学生分组进行操作；
第三步：教师进行验收打分、学生进行自评、互评

考核内容与评价标准

评价内容	标准及要求	配分	得分
1. 查看车站火灾模式	1. 会查看车站所有火灾模式。 2. 会查看各系统当前执行的火灾模式	30	

续表

评价内容	标准及要求	配分	得分
2. 启动火灾模式	会准确下发火灾模式	20	
3. 火灾模式控制切换	1. 会在不同的火灾模式之间进行切换。 2. 会在正常运行模式和火灾模式之间进行切换	30	
4. 退出火灾模式	会正确的退出当前火灾模式	20	
学生自评		小组评价		教师评价		综合评价	
任务实施中的收获和建议			

技能实训四　FAS 系统月检维护保养

项目名称	项目一　城市轨道交通消防系统	日期	
任务名称	FAS 系统月检维护保养	班级	
学生姓名		学号	
任务内容及要求			
1. 实训目标 知道 FAS 月检维护保养的内容和标准。 2. 实训内容 FAS 检修。 3. 实训要求 未经实训教师同意，严禁擅自操作设备			
任务实施			
1. 相关知识点 FAS 的维护。 2. 实训场地 工业控制实训室 D505。 3. 实训设备 建筑智能工业控制盘。 4. 实训过程设计 第一步：温习相关知识点，掌握 FAS 检修内容及重点； 第二步：教师演示如何进行 FAS 月检维护保养； 第三步：学生分组进行操作； 第四步：教师进行验收打分、学生进行自评、互评			
考核内容与评价标准			

评价内容	标准及要求	配分	得分
1. FAS 检修内容及重点	能准确精练地总结出 FAS 中各个设备的主要检查重点和标准	20	

续表

评价内容	标准及要求	配分	得分
2. FAS月检	1. 按照检修表中设备顺序进行检查； 2. 及时发现有问题的设备； 3. 对简单故障进行及时的处理； 4. 对不能处理的设备故障，及时上报	70	
3. 做好记录	在"任务实施中的收获和建议"一栏中填写FAS月检的相关记录	10	

学生自评		小组评价		教师评价		综合评价	

任务实施中的收获和建议

技能实训五　环控设备室及环控机房安全检查模拟

项目名称	项目二　城市轨道交通车站通风空调系统	日期	
任务名称	环控设备室及环控机房安全检查模拟	班级	
学生姓名		学号	
任务内容及要求			

1. 实训目标

做好环控设备室和环控机房安全检查的操作流程是确保机房安全稳定运行的关键，通过合理设定温度和湿度范围、定期巡检设备、配备备用设备以及日常维护和保养，可以提高机房的稳定。

2. 实训内容

环控设备室及环控机房安全检查

范围	需求	模拟检查		
^	^	值班站长	站长	站区经理
环控设备室及环控机房				
警告/危险提示	未受损充足	每日	每周	每季度
普通爬梯系统	爬梯上锁	^	^	^
控制面板	正常	^	^	^
门锁	^	^	^	^
排水	无堵塞	^	^	^
接地装置	状态良好	^	^	^
设备运行	无异常	^	^	^
灭火设施		^	^	^
房间整洁		^	^	^
正常/紧急照明	正常	^	^	^
结构	^	^	^	^
直通电话		^	^	^
黄色荧光箭头		^	^	^
通风	畅通	^	^	^
所有电缆间	无障碍	^	^	^

检查结果：合格"√"；不合格"×"。

3. 实训要求

进入实训室的同学均需穿戴实训服，做好安全防护。

未经指导教师同意，严禁擅自操作实训设备或上电

任务实施
1. 相关知识点 项目二 任务一 城市轨道交通车站环控系统概述。 2. 实训场地 城市轨道交通机电设备实训室。 3. 实训设备 机电设备虚拟仿真模拟平台。 4. 实训过程设计 第一步：温习相关知识点，掌握环控设备室和环控机房安全检查的基本内容； 第二步：教师演示基本的操作流程和步骤； 第三步：学生按照分好的小组进行操作，以城市轨道交通机电设备实训室作为实训活动范围，检查是否存在设备安全隐患并进行风险评价，提出整改措施，填写任务考核表； 第四步：教师进行验收打分、学生进行自评、互评

考核内容与评价标准

评价内容	标准及要求	配分	得分
1. 职业素养	在操作过程中正确佩戴防护用品，不损坏设备，正确使用工具箱	20	
2. 检查流程	检查内容是否完整，操作流程是否正确，每遗漏一个项目扣2分	20	
3. 操作规范	操作是否规范，出现违规操作不得分	20	
4. 检查记录	安全检查结束之后是否做好相应的记录与上报，不及时上报扣分	20	
5. 团队合作	小组成员之间是否团结协作，遇到问题之后的应对措施是否得当，综合考量融入思政评价	20	
学生自评	小组评价	教师评价	综合评价

任务实施中的收获和建议

技能实训六 组合式空调机组预防性维修

项目名称	项目二 城市轨道交通车站通风空调系统	日期	
任务名称	组合式空调机组预防性维修	班级	
学生姓名		学号	

任务内容及要求

1. 实训目标

组合式空调机组是用于车站公共区的空气处理设备，为保证城市轨道交通运营的安全性与可靠性以及车站内部空气质量的良好性，需要对组合式空调机组各部分进行预防性维修

2. 实训内容

组合式空调机组预防性维修检查维护结果

项目	内容描述	结果
A 电气控制柜	A1 柜体外壳完好，且整洁，柜名标识清晰	
	A2 指示灯、开关、按钮、仪表、门锁正常	
	A3 柜体外部、内部、散热风扇清洁状况良好	
	A4 接线端子松紧度适中，电线接头整齐、连接牢固、接线工艺良好，电线无损坏或破皮	
	A5 接地牢固可靠、无放电迹象	
	A6 箱内无异味、异响	
	A7 断路器、热继电器整定值设定合理，功能正常	
	A8 变频器清洁状况良好（如适用）	
	A9 变频器、PLC功能性完整（如适用）	
B 就地隔离箱（如适用）	B1 检查断路器、电弧隔板完好无损坏（如适用）	
	B2 塑壳断路器进出线侧接线螺丝紧固	
C 风柜外设检查	C1 箱门紧固件无松动	
	C2 箱体应密封良好、无漏风	
	C3 风机进/出口软联接器无断裂、漏气	
	C4 接地线良好	
D 过滤网	D1 更换过滤网	
E 表冷器	E1 表冷器翅片无变形	
	E2 表冷器无堵塞	
	E3 表冷器铜管无漏水	
	E4 接水盘无积水	

续表

F 电机	F1 电机各紧固件无松动	
	F2 电机轴承添加润滑油	
	F3 风机接线盒密封防尘橡胶应无破损	
	F4 电机（相间、相地）绝缘电阻不小于 0.5 MΩ	
G 风机	G1 风机各紧固件，应无松动	
	G2 风机叶轮无变形损坏	
	G3 风机传动主轴两端应在同一平面，静止状态能轻松转动无阻力	
	G4 给风机轴承添加润滑油	
H 皮带、涨紧轮	H1 皮带更换	
	H2 皮带松紧度适中	
	H3 皮带在同一水平面	
	H4 涨紧轮紧固件无松动，轮轨无损坏	
I 风柜内部	I1 内部空间，干净整洁无杂物	
	I2 内部螺栓、螺丝防氧化处理	
	I3 内部电缆线无破损	
J 运行测试	J1 变频器、PLC 面板显示器文本功能显示正常（如适用）	
	J2 测量三相电压	
	J3 测量三相电流	
	J4 机组接水盘排水顺畅、箱内无积水	
	J5 风机运行平稳、无异响	
	J6 通知环境控制主任对机组进行远程操作，开/关动作正常，运行状态和指令一致，并记录环境控制主任工号	

检查结果：合格"√"；不合格"×"；不适用"NA"。

3. 实训要求

进入实训室的同学均需穿戴实训服，做好安全防护。

未经指导教师同意，严禁擅自操作实训设备或带电运行

任务实施
1. 相关知识点
项目二 任务二 城市轨道交通车站环控风系统。
2. 实训场地
城市轨道交通机电设备实训室。

3. 实训设备

机电设备虚拟仿真模拟平台。

4. 实训过程设计

第一步：温习相关知识点，掌握组合式空调机组预防性维修的全部内容；

第二步：教师演示基本的操作流程和步骤；

第三步：学生按照分好的小组进行操作，以城市轨道交通机电设备实训室作为实训活动范围，开展维修操作，填写任务考核表；

第四步：教师进行验收打分、学生进行自评、互评

考核内容与评价标准

评价内容	标准及要求	配分	得分
1. 职业素养	在操作过程中正确佩戴防护用品，不损坏设备，遵守规程，正确使用工具箱	20	
2. 检查流程	检查内容是否完整，操作流程是否正确，每遗漏一个项目扣2分	20	
3. 操作规范	操作是否规范，出现违规操作不得分	20	
4. 检查记录	安全检查结束之后是否做好相应的记录，记录不完整扣除相应的分数	20	
5. 团队合作	小组成员之间是否团结协作，遇到问题之后的应对措施是否得当，综合考量融入思政评价	20	
学生自评		小组评价		教师评价		综合评价	

任务实施中的收获和建议

技能实训七　冷水机组的预防性检修维护

项目名称	项目二　城市轨道交通车站通风空调系统	日期	
任务名称	冷水机组的预防性检修维护	班级	
学生姓名		学号	

任务内容及要求

1. 实训目标

学会对冷水机组进行日常维护和定期维护。定期维护包括每周维护、每月维护、每季度维护、每半年维护、每年维护。

2. 实训内容

冷水机组的预防性检修维护

项目	内容	检查或更换周期/h					备注
		500	1 000	2 000	2 500	4 000	
空气过滤器滤芯	清除表面灰尘杂质	√					可视含尘量工况情况延长或缩短
	更换新滤芯			√		√	
进气阀密封件	密封圈检查或更换					√	
压缩机润滑油	是否足够			√			
	更换新油					√	
油过滤器	更换新件			√			首次 500 h
油气分离器	更换新件					√	
最小压力阀	检查开启压力					√	清洗
冷却器除尘	清除散热表面灰尘			√			视工况延长或缩短
安全阀	检查动作是否灵敏					√	
放油阀	排放水分,污垢			√			
传动皮带	调整松紧程度			√			根据磨损程度延长或缩短
	检查磨损情况或更换					√	
电动机	电动机加注润滑脂					√	或按照电动机使用说明书维护

3. 实训要求 进入实训室的同学均需穿戴实训服，做好安全防护。 未经指导教师同意，严禁擅自操作实训设备或上电	
任务实施	
1. 相关知识点 项目二 任务三 城市轨道交通车站环控水系统。 2. 实训场地 城市轨道交通机电设备实训室。 3. 实训设备 机电设备虚拟仿真模拟平台。 4. 实训过程设计 第一步：温习相关知识点，掌握冷水机组的预防性检修维护； 第二步：教师演示基本的操作流程和步骤； 第三步：学生按照分好的小组进行操作，以城市轨道交通机电设备实训室作为实训活动范围，参照冷水机组的预防性维修维护表对照进行； 第四步：教师进行验收打分、学生进行自评、互评	

考核内容与评价标准

评价内容	标准及要求	配分	得分
1. 职业素养	在操作过程中正确佩戴防护用品，不损坏设备，正确使用工具箱	20	
2. 检查流程	检查内容是否完整，操作流程是否正确，每遗漏一个项目扣2分	20	
3. 操作规范	操作是否规范，出现违规操作不得分	20	
4. 检查记录	安全检查结束之后是否做好相应的记录与上报，不及时上报扣分	20	
5. 团队合作	小组成员之间是否团结协作，遇到问题之后的应对措施是否得当,综合考量融入思政评价	20	
学生自评	小组评价	教师评价	综合评价

任务实施中的收获和建议

技能实训八　车站通风空调系统故障分析与处理

项目名称	项目二　城市轨道交通车站通风空调系统	日期	
任务名称	车站通风空调系统故障分析与处理	班级	
学生姓名		学号	
任务内容及要求			
1. 实训目标 对发生故障的设备进行及时的判断分析，并及时排除故障。 2. 实训内容 对发生故障的设备及时地分析判断，能够及时排除故障。对重要故障的设备进行测试、诊断，进而及时修复。 3. 实训要求 详细记录故障修复过程，保证设备能够恢复使用功能，若无法达到，至少确保设备恢复运营所具备的功能。并能及时向有关人员通报对故障的测试、诊断及处理过程			
任务实施			
1. 学习资料准备 故障报告流程及抢修、补修流程学习与熟悉。 2. 实训场地 城市轨道交通机电设备实训室。 3. 实训设备 风机。 4. 实训过程设计 1）风机预防性检修维护 让学生们通过现场观察与测试，判断设置故障的产生原因，并根据其原因排除故障并修复设备。			

风机预防性检修维护

序号	月检维修内容	周期	结果
1	风机运行情况	每月	
2	风机进出口风软接头的检查		
3	检查紧固地脚螺栓或吊杆螺栓		
4	检查风机外壳强度		
5	电气安全性能检查		

检查结果：合格"√"；不合格"×"。

2）设备故障维修后的恢复

（1）故障处理完毕后，必须对设备的运行状况进行检查，包括运行质量及性能指标都符合要求，无异常出现，才算维修结束；

（2）处理完毕后，要对现场进行清理、恢复，保证环控设备功能正常实现；

（3）办理故障维修的销点手续，并做好故障记录；

（4）现场作业人员无法处理的故障，应通知专业工程师到现场进行处理。对一时无法处理的故障则报维调，做好现场设备的保护措施，尽快安排维修

考核内容与评价标准

评价内容	标准及要求	配分	得分
1. 职业素养	在操作过程中正确佩戴防护用品，不损坏设备，正确使用工具箱	20	
2. 检查流程	检查内容是否完整，操作流程是否正确，每遗漏一个项目扣 2 分	20	
3. 操作规范	操作是否规范，出现违规操作不得分	20	
4. 检查记录	安全检查结束之后是否做好相应的记录与上报，不及时上报扣分	20	
5. 团队合作	小组成员之间是否团结协作，遇到问题之后的应对措施是否得当，综合考量融入思政评价	20	

学生自评		小组评价		教师评价		综合评价	

任务实施中的收获和建议

技能实训九　车站 BAS 设备故障应急处理

项目名称	项目三　车站环境与设备监控系统	日期	
任务名称	车站 BAS 设备故障应急处理	班级	
学生姓名		学号	

任务内容及要求

1. 实训目标

地铁安全应急演练的目标是提高地铁运营人员和乘客在突发事件中的应急处理能力，增强他们的自救、互救和组织协调能力，最大程度地保护乘客的生命安全。

2. 实训内容

本次演练以地铁车站发生区间阻塞为场景，模拟列车在行驶过程中由于设备故障停在区间隧道的情况。模拟事故发生后，由相关部门组织，公安、消防、地铁共同启动应急疏散救援。

3. 实训要求

详细记录操作演练过程，保证设备能够恢复使用功能。

进入实训室的同学均需穿戴实训服，做好安全防护。

未经指导教师同意，严禁擅自操作实训设备或上电。

任务实施

1. 相关知识点

项目三　任务二　车站环境与设备监控系统应急处理。

2. 实训场地

城市轨道交通机电设备实训室。

3. 实训设备

场景模拟道具。

4. 实训过程设计

1）区间阻塞情况下 BAS 的操作

（1）让学生们模拟真实的灾害场景，情境模拟演练角色分配。

（2）当列车在区间停留超过 2 min 时，认为该列车发生阻塞（该时间值由 ATS 修改），此时 ATS 将向 BAS 发送阻塞位置信号。

（3）当车站 BAS 收到火灾和阻塞信号时，将自动转入事故模式，启动相关设备，并进行声光报警。

2）模拟演练后的恢复

（1）模拟演练完毕后，必须对设备的运行状况进行检查，包括运行质量及性能指标都符合要求，无异常出现，才算维修结束。

（2）处理完毕后，要对现场进行清理、恢复，保证运营功能正常实现。

（3）做好相关的记录，并对自己的行为表现进行反思

考核内容与评价标准			
评价内容	标准及要求	配分	得分
1. 职业素养	在操作过程中正确佩戴防护用品，不损坏设备，正确使用工具箱	20	
2. 演练流程	检查内容是否完整，操作流程是否正确，每遗漏一个项目扣2分	20	
3. 操作规范	操作是否规范，出现违规操作不得分。	20	
4. 演练记录	模拟演练结束之后是否做好相应的记录与上报，不及时上报扣分	20	
5. 团队合作	小组成员之间是否团结协作，遇到问题之后的应对措施是否得当，综合考量融入思政评价	20	
学生自评		小组评价		教师评价		综合评价	

任务实施中的收获和建议

附图3　确认执行模式

　　如选择"是"则执行当前选择的模式号，如选择"否"则不做任何处理。执行模式后，通过当前模式状态对比当前设备运行状态和模式目标状态是否一致,来判断设备是否已到位。